U0132581

新政革命與日本

中國 1898 - 1912

任 達 (Douglas R. Reynolds) 著

李仲賢 譯

商務印書館

China, 1898-1912: The Xinzheng Revolution and Japan by Douglas R.Reynolds
Copyright © 2015 by Douglas R. Reynolds
Originally published in 1993 by the Harvard University Asia Center
Complex Chinese edition copyright © 2015 by The Commercial Press（H.K.）Ltd.
ALL RIGHTS RESERVED

新政革命與日本：中國 1898—1912

作　　者：任　達（Douglas R. Reynolds）

譯　　者：李仲賢

責任編輯：韓　佳

封面設計：楊愛文

出　　版：商務印書館 (香港) 有限公司

　　　　　香港筲箕灣耀興道 3 號東滙廣場 8 樓

　　　　　http://www.commercialpress.com.hk

發　　行：香港聯合書刊物流有限公司

　　　　　香港新界大埔汀麗路 36 號中華商務印刷大廈 3 字樓

印　　刷：美雅印刷製本有限公司

　　　　　九龍觀塘榮業街 6 號海濱工業大廈 4 樓 A

版　　次：2015 年 2 月第 1 版第 1 次印刷

　　　　　© 2015 商務印書館 (香港) 有限公司

　　　　　ISBN 978 962 07 5639 9

　　　　　Printed in Hong Kong

繁體中文版序

本書英文原著於 1993 年出版，書名為 *China, 1898—1912: The Xinzheng Revolution and Japan*[1]。簡體中文譯本出版於 1998 年，2006 年及 2010 年兩度再版。[2]

中國國內 90 年代前後對清末新政的學術研究

在中國歷史學界，80 年代的學術著作中已出現 "新政" 一詞。但在 90 年代之前，對有關 1900—1911 年間的研究，基本上繼續集中在 "革命" 這個狹窄的意義上，直接和辛亥革命相連。學者們都知道，在 1956 年孫中山誕辰 90 周年之際，毛澤東發表了《紀念孫中山先生》一文。文中號召人們 "紀念偉大革命先行者孫中山先生"，"紀念他在中國民主革命準備時期，以鮮明的中國革命民主派立場，同中國改良派作了尖銳的鬥爭。"[3] 清朝最後十年間的改革，無論稱

---

[1] Douglas R. Reynolds, *China, 1898-1912: The Xinzheng Revolution and Japan* (Cambridge: Council on East Asian Studies, Harvard University, 1993).

[2] 任達：《新政革命與日本：中國，1898—1912》，李仲賢譯，南京：江蘇人民出版社 1998 年第一版；2006 年第二版；2010 年第三版。（編者註：繁體中文版的譯文在簡體版的基礎上做了修訂）。

[3] 毛澤東：《紀念孫中山先生》，載《毛澤東選集》第 5 卷，北京：人民出社 1997 年版，第 311~312 頁。

之為"新政","變法"或"維新"，因其都只不過是改良派的改革，缺乏革命民主派立場，國內學界多認為不值得認真探討，而不屑一顧。而"革命"一詞只限於"辛亥革命"和與之相關的清朝崩潰，並將其歸於孫中山、黃興等人的個人努力。美國學者周錫瑞（Joseph W. Esherick）寫道，毛澤東在 1956 年的發言實際上已經斷言，在整個餘下的毛時代，1911 年革命的歷史核心人物是孫中山及其他革命家，而清廷及其改革者們只起從屬性的，基本上是消極的作用。④

　　1949 年後中國對革命的僵硬界定及其狹隘的學術研究，於 1978 年改革開放後逐步得以拓展，在其後十年間，思想獲得解放的學者們得以探討新課題，包括當時清廷在鼓勵和積極推動清末新政中所擔當的角色。90 年代在新政研究方面取得了眾多成果。陳向陽在 1998 年寫道：進入 90 年代，"研究範圍明顯擴大……經濟、教育、法制、傳媒及軍事等新政多方面內容正愈益引起人們廣泛的注意和興趣，其中經濟新政研究尤為引人注目，已成清末新政研究的新熱點。"⑤ 陳還認為，清末新政研究"出現了多學科研究態勢……社會學、政治學、哲學、經濟學、法學、教育學、軍事學及新文學等多個學科（或從這些學科角度）程度不等地展開了對清末新政的專門化研究，並取得了一批成果"。⑥

　　進入 21 世紀以後，對清末新政的研究更為熱烈，成果最為豐

---

④　Joseph W. Esherick 周錫瑞，"Introduction" in Joseph W. Esherick and C. X. George Wei 魏楚雄，eds., *China: How the Empire Fell*（London and New York: Routledge, 2014），7。

⑤　陳向陽：《學術動態：90 年代清末新政研究書評》，載《近代史研究》1998 年第 1 期，第 314 頁。

⑥　同上註第 314~315 頁。

碩的包括羅福惠、朱英主編的《辛亥革命的百年記憶與詮譯（四卷）》[7] 其中第三卷載有何卓恩等著的《歷史學者對辛亥革命的研究與詮譯》，卷中第三章〈1949 年後中國大陸學者辛亥革命研究的進展〉，列有 "表 3-1 辛亥革命史論文中直接以革命派和清廷為研究對象的論文數量比較"。從表中能看出：80 年代，論述革命派的論文佔 91%；到 90 年代，論文減少到佔 76%；進入 21 世紀後，論述革命派的論文數再次降到 55%；而論述清廷的卻佔 45%。更有意義的是，從 2007 到 2009 這三年間，這一比例發生了根本變化，論述清廷的論文佔 63%，而論述革命派的僅佔 37%。其中值得注意的是，有關清廷的研究不少是和清末新政有密切且直接關係的。

英文著作

　　當國內對清末新政研究日益深入時，2003 年崔志海在一篇文章中寫道："國內外的學者已做了不少的研究。但遺憾的是，在日益國際化的今天，研究清末新政的中外學者之間並沒有進行很好的交流和溝通。" [8] 崔志海的文章是一篇綜合性的評述，從卡梅倫（Meribeth E. Cameron）著名的 1931 年綜合研究說起，[9] 尤其注重政

---

[7]　何卓恩等著：《歷史學者對辛亥革命的研究與詮釋》，載羅福惠、朱英主編：《辛亥革命的百年記憶與詮釋（第三卷）》，武漢：華中師範大學出版社，2011 年，第 178 頁。

[8]　崔志海：《學術總述：國外清末新政研究專著書評》，載《近代史研究》2003 年第 4 期，第 249 頁。

[9]　Meribeth E. Cameron, *The Reform Movement in China, 1898-1912*（Stanford: Stanford University Press, 1931），是英文學術界研究清末維新運動的開創性作品。中文譯著為：（美）卡梅倫：《中國的維新運動，1898-1912》。註 [8] 第 250-257 頁，對本書的學術觀點做了很好的概括。

治、教育、軍事、人物 (張之洞、袁世凱)、列強相關的英文專著。卡梅倫在其《中國的維新運動，1898—1912》中，引用了慈禧太后1901 年 1 月 20 日的上諭，上諭稱："着軍機大臣、大學士、六部九卿、出使各國大臣、各省督撫，各就現在情弊，參酌中西政治，舉凡朝章、國政、吏治、民生、學校、科舉、軍制、財政，當因當革，當省當併。"[10] 對慈禧這一上諭，卡梅倫稱之為 "依照西方路線的現代化政策"[11]。"現代化政策"這一詞語，正是對清末新政的精確描述。

Xinzheng modernization reforms 得以譯成 "清末新政"

在 1993 年前，在英語學術界，基本上誰也不知道 "Xinzheng" (即 "新政"的漢語拼音) 一詞。[12] 到了上一世紀 80 年代，開始有人使用 "New Policies" (新的政策) 來討論新政，但幾乎沒有提及與中文 "Xinzheng" 一詞的淵源。[13] "New Policies" 這一譯法受到英文世界的廣泛使用。[14] 然而 "New Policies" 卻是個蹩腳的翻譯，因為它弱化了 "清末新政" 的豐富內涵。New Policies 這一英語詞語，卻可以用來描述任何政權的 "新政策"，包括那些毫無實際意義的一

---

[10] 註 9 第 58 頁。原始資料見《光緒朝東華錄》，北京：中華書局，1958 年，第 4601~4602 頁。詳見本書附錄 I。

[11] 註 9 第 182 頁。

[12] 見註 10。卡梅倫在文中也沒有提到 "新政" 的中文，事實上，她在過去只使用過 "new policies" 一次 (見第 57 頁)。

[13] Mary Backus Rankin, *Elite Activism and Political Transformation in China: Zhejiang Province, 1865—1911* (Stanford: Stanford University Press, 1986)，普遍使用 "New Policies"。

[14] Joseph W. Esherick and C. X. George Wei 魏楚雄，eds., *China: How the Empire Fell* (London and New York; Routledge, 2014)，重複使用 New Policies。

紙公文。而"清末新政"承擔着特殊的歷史背景、作用和意義,並得到了鍥而不捨的貫徹。因為慈禧太后相信,這是使朝廷得以維持清皇朝統治的最後希望。

在 1901－1911 年間的晚清中國,清末新政無論在理念上還是思想上都是大膽的,新政現代化改革的想法和政策也不僅僅是臆測。他們從過去吸取了實際的經驗,特別是從日本明治維新、湖南新政和戊戌變法。⑮ 在我的新書 *East Meets East* 之中,我探究了"新政"一詞,在 1900 年之前被賦予的含義及其運用,首先是在明治日本,然後是晚清中國。我在書裏建議"清末新政"一詞的英語表述應為"Xinzheng modernization reforms"(新政現代化改革)。⑯ 英語譯法是由漢語"清末新政"直接轉化而來,表達了"清末新政"的範圍、精神和目的,並表明其最後達到的巨大的改革成果。

《新政革命與日本》出版 20 多年來的學術動態

得益於眾多因素的影響,歷史方面的學術研究在這 20 年來不斷進步並日趨成熟。出現了新的一手研究資料,對二手研究資料分析有所精進,新的研究課題不斷湧現,新的分析框架被提出。經常出現新的研究對此前的研究結果進行重新評價,尤其是細節方面,

---

⑮　王曉秋、尚小明主編:《戊戌維新與清末新政:晚清改革史研究》,北京:北京大學出版社,1998 年。

⑯　Douglas R. Reynolds, *East Meets East: Chinese Discover the Modern World in Japan, 1854—1898——A Window on the Intellectual and Social Transformation of Modern China* (Ann Arbor, MI: Association for Asian Studies, Inc., 2014),46~49,408~11, 701. 參見索引 Xinzheng modernization reforms, Xinzheng Reform period, 1901~1911, and Xinzheng Revolution, 第 701 頁。

這一過程還將持續下去。

我的研究《新政革命與日本：中國 1898－1912》中所採用的分析框架至今仍然適用。它從兩個大的維度分析了現代中國的轉變，即新政思想革命以及新政體制革命。在中國學者之中，清末民初史學家桑兵認為這一分析框架尤其有用。2005 年至 2013 年，主持了教育部哲學社會科學研究重大課題項目"近代中國的知識與制度轉型"，主編了一系列專著。他在研究論文中總是開宗明義的指出他關於近代中國轉型的研究是以我書中提到的框架作為基礎。2013 年在項目的最終成果中，他寫道：

> 不過，作者指出了以下至關重要的事實，即新政前後，中國的知識與制度體系截然兩分。此前為一套系統，大致延續了千餘年；此後為一套系統，經過逐步的變動調整，一直延續至今……
>
> 也就是說，中國人百餘年來的精神觀念與行為規範，於此前的幾乎完全兩樣，這一天翻地覆的巨變，不過是百年前形成基本框架，並一直延續到現在。今日中國人並非生活在 3,000 年一以貫之的社會文化之中，而是生活在百年以來知識與制度體系大變動所形成的觀念世界與行為規範的制約之下。任達認為，這樣的變動是以清政府和各級官紳為主導的具有根本性的革命，並且強調在此過程中日本主動與積極影響的一面。對於諸如此類的看法，意見當然難期一律，表達異見十分正常。但任達所陳述的近代知識與制度根本

轉變的事實，却是顯而易見、不宜輕易否定的。⑰

絕大多數研究清末新政的學者聚焦於最易切入的制度性議題，比如陳向陽在 1998 年的研究中列舉的"經濟、教育、法制、傳媒及軍事等新政多方面內容"。馬勇則在 2012 年的著作中寫道：1901 年 1 月 29 日下詔變法"承認政治體制的變革是一切變革的根本前提。"⑱

而到了 2008 年，陳向陽本人對於清末新政的理解也已經變得更加複雜與微妙。在他富有洞見的著作《現代中國的興起：從 19 世紀中葉到 20 世紀中葉》中，他認為清末新政只是一個漫長過程的一個階段，這個過程可以追溯到太平天國起義，但與戊戌變法以及義和團運動有着更直接的關係："儘管維新運動受挫，但深化制度現代化改革的歷史任務既不能繞過，也無法迴避。到 20 世紀初，剛剛鎮壓維新運動的慈禧一放下屠刀，就接過康有為們的旗幟，首先啟動了部門制度的現代化改革。這就是著名的清末新政。"⑲這本書的關注點大大超出了清末新政制度和經濟維度的局限。在陳向陽的序言、各章及結語中，他反覆強調，在中國當時內憂外患的

⑰ 桑兵：《總說：第一節 問題的提出》，載桑兵等著：《近代中國的知識與制度轉型》，北京：經濟科學出版社，2013 年，第 2~3 頁。而參見相同的桑兵：《總論：近代中國的知識與制度轉型》，載桑兵、趙立彬主編：《轉型中的近代中國（上、下卷）：近代中國的知識與制度轉型學術研討會論文選》，北京：社會科學文獻出版社，2010 年，上卷，第 3~4 頁。又參見桑兵：《近代中國的知識與制度轉型：解說》，載桑兵主編：《近代中國的知識與制度轉型叢書》，北京：生活・讀書・新知三聯書店，2005 年，第 1~2 頁。

⑱ 馬勇：《1895—1915 年的中國：大變革時代》，北京：經濟科學出版社，2012 年，第 167 頁。

⑲ 陳向陽：《現代中國的興起：從 19 世紀中葉到 20 世紀中葉》，廣州：廣東教育出版社，2008 年版，第 222 頁。

情況下，現代中國的興起主要表現在六個方面的現代化：技術、經濟、文化、觀念、制度及政治現代化。[20] 而這一周詳的改革還包括技術、文化和觀念的面向。陳提出的這六個方面事實上需要對中國現代性的思想和體制因素做系統的探究。提到思想，我的新作 *East Meets East* 當中特別對駐日中國外交官、遊歷人員在日記、報告及考察書中借用日語新詞彙的情況進行了考察，這些詞彙日後被廣泛的吸納入中文並對清末思想革命作出了巨大貢獻。這些日語的新詞彙收錄在了英文版的索引之中。[21] 桑兵當然也對知識與制度體系轉型進行了廣泛與公允的檢視，他的著作分為概念、學科、教育、文化、制度 5 篇，共 19 章。

沈國威的《近代中日詞彙交流研究：漢字新詞彙的創制、容受與共享》是一部研究認真並極具權威的專著。[22] 他對清末新政期間以及在此之前的中國的思想世界有廣泛的闡釋。日本之於清末中國的思想與體制變動的影響不容忽視。2014 年德國海德堡出版的一本英文著作，將中文字《普通百科新大辭典》放在它的封面。這本書對理解清末新政期間的思想發展也十分有參考價值。[23]

[20] 同上註第 8~11、197、201~202、320、324 頁。在《序言》（第 1~16 頁）中，陳解釋了他所使用的 "現代" 的概念，以及他為甚麼使用 "現代化"（而不是 "近代化"）以及 "現代中國"（而不是 "近代中國"）。

[21] 註 17 參見索引第 643~715 頁。

[22] 沈國威：《近代中日詞彙交流研究：漢字新詞彙的創制、容受與共享》，北京：中華書局，2010。

[23] *Chinese Encyclopaedias of New Global Knowledge*（1870–1930）: *Changing Ways of Thought*, ed. Milena Doleželová-Velingerová and Rudolf G. Wagner（Heidelberg, New York: Springer, 2014）.

需要做出的改變與未來的研究方向

　　《新政革命與日本》最需要進一步探究的內容如上所述，包括對"清末新政"進行正確的英譯。我在書中將它譯成"New Systems Reforms"（"新體制改革"）。但是"新體制"太過狹義，因為讀者會首先想到制度改革而忽略了技術、概念、學科、教育、文化等其他方面的改革。而最好的翻譯是能夠表達清末新政所涵蓋的範圍，正如上述討論中提到的，並且也是陳向陽所強調，即"Xinzheng modernization reforms"（新政現代化改革）。

　　至於缺點，中國的學者批評本書中關於中日關係的黃金十年，（1898－1907）的內容。這個提法確實存在問題。無論是中日兩國之間，還是兩國民眾之間在這十年間的關係並非親密無間。比如，在日俄戰爭期間，有日本人殺害中國人的事件發生，並引發其他問題。然而，有材料證明的事實是，眾多有能力的日本人懷着好意，帶着在明治維新期間掌握的現代化的實際經驗，用各自的辦法幫助來到日本的中國人，幫助他們學習日語、法律、進行軍事訓練並且向他們傳授現代商業知識和如何經營銀行。一些善意的日本人還以擔任教習和顧問的名義來到中國，協助培訓中國未來的老師、建立現代化的學校、幫助中國進行法律改革、訓練警察，翻譯包括教科書、百科全書和新聞在內的各種學習材料。這些帶着保全中國的動機，扮演着特殊角色的日本人應該獲得認可，甚至得到紀念。1898至1907年期間並不是中日兩國的蜜月期，然而黃金十年的提法在於讓人們注意到這一特殊的歷史時期，當時有日本人積極地提供給中國直接且實質性的幫助，助其邁向現代化。

　　康有為（1858—1927）扮演的角色同樣需要修正，從負面改為正面。我對 1898 年之前的康有為以及他與黃遵憲（1848—1905）在很大程度上被忽略的關係進行了研究。[24] 黃遵憲於 1896 年在上海創辦了《時務報》，於 1897—1898 年主持湖南新政，並於 1897 年成立了進步的保衛局。黃遵憲的著作《日本國志》（書計十二志，凡四十卷五十餘萬言）出版於 1895 年，為康有為編纂戊戌變法時期呈光緒皇帝的《日本變政考》與《日本新政表》提供了重要的參考資料。[25]

　　黃遵憲有 12 年在國外擔任外交官的經歷：1877 至 1882 年在日本；1882 至 1885 年在舊金山；1891 至 1892 年在倫敦以及 1892 至 1895 年在新加坡。而這一職位本身也值得探究。王繼平在他的大作《晚清人才地理分佈研究（1840—1912）》中指出在 1840 至 1912 年間，"駐外使領"為八大精英人才之一。王在書中分別討論了這八大精英人才，分別是：晚清進士、晚清政治領袖、晚清軍事人物、晚清企業家、晚清學術人物、晚清留學生、晚清駐外使領及晚清文化人才。精英人才大部分出身異途而非正途，這些出身異途的人才佔據着清廷認可的各種職位。如果有官員向其他官吏舉薦，吏部允許非正途出身的人是憑捐納、軍功及保舉獲得任命。[26] 當時

---

[24]　黃升任：《黃遵憲評傳》，南京：南京大學出版社，2006 年。 這是一本值得參考的著作，尤其是《緒論：黃遵憲研究的回顧》，第 1~38 頁以及《黃遵憲政學活動年表》，第 603~637 頁。

[25]　康有為：《康有為全集》（12 集），姜義華、張榮華編校，北京：中國人民大學出版社，2007 年版，第 4 集，第 101~294 頁。

[26]　王繼平：《晚清人才地理分佈研究（1840—1912）》，北京：中國社會科學出版社，2012 年，第 131~138、320~321、563~571 頁。

還存在着大量候補官員。[27] 面對內憂外患，清政府為了王朝的存續不得不採取富有彈性和建設性的政策。

　　大量異途精英擔任各類"局"的總辦、會辦、提調及委員等高階職位，譬如江南機器製造局 (1864 年)、福州船政局 (1866 年)、天津機器製造局 (1867 年)、南京機器製造局 (1869 年)、蘭州機器局 (1871 年)、輪船招商局 (1874 年)、山東機器局 (1875 年)、甘肅織布總局 (1878 年)、電報局 (天津，1880 年)、開平礦務局 (1881 年)、上海機器織布局 (1892 年) 等局，再加上在各種同文、船政、武備等學校或學堂、屬於省督撫下的洋務局、各商埠道台衙門的官吏等等。這些精英人才中的很多人獲得了臨時任命，主要是因為正途人員缺乏專門的知識、技能，也不願擔任非官僚臨時性的職位。異途人員由臨時性工作開始，慢慢變成國家追求其自強和富國強兵的政策過程中不可缺少的核心。到了 1900 年，這些精英人才成了新政現代化改革必不可少的支持者和實施者。自 1860 年以來，隨着如陳向陽指出的"機器技術、工業經濟、自由文化、理性觀念、法治制度和民主政治的興起"，他們的重要性也逐漸增加。[28]

　　後續一個值得探索的研究方向是將上述王繼平、陳向陽和桑兵的方法和洞見整合起來。更好的理解新政前的晚清新精英人才以及他們在塑造中國社會轉變中所擔當的角色，將有助於解釋為甚麼那麼多體制內外的精英會在 1901 年準備好擁抱革命性的新政現代化

---

[27]　肖宗志：《候補文官群體與晚清政治 (1851－1911)》，成都：司傳出版集團巴蜀書社，2007 年。書中有關於候補官員情況的討論。

[28]　註 20 第 320 頁。

改革。這是本書未能探究的議題。

太平天國起義之後，地方上面臨重建。政府之外，在參與社會改造方面有積極作為的紳商在受到破壞的地區起到了領導作用。他們的活動借重了正式政府編制之外的體制外的（extrabureaucratic）精英的力量。當在基層地區出現更多地方參與的情況時，缺乏足夠資源和人才的清廷授權許多有能力的異途出身的人才，將他們延攬到政府的“局”以及公共機構，諸如學校，為中國官員、外商和外交官服務的公共設施等。那些表現出色的人士獲得了官職、特權、晉升以及財富。從上到下，從國家到社會，結合到一起為可以快速改變中國的清末新政的展開鋪路。

在這方面，我想從歷史的角度，做如下闡釋：清廷在高層鼓勵利用體制外的精英進行非常規的治理，默許了那些鄉紳和商人精英組成的積極分子在基層自發利用體制外的精英的做法以合法性。高層的這一容忍和靈活的態度推動了中國現代社會在基層的轉變。中國封閉的官僚體系向更多參與者敞開。這是一個重要的線索，直接關係到清末新政現代化改革的革命性本質。

中國正處於學術研究和出版的黃金時代。我自 1993 年以來的研究非常得益於中國歷史學家深厚的經驗研究著作。幾乎在每一個中國歷史的研究領域，中國學者都已經遙遙領先，而我這樣的海外學者則蒙受恩澤。希望中國的學術界能繼續這一成績並將成果惠及世界。

任達　2014 年 5 月

目　錄

第三編　新政體制革命：新的領袖，新的管理

前　言

　　如果沒有眾多的機構和個人及時而慷慨的支持，本書的一些概念不可能得以發揮，這本書也不可能寫成。1986年，我獲得全國人文學科基金會（National Endowment for the Humanities）的暑期津貼，又得到亞洲研究會東北亞委員會（Northeast Asia Council of the Association for Asian Studies）的資助，得以進入斯坦福大學的胡佛戰爭、革命與和平研究所（Hoover Institution for War, Revolution and Peace）進行研究，構思了1898－1907年近代中日關係中"黃金十年"的概念。感謝雷蒙・邁耶斯（Ramon Myers）、伊米高・穆菲特（Emiko Moffitt）和馬克芯・道格拉斯（Maxine Douglas），以及胡佛研究所東亞圖書館（Hoover Institutions' East Asian Collection）同仁的幫助，使那年夏天我在胡佛的研究，各方面都非常完滿。

　　1986－1987年度的社會科學研究委員會及美國學術學會的本研究聯合委員會（The Joint Committee on Japanese Studies of the Social Science Research Council and the American Council of Learned Societies）的學術研究津貼，使我得以到日本全力研究。東京大學退休教授、現任亞洲大學校長衛藤沈吉出於好意，安排我在東京大學落腳。東京大學社會科學院的石井明教授為我打點一切，使我在不是一年而是兩年裏都感到賓至如歸。能認識東京國立教育研究所

（National Institute for Educational Reasearch in Tokyo）的阿部洋教授，我喜出望外，我們在許多研究問題上都有相同的興趣。

我在日本的第二年，1987－1988 年，得到紐約的亨利·魯斯基金會（Henry Luce Foundation, Inc. of New York）贊助的"基督教在中國歷史研究計劃（1985－1991）"的研究津貼，我的研究題目是《日本佛教在中國傳播中的衝突與對抗，1873－1945 年：與基督教相比較》，這一研究深化了我對"黃金十年"的理解，因為 1904－1908 年間，中國對日本佛教佈道團的抗拒達到高峰，並成為普遍性的和外交性的問題。

我在亞特蘭大任教的喬治亞州立大學，對我施惠良多，不但資助我於 1987－1988 年第二次出國研究，而且還在合約中訂定每年有三個月假期的條款，使我每年有整整六個月時間能和妻兒共聚，妻子從 1987 年起始任美國國務院外交官。這一切的安排，歷史系主任格雷·M. 芬克教授（Gary M. Fink）起了重要作用。我藉此機會表示衷心感謝。

我長期受惠於已故費正清教授、衛藤沈吉教授、安特魯·里敦教授（Andraw Nathan）和史蒂芬·列文教授（Steven Levine），多年來，他們不斷寫信支持我的各種研究計劃，其中的一些是本書的基礎。我萬分感謝他們的支持。

在我第一次到日本研究的兩年多時間裏，我的妻子泰凱樂、我的孩子莎拉和安梅給了我很多幫助，他們不僅覺得"在日本過得愉快"，而且每天和我一道分享成就。莎拉和安梅在日本公立學校學習了三年，和同學們結下了很深的友誼，也許她們藉此了解了更多的日本生活。

　　哈佛大學東亞研究出版委員會的弗羅倫斯・特里弗頓（Florence Trefethen）經常對我有所點撥，她的同事凱瑟琳・肯南（Katherine Keenum）在編輯方面提出了寶貴意見。喬治亞州立大學歷史系學生卡露・施拉克爾（Carol Schlenker）校對了初稿，並對定稿提出了中肯的意見。

　　謹以此書獻給我的雙親、文化人類學者任樂德博士和任瑞德博士（Drs. Hubert and Harriet Reynolds），在我兩歲時，他們作為教會的教育工作者在中國和菲律賓工作，帶着我第一次到了亞洲。抱憾的是，慈母在 1988 年 6 月 12 日慶祝金婚紀念後僅僅六週便辭世，未能看到本書的出版。

英文版序
概念的形成

　　"黃金十年"雖未有作書名，但本書卻是圍繞着這一概念展開的。在中日關係史上，1898—1907年間，確曾存在着出人意料的融洽而是有建設性的十年。"黃金十年"的概念，最先形成於1986年，在當時，這是全新的甚而似乎是荒謬的概念。誰都知道1945年前的現代中日關係，就是日本不斷地侵略中國，很難或絕無可能為之翻案。

　　這概念沒有受甚麼特別資料或事件所啟發，而是我在鑽研1870—1945年這75年的中日關係時，從過去十多年的考證積累中形成的。從1978年開始，我研究1898—1946年的東亞同文會和它在上海的學校——東亞同文書院（1900—1945，1939年改為大學）。[1] 事後我認識到，這些機構和它們承擔的責任，以及它們牽連着的一切，都有助於形成和構建"黃金十年"的概念，也有助於塑造我自己對這一階段中日關係的觀點。

　　在這十多年研究中，有助於我觀念形成的，還有美國從事中日研究的前輩馬里烏斯‧詹森的著作。[2] 中日研究領域的開拓者、已故的實藤惠秀，他的著作都依據豐富的材料寫成，[3] 對我影響極大。此外中國學者黃福慶和林明德的研究也使我受益匪淺。[4] 以下學者的著作，對我了解晚清時期發展有極大幫助，包括 H. S. 伯魯納特（Brunnert）、V. V. 哈格爾斯特朗（Hagelstrom）、梅里貝斯・卡梅倫（Meribeth Cameron）、拉爾夫・鮑威爾（Ralph L. Powell）、馬里烏斯・J. 梅佐（Marinus J. Meijer）和瑪莉・克納寶格・萊特（Mary Clabaugh Wright）等，[5]其中對日本持獨特見解的唯有拉夫爾・鮑威爾。最深入廣泛研究日本對晚清特別影響的，莫過於費正清（John K. Fairbank）的《東亞：現代的變革》。[6]在我寫這本書時，總是反覆查閱這本著作，回想其較早時對我的影響。

在研究初期，我回憶起王風岡 1933 年寫的《日本對中國教育改革的影響，1895－1911》，它使我產生了強烈的願望，希望更多更深入地了解在 1895－1911 年間日本對中國的特殊影響。這是 1986 年春的事。

這年夏天我遇到良機，獲得全國人文學科基金會的暑期津貼，在胡佛戰爭、革命與和平研究所及在斯坦福大學進行為期兩個月的研究。半個世紀前，王風岡也是在斯坦福大學進行研究的。依照王的註釋條目，我加以資料補充，這些資料説明日本對中國的影響遠不只在教育方面。

為期兩個月的研究結束時，我已毫無疑問地認定那些年間中日之間關係是密切的、具有獨特成果的，尤其是對中國方面而言。破壞這種特別關係的是日本帝國主義。1905 年日本戰勝俄國後，驟然擺明姿態，對中國變得虎視眈眈。到了 1915 年日本提出 21 條要求時，關係已經糟到如此程度，一切美好的回憶都在迅速地消失，任何善意都越來越不得人心，且在政治上顯得不明智。要深入進行研究，就要細查 1911 年前中國的、日本的和西方的記錄。

幸運的是，斯坦福只是我到日本進行一年研究旅途的第一站，第二站是夏威夷的檀香山，美國歷史學會太平洋沿岸分會第 79 屆年會（8 月 13－17 日）在那裏舉行。我在會上第一次發表了我在夏天形成的概念，當時使用的詞語是"十年蜜月"，論文的題目是《粉碎了的崇高願望：東亞同文會與中國，1898－1945》，論文提交"日本面對亞洲"專題小組，該組組織者及主席是俄立岡大學教授拉爾夫‧福爾康納利（Ralph Falconeri），參加該組的還有東京大學衛藤沈吉教授和平野健一郎教授，他們兩位幫助我開始了十年前的中日研究。

平野教授負責評審我的論文，他是研究 1906－1931 年日本在滿洲活動的一流權威，謹慎而深思熟慮的批評家。他溫和卻嚴格地批評"十年蜜月"的概念。他告誡說，動機必須按行為而評斷，當時日本的行為差不多完全出於關心日本的安全和利益，也鮮少帶有"惡毒意圖"。他指出"十年蜜月"用詞不當，因為它暗示存在着"中日之間真正平等合作的夥伴關係……然而實際上充其量也只存在相互自我獲益或彼此共同利用的關係"。

這些批評不但沒有使我喪失信心，反而堅定了我的決心，更系統全面地去探索我的觀點，了解問題的核心。年會結束後平野教授對我說，他批評的目的之一是要激勵我前進。所以，當我對他的坦率意見表示感謝時，我完全是真誠的。

1976－1980 年間，我曾在東京研究及教書，舊地重遊，又重逢我的朋友和同事。其中一位特別的朋友是薛龍博士（Dr. Ronold Suleski），新任的 HARPER AND ROW 亞洲出版社的主編，同時又兼赫赫有名的日本亞洲學會會長。他邀請我把看法寫出來，在該社的論文系列月刊上發表。他還提出“黃金十年”一詞，幫我擬定文章題目：《被遺忘的黃金十年：日中關係，1898－1907》。文章於1986年12月8日發表，增訂稿以同樣題目刊登在《日本亞洲會社學報》上。[7]

　　該文於1987年末發表後，一些進展促使我增編成這本書。首先是日本、中國和西方的各種評論，當他們看到這些從未集中整理的資料時，都極感興趣，表示好評。對我的鼓勵來自日本學者們，他們不滿那些井蛙之見，這些見解或則藉以引伸為保守政治，或則把受嫌疑的看法排斥在學術主流之外（例如像我的研究那樣，自1949年以來，日本盛行就中國革命、日本帝國主義及中國現代化等問題向學術觀點提出挑戰，這些問題在中國已受狹隘的解釋及框架所支配）；來自《東亞》月刊的約稿；[8] 來自“辛亥革命研究會”的邀請——在1988年9月的例會上發表三小時的演說並參加討論；[9] 還有來自平野教授的親自邀請——於1988年11月在東京大學社會科學院學術討論會上發表演說。日本一些令人振奮的、富於開拓性的研究，對我幫助極大，豐富了我的研究內容，特別是阿部洋教授及其助手們在國立教育研究所的研究成果。[10]

　　還有來自中國方面的鼓勵，中國學者們和中國社會科學研究院的研究生們，對我的研究公開表示興趣（和懷疑態度），使我印象十分深刻。中國社科院在東京國際文化會館每月的例會，我都參加了。在1988年3－6月為期12週的研究旅行中。行程包括中國台灣、香港和大陸，中國學者們都對我倍加鼓勵。[11] 在這次旅行期間及1988年10月25－29日在北京召開的中日關係史國際研討會上發表論文時，[12] 我得以了解中國最新的觀點，獲得了中國在過去十年間就中日關係發表的大部分文章。

總而言之，即便從日本及中國學者的觀點看，1988 年的氣氛似乎適於繼續探索"黃金十年"的概念。1972 年日本和中華人民共和國建立外交關係後，兩國進入了恢復友好關係、熱切地重新檢討過去關係、追求新的友誼和合作的時期。[13] 令人印象深刻又富於學術風範的研究進展，大大地豐富了我研究的每一方面，看看註釋就完全明白了。只不過這些學術成就，一般都只狹隘地拘泥於常規的解釋，對我的"新政革命"觀念構架幫助不大，這一構架是在我研究後期才出現的。

去了日本兩年後，1989 年初，我又回到喬治亞州立大學，很高興受到歷史榮譽學會費·阿爾法·施塔（Phi Alpha Theta）的邀請，宣講我的研究論文。這迫使我提出這樣的問題：對那些並非研究中國的專家，即如我的同事和學生們來説，在我的研究中，哪方面最具歷史價值和相對地具有意義呢？我長期講授世界文明史，也為它自 1500 年以來的進程着迷，各種類型的暴力和非暴力的現代革命都無不具有其特徵。沿着這條思路，很容易便找到答案：革命。我和我的朋友高諤博士（Dr. Edward Krebs）商量，把現代革命的概念運用到中國晚清時期的歷史研究中。他是近代世界史教習，研究中國 20 世紀初期無政府主義的專家，一下子就理解我的意見。當我問及題目時，他沉思片刻，隨即滿臉生輝，微笑着回答説："《是誰進行了革命？》，怎麼樣？"題目也就這樣定了：《中國，1898—1912：是誰進行了革命？》。[14]

研究成果概見於《中國思想和體制的革命：內容和意義》，這是為 1990 年 4 月 5—8 日在芝加哥召開的亞洲研究學會第 42 屆年會“偉大的年代：中國，1901－1910”專題小組而寫的。[15]

　　20 世紀的第一個十年，圍繞着 1901－1910 年晚清新政或“新體制改革”問題，突然的便成為了革命時期。我後來的工作重心是研究那時的改革和日本從中所起的輔助作用，並構建新政革命的概念，這革命包含了思想和體制兩方面內容，是悄悄進行的。

　　1990 年 8 月 10－12 日在香港召開的近百年中日關係國際研討會上，我提交了論文《中國新政革命與日本（1901－1910）現代中國之學術與制度基礎》，[16] 那些發展了的概念已綜合在這論文中。本書充分表述了論文中的概念，其內容將在《導言》中加以討論。

導 言

　　本研究建構在實證基礎上，這些實證主要取自原始材料及引證日本和中國的學術成果，把長期受忽視或大量遺忘的事實第一次集中起來。這些事實表明了令人吃驚的情況，並要求按如下線索，對中國近代革命的分析架構作根本性的修正。

　　粉碎了經歷 2,100 年中國帝制政府模式及其哲學基礎的，不是以孫中山（1866－1925）及其同伴為中心的 1911 年政治革命，相反地卻是 1901－1910 年以晚清政府新政為中心的思想和體制的革命。[17] 按本書分析，1911 年革命的主要意義，是保證了新政年代的思想和體制改革繼續存在 —— 既不後撤，也不走回頭路。同時，新政革命及其成就，自 1911 年後一直成為實際的基石，雖然不受承認卻也沒有公開宣告。結束帝制後的中國，正是在這基石上決定思想和體制的方針，以至今時今日。

　　如果以人們更為熟悉的方式表達，那就是中國僅僅在 12 年內 —— 從 1898 年百日維新的"失敗"到 1911 年革命的"失敗" —— 經歷了根本性的轉變。按本書研究，1898 年的百日維新運動與其說是失敗的，毋寧說是中國經受了一次世紀之交的轉變、"從傳統走向現代"的第一大步跨進。[18] 在不少重要方面，保守的改革努力都取得了成就。1899—1900 年的義和團運動後,慈禧太后(1835—1908)不得不下定決心,發起並推動了徹底的新政改革。從朝廷到各省,一批官員把改革推向前進,他們主要有張之洞(1837—1909)、袁世凱(1859—1916)、慶親王奕劻(1838—1917)、張百熙(1847—1907)、趙爾巽(1844—1927)、端方(1861—1911)、岑春煊(1861—1933)和沈家本(1840—1913)等。[19] 這些重要的和其他成千上萬次要人物的事業和成就,為結束帝制後的中國,以至今日奠定了基礎。為了強調其影響超越 1911 年,本研究至 1912 年止。[20]

新政革命主要有思想和體制兩方面,如果不以日本明治維新運動為比較,對兩者都難於理解。事實上,日本是作任何分析的關鍵參照對象。如果沒有日本在各種各樣的幌子下、在不同的層面上表示合作,中國不可能打破傳統控制而向現代道路邁進。中國思想和體制轉變得非常順利快速,甚而一度超過日本明治維新的進程。日本所扮演的角色、中國對日本模式和對個別人士令人驚奇的信心,將在本書第一、二、三章逐一解釋。

理解近代中國在學術上的主要障礙,是對革命的定義規限得太狹窄,這蒙蔽了學者們的眼睛,難於理解延續最長的中國近代革命、靜悄悄的新政思想和體制革命。1500 年以來的世界史不斷地提醒人們,革命具有多種多樣的形式,大多是非暴力的、不流血的。正如湯瑪斯・孔恩(Thomas Kuhn)在《科學革命的結構》(*The Structure of Scientific Revolutions*)中指出的,革命可能悄悄地進行,令人感覺不到,從農業、商業、經濟革命,擴展到思想、科學、技術革命,以至政治、社會革命。就中國而論,晚清時期不僅有推翻政府的政治革命，而且有更具深遠影響的思想和體制的轉變。把清王朝的最後十年，從有關 1911 年革命的因循思想中解脫出來，從那些對革命粉飾之言中解脫出來，對中國帝制後期和帝制結束以後的真正革命轉變，便較為容易理解了。

1911 年後，置身舞台中央的激進分子和革命者改寫了歷史，藉清王朝突然崩潰而索取榮譽。他們，無論是清朝的對立者或充其量只是沾了點邊的人，對晚清改革既無認識也並不感興趣。真實的歷史紀錄還未來得及詳細查證或整理前，中國已陷入 1916－1928 年狂暴的軍閥混戰中。由於混亂被弄得稀里糊塗，由於清王朝在人民記憶中迅速消失，因而極少有人能清楚地看到，中國軍閥和晚清的創新改革之間有着千絲萬縷的聯繫。

在軍閥混戰的十年中，孫中山於 1925 年逝世。他至死仍忠於他的信念，要擺脫軍閥和帝國主義，鼓勵人們支持他的事業。他生前是"受挫折的愛國者"，死後仍是受挫折的愛國者。[21]

孫的逝世，促使人們更熱切地尋求困惑了孫一生的答案：如何填補結束帝制後在精神上、政治上和思想上絕望的真空。那些早期的親密夥伴如汪精衛（1883－1944）、胡漢民（1879－1936）和蔣介石（1887－1975）等，[22] 他們宣傳孫，只是把孫看作團結全國反對軍閥和帝國主義獨一無二的有效的象徵；更重要的是把孫視為基石，他們在此基礎上為自己的政治前途和成為正統而下賭注。[23] 到了 20 世紀 20 年代末期，孫因 1911 年革命獲得哀榮，被尊為"國父"，以至於把那次革命也變成"孫的 1911 年革命"。這觀點成了中國的信條。

在因循襲舊的歷史上，那些站在"孫的 1911 年革命"之外的人們，總被視為革命的對立者或敵人。頭號敵人是袁世凱，他是新政改革的骨幹人物，1912—1916 年的民國總統。他沒有大吹大擂，卻在結束帝制後的中國繼續進行改革。在 1915—1916 年，他企圖建立君主制而沒有成功，這就注定了他要貼上民國叛徒的標籤；由於他和新政改革關係密切，那些改革和改革支持者們也成了協同犯而埋進墳墓。至於日本，它在新政期間所起的核心作用完全被遺忘了。在 1915 年不光彩的 21 條要求後，任何回憶都只能起相反的作用，遭受批駁。

在歷史上有過重大成就、使人驚歎的中國新政變革，就這樣被遺忘了。教科書和專題著作，都沒有把清朝革命性的轉變，看作從 1898 年傳統的中國政治形態，到 1911—1912 年近代的，調和日本—西方—中國的政治形態的飛躍。[24] 新的政治形態儘管有缺陷和實施時搖擺不定的軟肋，它終究是應時而生的。事實上，我們所認識的今日（而且在可以預見未來的）中國，正是完全以新政年代的思想和體制為基礎。離開新政革命，20 世紀的中國是不可想像的。

本書第四章以後逐章為日本參與新政革命提供證據。本研究僅僅是個開端。差不多每一章都需要單獨的專著加以發揮。希望這一研究能起拋磚引玉的作用。

第一編

日本的作用及其背景

第一章
"黃金十年"？新政革命？

　　中國在 1898－1910 年這 12 年間，思想和體制的轉化都取得令人矚目的成就。但在整個過程中，如果沒有日本在每一步都作為中國的樣本和積極參與者，這些成就便無從取得。和慣常的想法相反，日本在中國現代化中，扮演了持久的、建設性而非侵略的角色。不管怎樣，從 1898－1907 年，中日關係是如此富有成效和相對地和諧，堪稱"黃金十年"。[25] 這黃金十年的關係，一再證明了對中國新政改革的成功具有何等作用。本章以回顧這一概念開始，於第二、三章詳述日本扮演的角色及其背景，進一步為"黃金十年"這一概念提供確證。

　　中國的新政改革的結果很不平衡，也的確帶着缺陷，但多方面同時舉行、迅速而不動聲色的改革，徹底地粉碎了中國 2,000 多年的帝制歷史，把中國置於延至今日的帝制後的過程。對中國而言，成效是革命性的，或者可稱之為"新政革命"。本章的第二部分，將檢核"新政革命"這一概念。

"黃金十年"？

　　表面看來，"黃金十年"的概念似乎不可理喻。在慘烈的中日

戰爭和簽訂《馬關條約》之後不久，中日雙方似乎不可能有密切的
關係。這概念與一切邏輯都背道而馳，而這些邏輯又已深深地植根
於中日人民心中。在中國人民心中，它觸發起 1937－1945 年日本
野蠻地侵略中國所引起的全面戰爭的焦灼回憶；在日本人民心中，
則觸發起在戰爭中累積的對日本帝國主義的罪惡感。時至今日，中
日學者仍未能從這些往事中擺脫出來。

某種懷疑主義當然是必要的。例如，從 1868 年日本明治維新
到 1945 年日本投降的整段時間內，完全可以不加遲疑地視之為是
日本從未間斷對中國和中國周邊侵略的時期。在 19 世紀末期，
從 1874 年開始，日中之間的軍事對抗幾乎每十年必會爆發一次：
1874 年，日本對台灣懲罰性的遠征；1884 年，中日軍隊在朝鮮發
生衝突；1894－1895 年，日中爆發全面戰爭。

到了 20 世紀，衝突的步伐加快了，日本每五年左右便挑起一
次軍事行動：1900 年，日本參加反義和團的八國聯軍，及由於日
本的阻攔造成"廈門事件"慘敗 *；1904－1905 年日俄戰爭，日本取
得在中國東北和朝鮮的特權；1910 年日本完全吞併朝鮮；1914－
1915 年，日本軍隊接收了德國在山東的"權利"和特權，和德國在
太平洋的領土；1918－1922 年，日本遠征西伯利亞；1927－1928
年，日本在山東武裝干涉，反對中國北伐軍；1931 年滿洲事件；

---

* 　譯者註："廈門事件"指義和團運動期間，興中會準備武裝起義，日本企圖乘機搶佔福
建，答允供給其武器。1900 年 10 月初，興中會在惠州起義，起義軍曾發展到兩萬人。
這時八國聯軍已入北京，列強相互牽制，日本感到不可能割取中國領土，對革命黨在台
活動又有戒心，遂改變主意，不但不供給興中會軍械，並禁止其在台活動，起義軍彈盡
糧絕而失敗。見郭沫若主編《中國史稿》第四冊（1962 年版）第 144 頁。

1932 年日本軍隊攻擊上海；1933—1937 年，日本在華北發動一連串軍事行動，導致 1937—1945 年中日全面戰爭，為時長達八年，毀滅性的戰爭遍及全中國，在戰爭中犧牲者＊數以百萬計。[26]

　　然而即使在日本侵略擴張的 20 世紀 30 年代，仍有個別人回憶當時中日關係較為美好的時光。1936 年，研究中國的日本學者神崎清在《支那》月刊作了相當詳細的描述，他寫道：

> 日本在義和團事件中參加了八國聯軍，使日本在中國國際事務中的地位得以提高，它在處理軍事和國際關係方面的公正態度，贏得了中國人的信任。日本主要通過在軍事、警務和教育方面的領導，直接參與了清政府的改革，擴展了新的日支關係。清政府正想方設法避免西方侵略，日本政府也正千方百計遏制西方的滲透。在日俄戰爭前後，圍繞着這一共同利益，出現了日本人稱之為對支外交的黃金時代。[27]

　　1943 年，實藤惠秀把 1896—1905 年間稱為中國"純粹的親日時代"。[28] 而在四年前，1939 年，實藤就寫道："只要注意現代時期，特別是日清戰爭後到日俄戰爭之間的年份，是日、中兩國無比親和的時期。關係密切得使其他外國人妒忌。"[29]

　　他最後一句說得絕不誇張，那是事實，在 20 世紀初期西方刊物中就說得非常明顯。例如早在 1901 年 7 月，在上海的潘慎文牧師（Rev. A. P. Parker）在題為《日本對中國新的侵略》一文中就提出：

> 思想的侵略取代武器的侵略，教育的宣傳取代壓迫。狡獪地企

＊　譯者註：據 1995 年 5 月 10 日《人民日報》，"中國軍民傷亡三千五百多萬人"。

圖以思想力量多於物質力量以征服中國。

　　簡言之，這就是在日本人的佈置下，現正迅速地擺到中國面前的事態，在過去短短幾年中，日本人的行徑已經充分表明了這一點。[30]

　　潘慎文的文章特別注意到日本學生在上海（1901年5月底）開設的東亞同文書院（後升格為大學）的開學典禮，報道了中國官員發表的熱情洋溢的歡迎詞，預期書院對中國長遠的價值是"反抗白種人對東亞統治的重要支持"。[31] 東亞同文書院的確發展為出色的學院，不過從根本上説，日本的得益是遠遠超過中國的。[32]

　　西方的嫉妒和焦慮，在喬治・林奇（George Lynch）《中國的日本化》一文中，表露無遺。[33] 無獨有偶，雷里・賓茹（Rene Pinon）也寫了《中國的日本化》，文章宣稱，"這個新的中國將是日本人的中國"，他繼而解釋道：

　　　　在日本影響下，（中國）已決定進行改革並付諸實施，（京師大學堂）管學大臣張百熙有關"大清國之教育改組"的報告……是直接受日本體系啟發的……宣佈除外語教員外，全部教員都應在日本選聘。事實上，最近成立的師範學堂，所有外籍教習都是日本天皇的臣民……不用説，這些日本人的教育使命必定產生巨大的影響。[34]

上海德國總領事1905年的秘密報告，同樣讓人感到憂心忡忡：

　　　　除了日本商業和工業的發展足以令人吃驚外，我僅指出兩方面以提高我們的警覺：第一，日本以龐大的國庫補助，促進海運繁榮，保護並獎勵貿易擴張；第二，通過東亞同文會等機構，熱心發展中國教育，同時通過開辦上海東亞同文書院，銳意培養能在中國活動的自己人。為了對抗這一切，德國政府必須提供大量補助，積極保護航海，並在揚子江地區，嘗試大規模設立培養華人的學校，放手傳教。[35]

再引述一段，就足以代表消息靈通的西方輿論對當時日本在中國的看法。與清廷聯繫密切的著名的英國新教徒、教育學家李提摩太（Timothy Richard（1845－1919））於 1906 年著文稱：

> 然而，北京可能注視着東京，很明顯，日本對中國 18 省的影響在不斷地擴大，日本遊客、商人、教員、軍事教官，在帝國無遠弗至。中國貴族和統治階級成千上萬的子孫在日本受教育，回國後按在日本所學，依樣畫瓢。中國本地最好的報紙是日本人控制的，而本地報業蓬勃發展，本身就是所有革命現場中最具重要性的……我們希望日本影響的擴張不會令人猛然一驚，相信日本真正的政策不是要強迫中國成為西方文化或思想的虛偽模仿者，而是使用西方的配件，以保存東方生活和政體的根基。[36]

在這種西方（通常是傳教士的）評論的背後，表明了西方（首先是與傳教有關的）對中國改革影響迅速減弱的嚴重關注。在 1895－1898 年間，西方的影響曾達頂峰，而結果卻是中國耻辱地戰敗於日本。立志改革的中國愛國人士，曾經向具有改革思想的或以前的傳教士們請教，例如李提摩太、林樂知（Young J. Allen（1836－1907））、李佳白（Gilbert Reid（1857－1927））、傅蘭雅（John Fryer, 1839 年生）及丁韙良（W. A. P. Martin（1827－1916））等。他們正像歷史學家柯文（Paul Cohen）寫的，"在動盪不定的時刻"，欣賞那"超出了他們最狂熱夢想"的影響。[37]

構成這些影響的原因之一，是某些老傳教士視野開闊了。例如，李佳白於 1897 年就中國政府和外國顧問的問題，提出一些老於世故的想法。鄒明德綜合如下：

　　李佳白認為中國改革需要向西方學習，因為中國已經進口了不少西方的機器，出版了西方的科學著作，他說有必要評估其有利和不利方面。他還強調，遴選足具資格的西方人擔任中國官員的重要性，這是李提摩太已經提過的……李佳白強調，指派外國人為中國官員時，除他們的能力、威望和德行外，不應擔當令中國人敏感的職位，而必須對"中國古代仁政"有充分理解，樂於堅守"中國的聖道"。他們還應有能力區別哪些是中國應該向西方學習的，哪些是不合適的。[38]

　　這明智的忠告馬上面對一個無從解決的難題：中國政府到哪裏一下子找那些具有專業資格、文化修養甚高、通曉中國語言和經典的西方人士呢？

　　在 1899－1900 年義和團之亂期間及以後，西方傳教士的影響驟衰。柯文指出的兩點有助於了解這一變化。首先是政治分裂事件出現，老一輩的改革者反對激進派和革命分子，導致大多數傳教士及其他人黯然離去；其次，更具決定性的是，"要獲得中國以外世界的訊息，還有可供選擇的途徑（也是大多數中國人較易接受的途徑）"，突然出現。[39]

　　本書驗證了"可供選擇途徑"的開通和它的驚人後果。必須強調的是，那些"可供選擇的途徑"遠超過僅向中國提供"訊息"。隨着訊息而來的，還有方針、具體實施和協助訓練。最好的"選擇途徑"，十居其九是日本人。那些個人兼具專長與文化素養，完全符合李佳白的要求。的確，除了日本人之外，還有誰符合李佳白提出的標準呢？李佳白的忠告，不妨讀作"非日本人毋庸問津"。中國官員們對此是充分認識的，在 1901－1911 年間，僱用了數以百計的日本人，卻將大量的西方人拒於中國新政改革之外。

僱用了日本人，西方人的恐懼便接踵而來，擔心日本人取代了白種人和他們的思想在中國的優勢，甚而想像出黃種人聯合起來反對白種人的畫面。不要忘記，19 世紀末 20 世紀初是這樣的年代，總過分擔心着白種和有色人種大規模的種族鬥爭迫在眉睫。"黃禍"之說在德國盛行；日本自身早在 1898 年 1 月，就宣揚種族戰爭的思想。高貴的近衛篤麿公爵（1863－1904），就在當時日本發行量最多，影響最大的雜誌《太陽》[40]上發表煽動性的文章，文章的題目就是劍拔弩張的《同人種同盟，附支那問題研究的必要》。[41]

近衛寫道："我認為，東亞將不可避免地成為未來人種競爭的舞台。外交策略雖然可能發生一時的變化，但也僅是一時的變化。我們注定有一場白種人與黃種人之間的競爭，在這場競爭中，支那人和日本人都將被白人視為盟敵。有關未來的一切計劃，都必須把這一難點銘記心中。"[42] 這位作者是一位信念堅定的日本公爵，與日本和國外聯繫甚廣，是中日緊密合作鼓吹者中最具影響力的人物，這就掀開了"黃金十年"的面紗，不但履及劍及，而且賦予深意。[43]

針對日本人在華取得的成就，英、美、法、德改變策略，對中國發動強大的文化外交和文化爭奪。1908 年 11 月，美國即將離任的羅斯福總統參與爭奪，他宣稱"治療'黃禍'的藥方，不管它叫甚麼？"，都必須使"（中國人的）教化和生活準則"依循美國的教育和基督的教義。[44] 為了付諸實施，羅斯福於 12 月 28 日以行政命令宣佈，將中國 1,100 萬美元的義和團事件額外賠款，指定作為教育專款。[45] 他所以這樣做，除了其他原因外，是 1906 年 3 月一個美國教育家向他建議，促請他運用美國教育手段，以達致"在思想和精神上統治（中國）領導者"。[46]

西方在中國利益的增長和主動進取的增強，構成了對日本在中國特殊地位的挑戰。離開當時西方的進取和追求，就難以理解中國何以於 1908－1909 年決定在尋求先進的教育和訓練方面，由依靠日本轉向依靠西方。

新政革命？

西方歷史學家運用"革命"一詞時，含義是相當廣泛的。大多數人首先想到的是血腥的戰爭 —— 反對英國統治的美國獨立戰爭、法國大革命、俄國十月社會主義革命。"靜悄悄的"革命 —— 農業革命、商業革命、科學及思想革命、工業革命，以至性革命和通訊革命，不那麼具有戲劇性，但重要性卻毫不遜色。

撇開不同的情況，怎樣才能使用"革命"一詞，湯瑪斯·孔恩在《科學革命的結構》一書中提出了基本論點。他認為，人類思維以特殊方式構建世界，這就是典範（paradigm）。科學革命的結果，是"相對新的典範全部或部分取代舊的典範"。把這論斷延伸到政治領域，孔恩認為，政治革命源於"增長中的觀念……現存的架構已不足以應付存在的問題……在政治和科學發展中，失靈的觀念導致危機，是革命的先決條件"。[47]孔恩甚而把各章的標題都使用"危機"、"對危機的反應"、"世界觀轉變的革命"，革命的"無形性"及"革命的解決"等。

換句話說，革命涉及事情被認知的方法的結構，或是實際關係的結構（例如政治的或社會的），或者完成事情的方法的結構，例如在農業和商業領域，上述幾種結構的巨變。變化可能突然而來，但卻無需暴力，例如今日的通訊革命；又或者變化來的既突然又充滿暴力性，例如俄國十月社會主義革命。

　　本研究的焦點是 1911 年前夕中國"靜悄悄的革命"，在 1898－1912 年，特別是 1901－1910 年間，中國在思想和體制方面，把長期形成的典範變為不同質的外來典範。中國統治階層的精英，方向轉變得如此激烈和持久，人們可以毫不猶疑地把它定性為革命，或者說是"從傳統到現代"的轉變。

　　光緒二十六年十二月初十日（1901 年 1 月 29 日）慈禧太后頒佈了赫赫有名的新政改革上諭（全文見本書附錄 I），發動了這場轉變。上諭提出：

> 著軍機大臣、大學士、六部九卿、出使各國大臣、各省督撫，各就現在情弊，參酌中西政治，舉凡朝章、國政、吏治、民生、學校、科舉、軍制、財政，當因當革，當省當併，如何而國勢始興，如何而人才始盛，如何而度支始裕，如何而武備始精，各舉所知，各抒所見，通限兩個月內悉條議以聞。[48]

　　梅里貝斯・卡梅倫（Meribeth Cameron）稱之為"改革運動憲章"的、雄心壯志的上諭，[49] 在精神、意圖和成就上，都堪與大名鼎鼎的、簡潔的 1868 年明治《五條御誓文》相匹敵。後者的第五條內容，便是"求知識於世界，大振皇基"。[50] 訂定《五條御誓文》以後，便開始明治維新時政治上的掃蕩，社會及思想上的轉化，明治維新其實應稱為"明治轉變"或"明治革命"。[51]

　　明治《五條御誓文》和晚清的改革上諭，都是尋求外國知識以加強"皇基"，絕非削弱他們既得的成就。日本現代史學者普遍把

1868 年的《五條御誓文》作為日本向外部世界開放的精神信號，確立了延續到今天江戶時代以後的進程。另一方面，中國近代史學者卻忽視 1901 年的改革上諭，雖然它所完成的恰恰是帝制後中國所要做的事：向外部世界發出中國開放精神的信號，把中國置於帝制後的進程。它的結果是革命性的，它把中國歷史的進程根本且永久地改變了。

才華出眾的梁啟超（1873－1929）於 1898－1912 年流亡日本，在 14 年間，撰寫了當時幾乎所有最重要的論著。他在 1904 年 4 月發表的《中國歷史上革命之研究》中寫道："革命主義有廣狹：其最廣義，則社會上一切無形有形之事物所生之大變動皆是也；其次廣義，則政治上之異動與此前劃然成一新時代者，無論以平和得之以鐵血得之皆是也；其狹義，則專以兵力向於中央政府者是也。吾中國數千年來，惟有狹義的革命。"[52] 他探討中國歷史上的革命類型，把革命規限於武裝起義反對政府的最狹義上，因而對本研究毫無補助，但他的意見仍然是恰當的。本書論及的新政革命，介乎梁論述的第一和第二種定義之間：開闢了新紀元，超出了狹隘的政治範疇，包括思想和體制根本轉變的革命。

清廷從未提"新政"一詞，也未對改革的目的系統地解釋，其真實含義近似於"新的政治體制"，包括教育、軍事、警務、監獄、法律、司法和立憲政府。新政改革的成就，遠遠超過了發起者的意圖或想像。雖然未能達到梁啟超提出的革命最廣義，改造"社會一切無形有形"的因素。無論如何，它終歸提供了理解新世紀中國的必不可少的基線。

第二章
"黃金十年"的序曲

　　值得注意的是，1898－1910 年間日本對中國的影響是事前從未料到的。1894－1895 年，中日兩國是戰敵；而到 1898 年中，卻成了朋友，甚至差不多是盟友了。如何在短短的三年裏，從不共戴天的敵意化作表面的友誼，這是個複雜而難解的問題。既然整個"黃金十年"是依據 1898 年後的態勢和關係而論斷的，這就需要對戰後的變化及其意義進行專門的論證。

　　1894－1895 年，日本在海上和陸上都決定性地戰敗了中國，整個中國蒙受羞愧、震驚和恥辱，受到全面反對的《馬關條約》更加深了對日本的痛恨。《馬關條約》於 1895 年 4 月 17 日簽署，南方的台灣和北方的遼東半島割讓給日本，承認朝鮮自主，賠款白銀二萬萬兩，日本向中國榨取前所未有的巨額賠款，相當於清政府每年財政總收入的 8,900 萬兩的兩倍多。[53]

　　在甲午戰爭後、《馬關條約》簽訂前，在戰爭開始時小心翼翼地持中立態度的俄國，[54] 告誡日本不得在朝鮮或中國攫取領土，因為俄國視此為其利益範圍。日本軍方對俄國的警告置之不理。俄國在簽訂和約兩個多月前，就在國內及其歐洲盟友商討對策，決心採取行動。條約簽署後六天，俄、德、法三國駐東京公使便於 4 月

23 日與日本外相會晤，表示尤其反對日本割取遼東半島，如果不將遼東半島歸還中國，便將對日採取軍事行動。[55] 這就是 1895 年聲名狼藉的三國干預，中國因此收回遼東半島，也因此使日本受辱而憤怒。

從中國人觀點看來，俄國干涉是一種恩惠，清廷因而給最積極的俄、法、德公使等 13 名有關外交官頒發了獎章，表彰他們對中國作出的貢獻。[56] 俄國又進一步對中國提供低息貸款，幫助中國應付頭一年的一萬萬兩賠款。親俄情緒的浪潮掀起來了。中國當局一位領導人在 20 世紀 30 年代初緬懷往事時稱："慈禧與李鴻章（1823－1901，是樞廷外最有勢力的官吏）固夙主親俄，迨經三國索還遼東，內而廷臣，外而疆吏，乃無不以聯俄拒日為言矣。"[57] 事實上，簽署《馬關條約》的全權大臣李鴻章，1896 年 6 月就在莫斯科簽訂了《中俄密約》以防禦日本，其中規定中國允許俄國的中東鐵路通過滿洲北部直達海參崴。[58] 這一切引起日本軍方不安，擔心遭受國際"孤立"。[59]

與此同時，中國深感 1895 年後厄運當頭，開始反思國內形勢，從 1895 年開始，尤其是 1896－1898 年間，在相輔相成的三方面大力發展，大致上把日本作為現代改革的樣本。學者、官員和"紳士－文人"開始在各省各大城市提出修改以儒學為基礎的教育課程；各地精英分子組織的"學社"，在此期間如雨後春筍般出現，橫跨省界，為數 75 個以上；新辦的報紙全國約 60 份，[60] 其中湖南尤為有聲有色。始於 1895 年的各省自強運動，[61] 在 1877－1880 年駐日參贊黃遵憲（1848－1905）[62] 及青年學者梁啟超的影響下，於 1897－1898 年間進入根本性的階段，鮮明地突出要求以日本明治維新的內容作為中國改革的樣本。[63]

在這歷史背景下，1897 年末至 1898 年初，中日兩國在各自獨立的發展中，產生了一種突如其來的、相互需要的感覺：中國懷着複雜的心情在日本幫助下，進行現代化改革，特別是加強軍力；[64]而日本則甚而更為迫切，謀求在中國幫助下，阻止俄國和其他西方列強可怕的推進。日本在 1897 年末的恐懼，其焦點依然是 1895 年在遼東半島干涉日本的三角同盟：俄國在中國的東北，特別是在滿洲和朝鮮；德國在華北、山東；法國在東南，與日本的新殖民地台灣隔海相望。這與英國的憂慮不謀而合，擔心外國對中國領土的要求會危及英國在亞洲龐大的商業利益。[65]英國關心的是妨不妨礙商業機會，這有助於美國 1899 年門戶開放政策的形成。[66]英日兩國在此期間有着共同的安全需要，為 1902 年英日同盟奠下基礎，這是英國第一次與非西方強國結成聯盟。[67]

1897 年 11 月 14 日，德軍以兩名德國傳教士在山東被害為藉口，佔據了長期夢寐以求的山東南部膠州灣及青島炮台；俄國人在 11 月 15 日又以保護中國免受德國侵略為藉口，開進旅順、大連。德國駐北京公使隨即在 11 月 22 日提出強硬要求，終於在 1898 年 3 月 6 日簽訂條約，德國租借膠州灣 99 年，並有權徵用自膠州至省會濟南的土地，修築鐵路和開採礦山。俄國方面則於 1898 年 3 月 27 日，在把日本人逐出旅順、大連後僅僅三年，取得了旅順、大連 25 年的租借權，及興建南滿鐵路權。六天以後，英國在 4 月 2 日獲得威海衛 25 年的租借權。威海衛位於山東海岬北部，陸地與在青島的德國人相望，越過渤海便是在大連的俄國人。

1898 年 2 月 11 日，英國迫使中國答應，不得將長江流域割讓

給其他任何外國勢力。4 月 10 日，法國取得與法屬印支相接的廣
州灣 99 年租約；4 月 10 日又取得中國承諾，不割讓廣東、廣西及
雲南三省（值得注意的是，同日總理衙門電飭駐日公使抄寄日本武
備、水師兩學堂章程）。日本對此極具戒心，於 4 月 24 日迫使中國
承諾不割讓福建省；同一天，英國取得毗鄰香港的九龍 99 年的租
約。[68]

　　就在德、俄首次採取行動"分割中國"前，主要擔心俄國的日
本軍方，謹慎地主動向中國示意。1897 年 10 月底首現契機，日本
駐天津領事向直隸總督兼北洋大臣王文韶（1830—1908）傳話，[69]
日本參謀本部邀請中國軍事觀察團參觀 11 月中旬在九州舉行的盛
大軍事演習。當王派遣的代表團抵達長崎時，歡迎他們的正是陸軍
中將參謀次長川上操六（1848—1899）。代表團自始至終受到貴賓
規格的接待，特意挑選的陪同官員更悉意關照。王文韶對接待非常
滿意，建議向川上操六為首的九位主人，授以中國寶星勛章。[70]

　　1898 年 1 月升任為參謀總長的川上操六，不但是這次活動的
主要幕後活動者，也是主動對中國提出軍事方面建議的首腦。這應
稱之為"川上意志"，是川上至 1899 年 5 月死時仍在執行的一整套
政策和行動。[71] 他依照沒有永久的朋友或敵人、只有永久利益的原
則，恢宏地論述了在戰勝中國後，日本戰略思想的彈性。按他對啟
動"黃金十年"的特殊作用，那是頗具諷刺性的，正是川上操六在
1894—1895 年日本戰勝中國時被譽為主要策劃者和英雄，而且他
還被認定是"特殊的軍事人才，在煽動戰爭方面，他的活動和影響
總遠遠高出於他人之上"。[72]

　　然而到了 1897 年，川上已不再將中國視為日本的主要"假想

敵",注意力已轉向俄國。10 月時對中國的邀請,表示了日本修好的願望。當華北的活動仍在進行時,川上便考慮派代表團到華中。他挑選了神尾光臣(1855—1927)大佐(後任大將)擔任團長。[73] 這位神尾也列在王文韶的授勳名單中,而且僅在川上之下,他是軍隊中罕有的"支那通",1882—1886 年曾在中國工作,1892—1894 及 1895—1897 年間任日本駐北京公使館武官,任滿時受川上指示,經從長江中下游返日,沿途聯繫當地主要官員。川上還另外派宇都宮太郎(1861—1922)到同一地區,他是川上忠誠的下屬(後升為大將),可能曾為川上制定未來對俄作戰計劃。他完成此次任務後,被認為"開拓了日支親善的端倪"。[74]

　　1897 年 12 月至 1898 年 2 月間,神尾、宇都宮和其他官員,閃電式地與長江中下游地區的高級官員,舉行了一連串關鍵性的會晤,包括在南京的兩江總督(管轄江蘇、安徽及江西)兼南洋大臣劉坤一(1830—1902)、在武昌的湖廣總督(管轄湖北及湖南)張之洞等。

　　起初,劉張二人似乎並不附和日本人的建議,僅在兩年半前,於 1895 年七八月間,他們都曾分別上奏朝廷,促請聯俄拒日。[75] 張擔心日本人這次又要求商業和軍事特權,故意於 1897 年 12 月中旬離開官邸,讓助手擋駕,然而神尾切實的留言,使他大為驚訝,立即致信神尾為未能會晤而道歉,並表示大致同意神尾的意見。[76]

　　張之洞於 1898 年 1 月 2 日把神尾的意見電奏總理衙門,稱"倭參謀部副將神尾光臣到鄂,洞出省未回……大略言前年之戰,彼此俱誤。今日西洋白人日熾,中東日危。中東係同種、同文、同教之國,深願與中國聯絡"。[77]

由於俄德兩國在北方的行徑，這些論點雖則有點似是而非及詭詐，卻獲得贊同並具有迫切感。按張報稱日本人的說法，說戰爭"彼此俱誤"，但既沒有人提出減少中國的戰爭賠款，或將台灣歸還中國以改正錯誤；也不見這些日本人批評本國政府，為了經濟上支持擴張軍備，強硬堅持支付賠款期限。日本人的任何道歉，充其量也不過是禮貌性言辭。日本人習以為常的禮節，寒暄時總是以這樣那樣為由，道歉一番。張和他的幕僚不了解日本人的禮節，把表面價值當真了（在張的報告中，仍蔑視日本為"倭"（矮子），將日語模糊地稱為"東文"）。

撇開美麗的言詞來看，派到中國的日本軍官都是極為能幹、嚴謹任事，予人印象深刻的官員，神尾光臣就是他們之中盡忠職守的範例。1898 年 1 月，他在其父喪事結束後便返回華中，繼續完成川上交付的任務。[78] 極具誘惑的承諾層出不窮，吸引着中國人。張之洞在其 1898 年 1 月 2 日的報告中，就說宇都宮太郎"極其殷勤"；並稱"致其提督川上操六之命"，向中國提供有關日本地圖及政治書籍；還說宇都宮"並言今日武備最要。囑派人到彼入武備及各種學堂。地近，費省。該國必優待切教"。[79]

就這樣，在 1898 年底，中國人熱衷改革，日本人不斷勸誘，兩國共同對西方再次侵略的戒備，這些因素結合起來，便克服了深深的敵意，開創了前所未有的中日合作的新紀元——"互相利用"的時代，[80] 這就是我所說的"黃金十年"。

第三章

兩面開弓的日本戰略：軍事的和非軍事的

1897－1898 年間，日本和中國打交道時，為使中國依附日本，開始運用兩面開弓的戰略，一面是軍事的，另一面是非軍事的。每一面各有不同的行動者，甚少重疊。軍事方面由參謀本部策劃；非軍事方面，由於日本政府多年來沒有（儘管試圖制定）統一的中國政策，並沒有類似的協調中心。

即使缺乏協調，軍事的和非軍事的因素卻都受整套相同的動機所推動，這包括民族自大，民族私利，和文化上對中國的密切關係和受惠感。在與中國人交往中，日本人總是不厭其煩地強調兩國共同的利益。

軍事策略

神尾光臣是軍人的典範，他坦率地把日本戰略的動機告知中國。1897 年底受邀到武漢時，他代表川上操六向張之洞聲言，"故今日急欲聯英聯中，以抗俄、德而圖自保"。[81] 1898 年 2 月中旬，神尾、宇都宮和步兵大尉梶川重太郎（1902 年生）在與湖南改革者譚嗣同（1866－1898）會晤時，說的也是同一論調。[82] 他們在對與中國交戰表示遺憾後，便建議中日結成聯盟或聯邦，並由日本向中國提供援助。他們強調，日本這樣做僅是按自身最佳利益行事。[83]

張之洞於 1898 年 1 月 2 日呈報總理衙門稱，"倭人此舉，利害甚明，於我似甚有益"。[84] 寫這些話的人是個謹慎的現實主義者。由於在困難的崗位任職多年，他能夠從國家的角度思考問題。在 1884－1885 年中法戰爭時，他任兩廣總督，盡己之力支持戰爭，戰爭失敗後轉而投入"自強"的目標。最初在廣州，1889 年後則在武漢，他都致力於地方武裝、教育及工業企業的發展。[85]

在 1894－1895 年對日戰爭中，張再次全力以赴，最初在武漢，當劉坤一暫時領兵到北方時，他在南京署理兩江總督，接二連三提出建議和辦法，以維護從北方黃海、華中長江流域，遠及南方台灣的中國利益。[86] 戰事失敗促他更加努力，戰爭剛剛結束，他立即提出成立自強軍的初步方案，在南京成立第一所現代化的江南陸師學堂（1895－1909），在湖北成立湖北武備學堂（1896－1906）。由於認為日本的軍事勝利是採用了德國兵制，張在 1896 年 2 月 2 日奏請中國應同樣採用德國兵制，建立新型陸軍軍官學校。[87] 與此相應，他按德國模式制定軍事訓練計劃，為他的南京陸師學堂僱請了 35 位德國官員和顧問，為武昌武備學堂僱請了六位。[88] 然而 1896 年後，武昌一些德國顧問態度傲慢，盛氣凌人，引起學生不滿和職員反抗，導致 1898 年至少有一名軍校的中國高級行政官員被迫辭職。[89]1897 年 11 月德國佔據膠州後，張之洞對德國的懷疑進一步加深。

日本的主動迎合，中國人認為是大好時機。對張之洞而言，日本方面在軍事上的幫助可能減少對德國顧問的依賴；他還進一步認為，與日合作可能開闢接近英國人的道路。作為擴展援助和協調的代價，英國會要求租借長江流域以對抗俄德。因此張在 1898 年 1 月的報告稱，"倭肯出力勸英與我聯，則英不能非理要求，而我可藉英之援助矣。"[90]

1898 年 2 月初，神尾、宇都宮和梶川與張之洞及其湖北現代革新者會晤時，共同商定派遣中國教育考察團赴日。這在中國還是第一次，由吏部姚錫光（1856－192?）領隊，宇都宮陪同，行期共約兩月。姚返國後，於 1898 年 4 月 22 日向張之洞提交了此行報告，這就是後來公開發表的《東瀛學校舉概》。該書既總論日本的官立、公立、私立等學校，又分類敍述了日本的普通學校（小、中、師範學校），各陸軍學校、各專門學校（高等、大學、學院、工業、技術學校），及其他各種學校（商業、師範音樂、盲啞、女子高等、女子高等師範學校、華族女學院）等。該書於 1899－1900 年間發行了三版，傳說在全中國廣泛流傳。[91] 值得注意的是，張之洞摻和了日本人提出的到日學習意見。頗具影響的《勸學篇》，就是在姚返國以後寫成的。[92]

1898 年，主管中國人在日軍事教育的官員是步兵大佐福島安正（1852－1919，後任參謀次長，隨即升為大將）。他是非凡的天才，就像神尾一樣，某些方面也是"支那通"，在王文韶的授勳名單中排列第三位，僅次於川上和神尾。他在柏林曾任武官 5 年，1892－1893 年間回國，曾以 504 天的時間，主要靠騎馬，從柏林起行，橫跨西伯利亞到達海參崴，行程 15,000 公里。這創歷史的事跡吸引了日本人的想像力，使他也成為家喻戶曉的人物。[93] 在 1894－1895 年對華作戰期間，他在前線表現傑出，並且協助將新近攫取的台灣過渡到日本統治之下。[94] 更直接有關的是，1899 年春，福島任參謀本部情報長官，受川上派遣，打探長江沿岸官員對中國有被西方瓜分危險的態度。4 月間，他會見了總督劉坤一、張之洞和他們的高級幕僚，彼此都認同西方對中國威脅的嚴重性，尤其是北方；並贊同中日合作的必要性，通過改善軍事訓練，對抗這一威脅。

福島和張彪舉行了秘密會談，張彪（1860—1927）是張之洞的高級將領和助手，據說曾於 1897 年到日本視察軍事系統。[95] 福島和張都認為需要加強長江的陸、海軍，但認為地方"不應在政策上與北京政府疏離"，寧把"它的力量用於不動色地迫使北京為國家進行緊要的事業"。[96] 從他其他會談的秘密報告判斷，在福島的心目中，是要為長江沿岸的六省：四川、湖廣（張之洞管轄的湖北、湖南）和兩江（劉坤一管轄的江蘇、安徽、江西）訓練現代化的軍隊，作為抗衡在北方俄國的砝碼。[97]

福島的報告是寫給參謀總長川上操六的，但就在福島返回東京前一天，川上於 1899 年 5 月 11 日逝世了。[98] 然而在神尾、宇都宮和福島等天才軍官的幫助下，這位有才幹的戰略家當時已經構建了震動世人的形勢，建造了中日之間軍事的和非軍事的合作基礎，這在兩年前是不可想像的。

非軍事策略

與日本在國外主動開展軍事協作活動的同時，在國內也有人倡導非軍事的協作活動，一些傑出人士發出"分割支那"[99]的警告，號召"保全支那"。[100] "分割支那"的說法，在 1898 年 1 月 1 日出版的《太陽》中，近衛篤麿公爵在談及種族聯盟的評論中已有論述。

近衛認為，中日兩國的命運不可分離，要求日本擺脫戰後對中國的鄙視心理，[101] 通過旅遊、社會接觸、土地調查等直接了解中國。他提出不應猶疑觀望，使白種人反對黃種人的侵略得以加速進行，讓大規模的種族衝突迫在眉睫。[102]

在 4 月 20 日出版的同一刊物中，東京帝國大學校長、教育家、哲學家外山正一（1848－1900）發表《支那帝國之命運與日本國民之任務》一文指出："我的觀念是，支那的存亡對所有日本國民自家的安危有切實的關係。"外山提出，政治家、外交家、軍人、學者、技師和佛教僧侶都應為中國作出貢獻，推動中國新思想和教育，"鼓吹國家觀念"。[103]

頗為明顯地持自利觀念、隨任農商務大臣的大石正已（1855－1935），在其刊載於 5 月 5 日出版的《太陽》中的評論《東洋的形勢及將來》中稱："如果希望徹底地實現此方針（以保護我在華既得的權益），首先必須防止清國分割的危機而確保其平和，誘促其進步，增長其資產及實力。這樣，我帝國與列強的對立中，才能維持東洋的均勢。"[104]

文部省專門學務局長兼東京帝國大學教授上田萬年（1867－1937），在為 8 月 20 日《太陽》寫的評論《關於清國留學生》中指出，中國戰敗後的四五年來，"一朝反省"，使中國人對日本的態度由輕蔑嫌惡轉為尊敬。由於這樣的原因，也由於中國正進行朝氣蓬勃的改革（6 月 11 日－ 9 月 21 日的"百日維新"），中國已決定依賴它的學生在日本所受的現代教育。上田提出："我國應如何覺悟反省一己之重任？"他在回答自己提出的問題時，提出"務以我帝國全國之力，謀求協助彼等獲得成效的方法"。他最後呼籲"日本帝國必須不惜金錢為清國留學生建立完備設施,以避免破壞彼國委託人之大事業"。[105]

　　就這樣,從 1898 年年初開始,由於與西方帝國主義直接相關的原因,為了民族利益,傑出的日本人大聲疾呼與中國合作,這突然成為政治時髦。這是意義深遠的新的開端,中國通過新的途徑進入日本的民眾意識。

　　在政府的層面上,1897 年 3 月到 1899 年 12 月這兩年半中,擔任日本特命全權駐華公使、頗具名望的谷野文雄(1850—1931),是獨一無二的、最重要的人物。他是明治初年自由民權運動的老手,日本眾所周知的作家和新聞記者,與黨魁和教育學家大隈重信(1838—1922)在政治上關係密切。[106] 谷野以駐華公使的身份自行其是,為政府承擔責任,鼓勵中國學生到日本留學。1898 年四五月間,谷野不但在口頭上,而且寫信給中國官員,表示日本政府承諾支付 200 名中國學生在日本學習的費用。由於事前未獲授權,馬上受到外務大臣西德二郎(1847—1912)申斥,認為承諾過多。不過西德雖然申斥,但仍確認日本既已作出承諾,便有責任如數支付。[107]

　　如此這般地付出了"代價",也贏得了中國的好感。幾個月後,1898 年 9 月 7 日光緒皇帝致函日本天皇時,便力讚谷野。信中寫道:

　　　　貴國駐京使臣谷野文雄到華以來,凡遇兩國交涉之事,無不準情酌理,歸於公平,已徵鄰好。曩復貽書總理各國事務衙門,備述貴國政府關念中國需才孔急,願中國派學生前赴貴國學堂肆習各種學問,尤佩大皇帝休戚相關之誼,曷勝感謝。朕已諭令總理各國事務王大臣與貴國駐京使臣商訂章程，認真選派，以副大皇帝盛意。[108]

相信谷野對中國的承諾絕非出於天真，他的思想可算靈敏型的典範，為民族本身利益而精於盤算，這充分體現在他 1898 年 5 月 14 日致外相西德二郎的秘密函件中，他在信裏是盤算着對日本螺旋式上升的利益的：

> 如果將在日本受感化的中國新人才散佈於古老帝國，是為日後樹立日本勢力於東亞大陸的最佳策略；其習武備者，日後不僅將仿效日本兵制，軍用器材等亦必仰賴日本，清軍之軍事，將成為日本化。又因培養理科學生之結果，因其職務上之關係，定將與日本發生密切關係，此係擴張日本工商業於中國的階梯，至於專攻法政等學生，定以日本為楷模，為中國將來改革的準則。果真如此，不僅中國官民信賴日本之情，將較往昔增加 20 倍，且可無限量地擴張勢力於大陸。[109]

還在這些日本人表示關注之前，若干重要人物在中斷了一段時間後（最後是 1890 年組織的東方協會[110]），又再組織有關中國的新的組織。1897 年春，長期以來對黨派活動非常積極的犬養毅（1855—1932），聚集了明治中期新聞界的重要人物，如陸羯南（1857—1907）、三宅雪嶺（1860—1945）、志賀重昂（1863—1927）、池部吉太郎（1864—1912）；政治家如議員平岡浩太郎（1851—1906）、江藤新作（1863—1910）；及中國留學生的積極分子，如最著名的井上雅二（1877—1947，原東京專門學校學生，後轉早稻田大學）組成東亞會，主要目的是研究中國當前形勢，發表他們的看法。有意義的是，東亞會同情康有為（1858—1927）和梁啟超等改革者的努力。1898 年 9 月，康、梁在百日維新失敗流亡日本後，東亞會歡迎康、梁加入為會員。[111]

1898 年年中，那些獨自努力的人們是以精力充沛的近衛篤麿公爵為中心的。由於近衛一直公開發表他對中國的觀點，因中國問題積極分子荒尾精（1859－1896）[112] 於 1896 年英年早逝而不知所措的人們，便圍繞在近衛的周圍。1898 年 6 月，近衛及其同道組織了同文會。同文會這一名稱是頗具深意的，它源於當時相當普遍的和富於情感的概念：中日兩國同文同種，相互聯結（這概念也見之於張之洞在 1898 年 1 月 2 日給朝廷的奏摺中）。然而在組建同文會的成員中，部分人根本不存在情緒化的、抽象的理想主義。原來荒尾精的夥伴們，他們具有在中國當間諜和商人相傳的經驗，強調需要收集中國更多的準確數據，需要與中國的敵方交換情報，需要在中日兩地從事教育和出版活動，需要在中國進行特殊的投資和交易。[113]

東亞會和同文會受人尊敬的組織者們很快便發現經費不足，無法達到原來建會的目的。乘着日本從 1898 年 6－11 月間短命的首屆內閣成立的機會，犬養毅和近衛憑着與首相兼外相大隈重信相熟，分別向政府請求補助金。大隈同情地聆聽，卻告訴他們政府沒有資金同時資助不僅目的相同，成員亦相互交錯的重疊的兩個組織，[114] 他要求兩會合併。1898 年 11 月 2 日兩會終於合併了。

新的東亞同文會將原來組織的名稱合二為一，統由近衛公爵領導。然而聯合卻非輕而易舉的，在 11 月 2 日的合併會議上，兩派就政策問題激烈爭論，一派是原東亞會成員，包括康有為和梁啟超的徹底改革者和對孫中山革命的同情者；另一派是原同文會成員，他們更着眼於商業和教育而不是採取政治行動。

近衛公爵憑個人調停而打破僵局，他把注意力集中在中國面臨被西方瓜分的危機，説服與會者把"保全支那"作為壓倒一切的急務，密切注視。在隨後數年中，反對"分割支那"成為激勵東亞同文會的有力口號。[115] 該會還極其體面而恰當地制定了四項建會原則：(1) "保全支那"；(2) "改善支那"；(3) 研討支那時事及決定適當行動；(4) 喚起社會輿論。[116]

東亞同文會是按首相大隈要求合併的，合併後也和外務省官員的思想相近。從 1899 年開始，每年從外務省機密費中獲得四萬日元津貼。津貼是從不間斷的，東亞同文會也忠實地向外務省彙報情況和報告，這使該會打上半官方的印記，成為 20 世紀初 20 多年間日本對中國進行研究及文化事業最重要的機構。[117]

就大隈重信的角色來說，他在 1898 年 6 月底至 11 月初的第一任的短命內閣期間，表明了他自己對中國的一些觀點，有時被稱為"大隈原則"，他認為日本長期從中國文化中獲益良多，是負債者，現在該是日本報恩，幫助中國改革與自強的時候了。[118]

大隈原則反映了或較大範圍地可能影響了日本軍界及非軍界的思想。例如，1899 年 5 月 5 日《太陽》發表了大鳥圭介（1832—1911）題為《對清國今昔感情之變化》的講詞，大鳥於 1889 年任駐華特命全權公使，翌年兼任駐朝鮮公使，他在講話中稱讚近期大量中國學生赴日，認為這是未來鍛造友誼和互助的紐帶，是"以酬往昔師導之恩義"。[119] 1899 年 10 月 27 日，兩位四川省派遣的武官拜會日本新任參謀總長大山嚴元帥（1842—1916）時，也表達了大致相同的看法。其中一位武官在其日記中寫道："拜會參謀總長大山元帥，言今日協力之事，謂唐以來，日本飲食、衣服、起居、學問

之事，皆中國贈之。今日之願助力者，不唯輔車唇齒之義，亦以報
往日之賜。意至謙篤。"[120] "輔車唇齒" 是中國慣用成語，日文把這
複合詞互調為 "唇齒輔車"。在世紀的轉折期，這寓意豐富的成語
被兩國在一切問題上廣泛應用。例如在百日維新最盛時，光緒皇帝
於 1898 年 9 月致信日皇時，亦以此語盛讚谷野文雄公使。[121]

百日維新

　　著名的百日維新發生於 1898 年 6 月 2 日到 9 月 21 日，由於是最
高層合法地確認對日本新的評價，不應等閑視之。對日本一向極感
興趣的激進改革者們，諸如康有為、梁啟超和譚嗣同都直接參加了。
由於光緒皇帝支持，1895 年後的改革在一定程度上達到高潮。[122] 在
103 天內，頒發上諭一百多道，下令在經濟、軍事、文教及行政事
務等方面進行改革。9 月初，光緒命譚嗣同等四人任軍機章京，協
助處理改革事宜。這引起了朝廷頑固分子的恐懼，空穴來風的陰
謀、火上加油的謠言都加在康有為身上。其實，他在這整個運動中
所充當的角色，被大大地誇張了。[123]

　　無論康、梁、譚及黃遵憲個人在百日維新中的作用如何，由於
不斷地把日本作為範例加以宣傳，結果是使許多改革都受明治原型
的啟發。得意洋洋的日本人，以強烈的興趣注視着中國人大膽的嘗
試。[124] 在 9 月中旬，改革即將結束的時候，三度擔任首相的伊藤博
文（1841－1909），以非官方身份到中國觀察改革情況。和他同船
到天津的辻武雄（1868－1931），是發行《教育時論》的公司的副社
長，後來又擔任重要的顧問、教習並長期在中國進行戲劇批評，[125]
專門收集中國教育改革的情況。返日後，他向日本讀者報道稱：

"清國維新方針，不但大體根據我國，特別是教育一切都仿效我國制度，並派帝國大學（京師大學堂）視察員赴日，派遣留學生赴日，招聘日本的教員。"[126] 從改革期間中國駐東京公使裕庚（1905 年死）的官方交往看，中國高層是明顯關注教育的。[127]

伊藤博文 9 月 11 日抵天津後，不少人向他要求日本給予援助。個別熱心人士，甚至比李提摩太提出讓伊藤任政府高級改革顧問的建議更為大膽，竟奏請皇帝任命伊藤為中國首相。[128] 9 月 20 日光緒皇帝接見了伊藤，[129] 於是加油添醋的流言四起，其中一說甚至擔心就在眼前的日本人，要攫奪朝政大權。[130] 慈禧太后感到不得不採取行動了，就在伊藤覲見皇帝的第二天即 9 月 21 日，慈禧在間斷了九年之後，正式恢復監政（即所謂"聽政"），[131] 下令逮捕主要維新派，其中六人包括譚嗣同及康有為之弟，於 9 月 26 日即時處死。這輕率而又毫無證據的行為，使激進分子成為烈士，並贏得廣泛同情；義憤和恐懼馬上被善於宣傳的康有為、梁啟超所利用，康、梁只求利己的盤算，至今仍影響着我們，使我們難於正確理解全部事件。[132]

與長期以來的觀點相反，9 月 21 日並非改革的全面撤退或完全廢除，而且也從未這樣考慮。按陸光的看法，首先，"在百日維新期間，並未真正實行根本革新"。[133] 根據丹尼爾·貝斯（Daniel Bays）的研究，各省在"政變"後，"許多夏天頒發的上諭仍准許執行，特別是對工商業更有效的管理，國立學校體系的擴張，軍隊的改革等"。[134] 然而最重要的是，正如蘇仿春指出的，就全國範圍而言，9 月 26 日的上諭否定了一些最為極端的方法，重申在大多數領域改革的承諾。她寫道，"這樣，9 月 26 日的上諭標誌着過激改革的結束，恢復和緩改革的精神。"[135] 除了最為激進的因素之外，這僅僅意味着暫時性的凍結。

貝斯提及的 1898 年的"改革呼聲"，及相繼而來的"改革贊同者"，[136] 從兩方面來說，對本研究都是重要的。它們規限了"黃金十年"的時間和地點。時間是 1808 年，激進的和溫和的改革者一同向日本尋求實踐的模式和靈感；地點是整個中國，從中央到各省。在 9 月 21 日公開排斥激進的變革道路後，清政府重申溫和變革的承諾，使日本對保守的改革者更具吸引力。中國還能從世界哪個角落找到像 19 世紀末期的日本"明治式融合"呢？沿着"文化保守主義"的道路[137] 走向現代化，成功地保存傳統，且常常呈現出的是中國式的價值觀念和模式。

百日維新以後

在 9 月 21 日"政變"後，中國朝廷似乎決心扭轉來自日本的批評。以無窮無盡的各種理由，給這個那個日本人賞賜一連串的寶星勳章，就是有力的明證。10 月 4 日給日皇寄贈最高寶星勳章，隨後 10 月 10 日總理衙門又請賞給伊藤博文。可正是他和日本代理公使林權助（1860—1939），應為梁啟超和康有為乘日船逃亡日本事件負責的。[138] 接下來的 4 個月內，至少有 50 名日本人獲得寶星勳章，他們有日本國會議員、陸海軍將領、外務省官員，還有從各方面曾幫助中國的教育家。[139] 由於百日維新及其後果，為使中國對外關係"極度正常化"，究竟有多少授勳提名，已無從稽考。

谷野文雄公使在百日維新後，於 1898 年 11 月 26 日向新外相青木周藏（1844—1914）報告稱："盡力從事睦鄰友誼，並試圖忠告和誘導，扶持（變法之動向），此乃我國之義務。"這謹慎而友好的對待中國的意見，引起外務省的不安，擔心谷野還提出其他的承諾。外務次官都築馨六（1861－1923）在報告上批註稱："盡力從事睦鄰友誼，並試圖忠告和誘導，扶持（變法之動向），此乃我國之義務。""清國內政無論是改進主義還是守舊，都與我國無關。我們必須純粹以我邦人的利害為唯一標準，利用機會。"[140]

至於伊藤博文，儘管他私下的觀點是要在中國冒險，[141] 他公開說的"我國道義上的義務，是向中國提供幫助。"這是他在 1899 年 2 月 14 日向海外教育會會議發表演說時說的。意味深長的是，他把這種幫助和日本自身的戰略利益聯在一起。他宣稱："我相信，盡我國力的最大限度，向（朝鮮和支那）提供幫助，不但對保全我國自身利益，而且對整個遠東大勢，都是正確的、必要的。"[142] 同月，著名的新聞學者內藤湖南（1866－1934）在《東亞時論》發表社評稱：日本目前講求"保全支那"，正是謀求支那的"變法自強"。[143]

總而言之，在 1898 年末至 1899 年初，日本為了自利的原因，積極尋求擴大對中國的幫助；中國也為了自利的原因，熱烈地響應。"黃金十年"開始了。到 1900 年 5 月，中國對日本廣泛的信任，興起"日本熱"浪潮。[144] 同年底，日本亦興起"清國熱"。[145]

如果把潮流和狂熱放在一邊，那麼事情就不那樣簡單了。很明顯，至少日本輿論就分為絕對為了友誼和赤裸裸地為了擴張兩派。[146] 因此，可以羅列狹隘自私的言論，輕易地"否定"存在甚麼友好關係；也可以摘引由衷地熱情和諧的話題，加以反證。我拒絕走這樣的道路。我不忽視或否定存在着不友好的觀點和態度，但集中關注實際的相互作用及其真實的結果。這樣才可以擺脫抽象的猜測和經過篩選的意見，轉而分析那些在中國前所未有的、激動人心的、全新的事實，這些事實在難以置信的極短時間內，把中國全面地、不可逆轉地帶入現代世界。

第二編

新政思想革命：新載體，新概念

新政思想革命——中國帝制結束以後的思想基礎——曾使學者們大惑不解，一方面是由於 1917—1923 年的五四"思想革命"轉移了學者們的注意力，[147] 更具説服力的原因則是學者們未能毫無偏見地充分研究新政年代。

研究新政年代必須依據事實，至少把如下事實估算在內：在日本的中國學生和在中國的日本教習及顧問，他們是對中國產生影響的"新載體"；翻譯包括學校教科書在內的日文書籍，是流向中國"新概念"的源泉。由於新概念使用漢字，在譯成中文時用不着再加以説明。以漢字為基礎的現代術語從日本移植到中國，本書對此有着強烈的興趣。

關於"新載體"問題，本書拒絕那種認為靠一兩個普羅米修斯式的知識分子或領袖，便可以莫明其妙地改變整個時代的英雄史觀；同樣，在"新概念"問題上，本書也不認為某些譯著或著作便可改變中國，無論這些英雄的活動或重要著作的影響有多大，都不能僅靠這些來理解新政革命。

改變中國的是那些難以計數的人們——是一切熱衷於變革的精英人物，一旦獲得朝廷認可，他們便準備行動。中國各地和各階層的人們歡迎新思想，並將這些思想轉化為行動目標。換句話説，改變中國的不是紙面上抽象的思想，而是全國各地不同方面、不同階層的精英人士，在同一時間殫精竭慮地朝這一目標推動。這一目標得到朝廷認可和鼓勵，有助於粉碎反對激烈改革的傳統的靠山，使新思想湧入並獲得體制上的立足點。新思想及其體制化的表達形式，在極其不利的情況下得以幸存，這應歸功於那期望中的目標。

新政改革的體制部分，將於第三編論述。這裏只需説明，在 1901—1910 年間，在中國高層及中層有權勢的精英分子，持續地構建思想和組織體系的過程中，思想和體制的因素是相互作用的。到了 1911 年，中國已進入新時代，具備了與帝制結束後發展相適應的基本因素了。

1911 年的革命結束了中國 2,100 年的帝制政府，並廢棄了它的哲學基礎。由於新的民國無可選擇,只得把新政的各項改革小修小補後,全部接收過來,這方面將在第三編論述。這樣,那些改革便延續下來,作為帝制結束以後的中國思想和體制的基礎。

第四章
中國學生及其入讀的日本學校

　　中國學生湧向日本，是 1898 年後中日關係上最戲劇性的發展。從歷史上說，它是公元 607 年模式的顛倒。過去的 1,300 多年來，通過包括留學在內的各種途徑，教育、文化和技術是從中國流向日本的。[148] 而現在反過來了，中國人到日本去，不是為了提供最高深的中國道理，而是尋求達致西方式富強的奧秘和捷徑。他們的意圖是赤裸裸功利主義的，也就是要達到張之洞在 1898 年寫的《勸學篇》中常說的 "事半功倍"。[149] 旅日的中國學生成績優良，不少人成為 20 世紀中國歷史上的重要人物，包括革命領袖孫中山及其政黨的創建者。其中也有不少無足輕重的人物，由於他們未能完全理解中國現代革命的演變（本書研究的也正是要補其不足），也就只能寫寫他們自己、同樣不重要的同道和親朋好友們，談論些蠅頭瑣事、日常雜務。

　　而學者們對中國在日學生的關注，也部分緣於孫中山。據李喜所寫道："辛亥革命的輿論宣傳工作主要由留日學生來完成的。孫中山曾十分形象地講過，對辛亥革命作過重大貢獻的有三部分人，一是華僑，二是留日學生，三是黨團。具體而言，即華僑出錢，留日學生搞輿論宣傳，黨團出力。"[150]

　　這些留學生對本研究確是非常重要的 —— 然而卻並非因為他

們參與孫中山推翻清政府的活動。說這些學生"為削弱以至推翻清
政府作出卓越貢獻",事實上是需要質疑的主張。歷史學家丹尼爾‧
貝斯(Daniel Bays)在研究了一些來自張之洞轄下湖南和湖北的學
生後,發現他們"(作為青年激進分子)有着逐漸倒退回為政府服務
的傾向",或"被建立政治秩序所吸引"。貝斯堅持認為,這些學生
"是無能的革命力量"。[151] 對本研究而言,他們的重要性和貢獻,
在於既是新思想的載體又是新思想的實踐者,大多數都與清政府或
地方保守改革派聯合。

　　粗略估計,從 1898—1911 年間,至少有 2.5 萬名學生跨越東海
到日本,尋求現代教育。雖然這數字比之第二次世界大戰後留學生
遍及全球,以及近期流向日、美之中國學生的數目,相形見絀,然而
在世紀之交,確是極具深意的。只有馬里烏斯‧詹森(Marius Jansen)
在 1975 年才恰如其分地評估其意義,他認為中國學生到日本的運動,
"是世界歷史上第一次以現代化為目標的真正大規模的知識分子的
移民潮"。[152] 五年後,詹森又指出,這一浪潮是"到那時候為止的世界
歷史上,可能是最大規模的海外學生群眾運動"。[153] 汪向榮認為,在
1894—1895 年戰爭前,哪怕派遣一個學生到日本都是不可想像的。[154]

　　由於各種原因,已有不少書籍、論文、文章論述日本的中國留
學生和他們的政治活動。重要的中文著作,有黃福慶的精心大作
《清末留日學生》(1975)等。[155]

提倡到日本學習

　　到日本學習之前的概念,是向日本學習。那是康有為和梁啟超
19 世紀 90 年代初、中期著文提倡的,但接受者不多。其後,御史

楊深秀（1849—1898，戊戌政變中被認為與康有為關係密切，成為
受害的"六君子"之一）1898 年 6 月 1 日的《遊學日本章程》奏摺是
具有里程碑意義的。奏摺建議總理衙門挑選合資格的學生，經由日
本駐華公使谷野文雄協助到日本留學，[156] 並提出了廣泛的學習科
目，指出 "中華欲留學易成，必自日本始。政俗、文字同，則學之
易；舟車、飲食賤，則費無多"。[157]

　　然而在 1898 年年中、保守改革派張之洞建議到日本和向日本
學習之前，這觀念並未真正如法進行。有重大影響的張的意見，見
之於《勸學篇》。該書於 1898 年 6 月上報皇上後，7 月 25 日的上
諭便下令印刷 40 份，分送總督、巡撫及各省學政。[158]

　　《勸學篇》使用了保守的格言，"中學為體，西學為用"（簡
稱 "體用"）。[159] 從影響力及重要性看，《勸學篇》堪與福澤諭吉
（1835—1901）於 1872—1876 年間寫成的《勸學篇》相媲美。[160] 用
實藤惠秀的話説，它的重要性在於成為 "留學日本的宣言書"。[161]

　　《勸學篇》中《遊學・第二》一章論稱：

　　　　日本小國耳，何興之暴也。伊藤（博文）、山縣（有朋，
　　1838—1922）、榎本（武揚，1836—1908）、陸奧（宗光，1844—
　　1897）諸人，皆二十年前出洋之學生也，憤其國為西洋所脅，率其
　　徒百餘人，分詣德法英諸國。或學政治工商，或學水陸兵法，學成
　　而歸，用為將相。政事一變，雄視東方。[162]

　　在同一章中，張之洞還提出一些實際理由，認為到日本學習勝
於到西方。和後來的一些論點相比，張之洞提出的理由既未潤飾，
也未充分展開，但卻具有非凡的影響力，為後來學者不斷引證："至
遊學之國，西洋不如東洋（日本）。一路近省費，可多遣；一去華

近，易考察；一東文（日文）近於中文，易通曉；一西書甚繁，凡西學不切要者，東人（日人）已刪節而酌改之。"張接着以典型功利主義語氣指出，"中東（日）情勢風俗相近，易仿行。事半功倍，[163]無過於此"。[164]

引用《勸學篇》的著作，大都是到此或前一句為止。[165]接下來一句卻總被忽，"若自欲求精求備，再赴西洋，有何不可"。在當時和以後，張及其他人的這一思維模式是一再重複的。人們考慮到日本留學，並非因為日本比其他地方更好或有甚麼內在價值，而是當時通過學習日本，能夠更為便捷和經濟地走向西方現代化的道路。日本是塊墊腳石，是獲得西方知識、導致中國富強的捷徑，使用後便遭拋棄。這種態度對近代中日關係意義極大，坦率地説，這是傲慢的和麻木不仁的態度，這説明當時的中國並未把日本作為一個國家，或作為一種文化來表示出興趣或欣賞之情。[166]中國的這種態度一直為兩國關係蒙上一層陰影。

在日本的中國學生人數

在張之洞撰寫《勸學篇》的兩年前，中國總理衙門派了 13 名年齡由 18—32 歲的學生到日本學習。按中國駐日公使裕庚的事前安排，日本文部大臣西園寺公望（1849—1940）把教育他們的責任，交付給能幹的嘉納治五郎（1860—1938）。嘉納是著名的國立東京高等師範學校校長，講道館柔道（目前世界柔道界視之為柔道標準）的創始人，長期關注着在日本的中國青年的教育。[167]不幸的是，僅過了一個月，便有 4 名學生由於無法適應日本的食物，不能忍受日本孩子以至成年人的辱罵，罵他們"豬尾巴"、"豬尾和尚"或"和尚

頭"（當時學生留着辮子，前額剃光，其後激進學生大多剪辮），¹⁶⁸
收拾行裝回國。不管怎樣，留下來的 9 人中 7 人完成二至三年的基
本課程，其中 1 人還於 1905 年獲得日本大學給中國學生頒發的第
一個學位。¹⁶⁹

　　隨着這最先派出的 13 人之後，各省派出不少公費留學生赴
日，自費留學生也日漸增加。由於遲遲未能撥款資助，首先派出留
學生的不是張之洞轄下的湖北、湖南，而是浙江。1898 年 6 月初，
經由浙江巡撫和日本駐杭州領事的安排，4 名軍校學生及 4 名普通
學生由兩名官員陪同辦理旅行事宜，派赴日本。當時 6 月 11 日的
百日維新還未開始，還沒有 8 月 2 日的上諭："出國遊學，西洋不如
東洋。東洋路近費省，文字相近，易於通曉，且一切西書均經日本
擇要翻譯。着即擬訂章程，諮催各省迅即選定學生陸續咨送。"隨
後才是 8 月 18 日的上諭，詔令各省督撫"挑選聰穎學生"具報總理
衙門，核選派日遊學。¹⁷⁰ 6 月 20 日，4 名軍校學生正式入讀川上
操六屬下的成城學校新成立的留學生部。成城學校非常著名，極受
尊敬，是日本赫赫有名的士官學校的預備學校。¹⁷¹ 中國人不想冒
險，在派出學生前，先在 3 月份派官方考察團視察了成城學校。¹⁷²
普通學生也同時入讀專門建立的日華學堂。

　　1898 年 5 月，就在浙江的留學生啟程前，谷野文雄公使和清
政府官員達成協議，日本將為中國培訓士官。由於戊戌政變影響，
協議未能如期執行。但在政變後僅僅一個月，華北、華南 21 名文
武官員組成的中國考察團到達日本，¹⁷³ 清楚地表明改革的連續性。
11 月 30 日，張之洞小心翼翼地向當時訪問武昌的日本駐上海總領
事小田切萬壽之助（1866－1934）呼籲，要他敦促北京政府實行派

送學生赴日的計劃。[174] 日本駐武昌領事得知張的要求後，於 12 月 2 日致電東京，請向總理衙門重提有關留學生問題，並報告了張為免受指責而不願自己提出。[175] 日本外相青木周藏反應迅速，12 月 6 日便電告武昌領事，將與北京聯繫學生問題，[176]12 月下旬，駐北京谷野公使便向青木報告，總理衙門已保證會關注有關協議進程。[177]

戊戌政變前，張之洞已自行與日本達成協議，派遣軍校及普通學生 100 名赴日。[178] 這協議本來也得推遲，但張在取得朝廷授權後，迅速行動，首次派出的 20 名軍校生於 1899 年 1 月 7 日離滬赴日，[179] 同船的還有劉坤一選派的 13 名軍校生及 7 名普通學生。3 月中，他們和北洋派送的 8 名軍校生及 12 名普通學生會合，軍校生都安排入成城學校，普通生則進入日華學堂。[180] 張之洞在派出第一批學生後，繼續派遣學生赴日接受軍訓：4 月派送 4 名下士到陸軍戶山學校受訓半年；11 月派出黎元洪（1864－1928，後任民國總統）率領將校及下士 29 人，到近衛師團各隊當見習將、校或見習下士半年；同月，又派約 50 名武備學生、製革業研究生、炮兵工廠實習生和農、工、商各科研究生赴日。[181]

儘管小林共明細心分析，但由於他未能弄清 1898 年的全國情況，因此把 1898－1899 年間中國學生赴日的始發日期推後了，也將首先行動的中央政府説成是省。[182] 但小林的發現描畫了中國形勢的微妙處，指出了其後赴日留學洪流的特點。

1899 年 1 月赴日學生中的特殊人物，是張之洞的長孫張厚琨。為了明顯地表示友好關切，通過個人和各種機構的渠道，日本駐上海總領事小田切和在東京的副外相都筑馨六、外相青木周藏，很快説服近衛篤麿公爵，同意張厚琨入讀學修院──近衛掌管的貴族學校,並同意作為這個十六七歲少年的監護人。[183] 值得留意的是,近衛公爵願意擔承這一責任,與兩個月前在近衛領導下成立的東亞同文會在中國教育問題上的努力,是完全一致的。[184] 還應進一步注意到,位居高層的中國人把心愛的親屬送到日本學習,已是屢見不鮮。例如備受尊敬的教育家、後任京師大學堂輔佐總教習的吳汝綸(1840－1903),他的兒子 1901 年就在日本學習。[185] 鼓吹改革的黃遵憲,1904 年便把兒子、孫子、表弟及姪兒送到日本學習,並許諾他們日後在新的師範學堂任職,那是黃計劃為故鄉湖南開設的學校。[186] 日本青木外相在 1899 年 2 月 17 日致日本駐英公使加藤高明(1860－1926)的信中,闡明了日本所以願意接待中國學生的觀點:"我相信,在當前形勢之下,迅速改善清國軍備而鞏固其振作基礎,極其有利於維持東洋時局。根據矢野公使(前就日清間有關留學生事宜)協商的旨趣,(日本)帝國政府立即接受、訓練清國派遣的武官學生。請將此意旨通知南北兩通商大臣及湖廣總督,立即向清國提出派遣學生。"[187] 事態發展已經清楚了,但仍需進一步作系統研究的是,中國學生湧到日本不是偶然發生的,是隨着日本人反覆保證、邀請和承諾的結果;[188] 是在日本接待中國學生、軍事代表團時,表示了熱切和真誠,遷就他們的特殊需要,只有在這以後,留學生數目才大大增加。必須讓中國人信服,必須被日本人說服。日本人確實成功了。

　　最初他們來得小心翼翼,後來膽子便大起來了。涓涓滴水成了洪流。關於在日本的中國學生人數,20 世紀 70 年代國際學者基本達成了共識,主要參照了當時實藤惠秀的估算。[189] 但在 1987－1988 年間,三份不同的中國學術著作中引用的數字,卻遠遠大於

實藤的估算。[190] 似乎有了答案的問題又再起爭議。表一分列出三
組數字：分別來自實藤惠秀；二見剛史和佐藤尚子於 1978 年據實
藤數字修訂；[191] 以及李喜所於 1982 年調查所得。不管接受哪一組
數字，都清楚説明 1905－1906 年間中國學生在日本的人數最多。

表一：在日本的中國學生（1896－1914）　單位：人

年份	實藤 a.	二見與佐藤 b.	李喜所 c.
1896	13	—	13
1897	9	—	—
1898	18	—	61
1899	202	—	—
1900	—	—	—
1901	280	—	274
1902	500	—	608
1903	100	—	1,300
1904	1,300	—	2,400
1905	1,800	—	8,000
1906	8,000	7,283	12,000
1907	7,000	6,797	10,000
1908	4,000	5,216	—
1909	4,000	5,226	3,000
1910	—	3,979	—
1911	—	3,328	—
1912	1,400	1,437	1,400
1913	2,000	—	—
1914	5,000	3,796	—

資料來源：a. 實藤惠秀著《中國人日本留學史》，第 544 頁；
　　　　　b. 二見剛史，佐藤尚子：《中國人留學史關係計》第 161 頁；
　　　　　c. 李喜所著《近代中國的留學生》第 126－127 頁。

為中國學生在日開設的學校

　　馬里奧斯・詹森（Marius Jansen）注意到，"幾乎沒有學校事先對這股人潮有所準備，日本的學校，本身也只剛剛開始按明治現代化的要求而調整，因而應接不暇。許多日本有識之士提出為中國學生設立特別課程，學校和資金，並強調努力使中國學生全面了解日本生活的重要性。"[192] 根據中國學者李喜所的研究，在所有問題中最難處理的是如何接納大量的、突如其來的、彼此截然不同的中國人。"最大的困難是對留日生的分班教育問題。因為赴日的中國留學生成分十分複雜，有的是京師大學堂、北洋大學堂的畢業生，有的是剛脫離私塾大門的舊書生，有的是各類專業學堂的高材生，還有的是官紳子弟、新軍士兵。有的可以講流利的日語並可以用日文寫出漂亮的文章，有的則連一個日文假名都不會發音。"[193] 解決的辦法是在原有學校設置新的課程，更多人認為應該開辦全新的學校。留學生學校如雨後春筍般湧現，到 1906 年，中國學生人數超過 50 人的學校已超過 50 間。[194] 其中不少是"學店"或"學商"，是熱衷於牟利而降低標準吸引學生的文憑工廠，這使整個行業蒙羞，[195] 但這不應使得歷史學家忽視日本作出的英勇卓著的努力取得的成功。

　　如上所述，在文部相西園寺和東京高等師範學校校長嘉維治五郎關注下，1896 年首批 13 名學生獲得妥善安排，嘉納個人更監督着對他們的教育，安排了專門的住處、合資格的教習，給他們安排的三年課程相當於日本的中學教育，[196] 但直至 1899 年 10 月，也未為這安排計劃命名。嘉納認識到，為適應行將到來的學生的需求，為使教育方案正規化，應安排較大規模和較長遠的設施，遂將該計劃正式化並命名為亦樂書院。"亦樂"出自《論語》，"有朋自遠方來，不亦樂乎"。[197] 亦樂書院隨着中國學生人數增加而發展，1902 年 1 月搬遷到較大的校舍，改名為宏文學院。

為使一切努力有所遵循，嘉納於同年 7 月至 10 月間來到中國，與中國高層的教育改革者們商討。他與張之洞、張百熙等人會見後，認為日本要幫助中國，最好實行雙軌制訓練，亦即近似於明治早期的制度：對成年學生開設半年至一年的速成科，課堂沒有翻譯，專門研究某一方面，例如教育、警務行政或科學；對較年幼的學生，則為他們在日本接受高等教育及中國長遠的發展作準備，依據日本現代學校的標準課程，[198] 開設三年的普通科。

與嘉納訪華同時，中國著名教育家吳汝綸到了日本，從文部相菊池大麓（1855—1917）到帝國教育會會長辻新次（1842—1915），所有人都鼓勵吳的政府走加速發展的道路，都認為這方法在明治維新初期相當成功，尤其在訓練師資方面。[199]

快速培訓，或者倒不如說是為了回國後更快取得職業市場的認可，這正是中國人最需求的，這需求壓倒一切。從事實看，即使在受尊敬的嘉納的宏文學院，1902—1906 年的 1,959 名中國人畢業生中，速成科的有 1,830 人，佔 93.4%，而普遍科的只有 129 人，佔6.6%。[200]

日本方面，教育企業家們很快便對市場作出反應，也受到接二連三的諷罵。到了 1906 年，速成課程受到中國和日本的官員、教育家和學生的普遍攻擊。同年底，在日本政府壓力下，宏文學院和其他接受中國學生的學校，除了已經開始的課程以外，被強制放棄提供所有的速成課程，[201] 造成所有學校的入學人數急劇下降，1905－1906 年的高峰期就過去了。

因缺乏認真求學的學生而衰落前，宏文學院已非常著名，既倡導日文系統教學，又有為學生及其中國贊助者的特別需要而設的多樣課程。1906 年初，宏文學院在東京有六處校址，1,615 名學生，分別入讀速成師範科、普通師範科、普通科、速成普通科、警務預本科、理科及高等預科等專門課程。[202] 宏文學院因而被稱為"留學生教育的大本營"。[203]

1906 年後入學學生人數銳減，迫使這一奇特的學校關閉。在 1909 年 7 月 28 日最後一屆畢業典禮上，嘉納治五郎的致詞頗具哲理，他說："本院最初係受中國之依賴而設，今日已無依賴之處，乃宣告停辦。本院應盡之義務，至此結束。"[204] 到結束時為止，宏文學院共錄取了 7,192 名中國學生，其中 3,810 人取得畢業證書。學生中（該校沒有女生）有民國期間教育官員范源濂（1876－1927）、革命家黃興（1874－1916）、中國共產黨創始人之一陳獨秀（1879－1942）和文壇巨人魯迅（1881－1936）。[205]

最早期為中國學生而設的學校 —— 日華學堂，是 1898 年為從浙江來的 4 名非軍校生而建的，目的在使他們能接受日本高等教育。創始人是著名的東京帝國大學的僧侶學者、其後任大學校長的高楠順次郎（1866－1945）。他在 1890－1897 年間在牛津大學學習四年，在德、法兩國大學學習三年多。日華學堂可以選修課程，編班也完全按每一個人的情況而定，學生的質量甚高，因而聲名章著，不少學生畢業後得以進入東京帝國大學、早稻田大學、法政大學繼續深造。[206]

　　東京同文書院是另一所為中國學生而建的主要學校，成立於
1899 年 10 月。當時近衛篤麿公爵任東亞同文會會長，憑着他的閱
歷，從張之洞的長孫到日留學事件中感到此事大有可為；這時又因
東亞同文會支持的在福州的學校有兩名赴日學生需要安置（其中林
棨（1884 年生）於 1905 年清政府對留學生考試時名列百名之內，
1906 年受任為重要的京師法政學堂的提調），[207] 於是近衛和東亞
同文會便成立了東京同文書院。這不是一所普通學校，而是注重德
育、體育、奉行儒家禮儀（包括祭孔）的寄宿學校。開始時採取穩
妥的策略，只收取福州的學生。近衛公爵於 11 月 4 日與張之洞在
武昌會談後，又接待了以他個人名義邀請的一批學生。[208] 東京同
文書院為學生提供兩年預備課程，以便接受日本高等教育。書院的
首任校長是著名教育家和評論家杉浦重剛（1855－1924）。考慮到
教育水準和中國學生的不安，日本文部省於 1902 年指定三所學校
為中國學生考上日本官立學校的"認可的"預備學校，其中就有宏
文學院和東京同文書院。1922 年關閉前，入讀東京同文書院的中
國學生在兩三千人之間。[209]

　　在 1903－1904 年間，研究國際法的先驅、法律博士，在法國
受教育的東京帝國大學教授寺尾亨（1858－1925）成立了東斌學
堂，是專為自費生提供軍校預科教育、普通教育及師範教育的學
校，它聲言宗旨是為"清國留學生教授日語及普通、專門諸科，兼
磨礪德行，以期成全才"。[210] 寺尾博士為了辦好學校，在該校 1909
年關閉前，花費了不少私人積蓄。辛亥革命後，他擔任了中國政府
的法律顧問。

　　最後列舉兩個最有說服力的例子，以說明日本人如何回應中國

人對教育的需求，這就是法政大學和明治大學於 1904 年同時制定的重大方案。法政學的方案被稱為法政大學法政速成科。[211] 方案於 1904 年 5 月着手進行，提供法政科、法律科、政治科、財政及外交的補習科等課程。課程一般分三期，每期半年。計劃訓練新一代的政府行政官員，有計劃地逐步淘汰中國的文官考核制度。如同其他速成課程一樣，課室內使用即時傳譯。

　　法政方案的構思，可以回溯到 1903 年近衛篤麿公爵和東亞同文會副會長長岡護英子爵（1906 年逝），與留日學生首席監督汪大燮之間的商談。[212] 近衛公爵於 1904 年 1 月英年早逝，其後事情就由法政大學校長梅謙次郎（1860－1910）和在日本留學的范源濂、曹汝霖（1877－1966）推行，曹、范其後於民國初年任要職。梅謙次郎是支持方案的熱心人，1885－1890 年在法、德研究，是現代民法權威、明治民法及商法的起草者。法政方案的最後協議是由梅謙次郎和中國駐日公使楊樞（1844－1917）達成的。楊樞本人相信，日本的憲法、現代法律制度是適合中國的。他在 1905 年 1 月 9 日的奏摺中稱："考其立憲政體，雖取法於英、德等國，然於中國先聖之道，仍遵守而弗墜，是以國本不搖，有利無弊。蓋日本所變者，治法而非常經，與聖訓正相符合。即中國輿論亦以日本之變法參酌得宜，最可仿效。"[213]

　　法政方案以 1904 年 5 月接受第一批 94 名學生開始（其中 67 人於 1905 年 5 月畢業），以 1906 年年底接受第五批 843 名學生結束（其中 385 人於 1908 年 4 月畢業）。以學生人數而論，少於宏文學院；但以教習水平而論，則決不比任何學校遜色。教習"皆日本最有名之學士、博士"[214]，包括：法國法學博士，法政大學校長兼東京帝國大學教授梅謙次郎講授民法；法學博士，東京高等商業學校（一橋大學前身）及東京帝國大學教授志田鉀太郎（1868－1951）講授商法；法學博士，東京帝國大學教授岡田朝太郎（1868－1936）講授刑法；法學博士，學修院及東京高等商業學校教授中村進午（1870－1939）講授國際公法；法學博士，東京帝國大學教授美濃部達吉（1873－1948）講授憲法；文部省參事官松浦鎮次郎（1872－1945）講授行政法；司法省監獄局監獄課長小河滋次郎（1862－1925）講授監獄法。其他知名人士分別講授國際私法、裁判所構成法、民刑訴訟法、政治學、經濟學、財政學及警察學等。[215]

　　通過這個方案，大量日本現代行政及法律詞彙直接傳送給中國。授課內容撮要以講義錄的形式，在中國公使楊樞贊助下，於1905年2月5日首次發行以後，每兩週一次定期發行。經法學博士、京都帝國大學教授嚴谷孫藏（1867－1918）安排，中國京師大學堂進士館（其後單獨成立為京師法政學堂）95名1906年的畢業生到日本進修，使詞彙的傳送更為方便。嚴谷於1902－1912年間，相繼任仕學館、進士館、京師法政學堂的正教習（實為主任教習，其後意為高級教授）。1907年的一份大學刊物，公正地讚揚了法政大學為中國一流的大學生提供先進教學，也為塑造中國"士紳"的"學識和社會形象"提供了機會。[216] 1906年末以後，中國政府按法政大學1904年的12人名單中，以高薪聘請了三位為顧問，指導中國法律改革。這樣，現代概念和日語新詞彙最後又進一步以"智力外流"方式，直接傳送到中國。這三位顧問是：志田鉀太郎、岡田朝太師和小河滋次郎。在有關中國法律與監獄改革兩章中，再詳細論述。

　　開始時，中國各省在清廷催促下，官費派送日本的學生學識極高，堪與高水準的法政大學教職人們相匹配，不少人是舉人或進士。法政大學的畢業生中，就有後來政界的大人物，如廣東的汪精衛和胡漢民、浙江的沈鈞儒（1875－1963）和湖北的湯化龍（1874－1918）。[217]

至 1908 年 4 月止，當第五批也是最後一批學生於法政大學畢業時，畢業人數共計 1,145 人。378 人於 1905 及 1906 年畢業於法政科，400 人於 1907 及 1908 年畢業於法律科，296 人於 1905 及 1906 年畢業於法政科，400 人於 1907 及 1908 年畢業於法律科，295 人於 1907 及 1908 年畢業於政治科，71 人於 1907 年修讀完補修科。[218]

明治大學於 1904 年 9 月建立經緯學堂，由明治大學校長岸本辰雄（1852－1912）命名。岸本是 1876－1880 年間赴法國留學的法律學者，1881 年以來，率先倡議在日本開展法律教育。岸本的命名是寓意深長的，他在 1904 年向楊樞解釋時說：“（教學）宗旨以中國先聖之道為經，外國各科之學為緯，故名之曰：經緯學堂。”楊樞深為感動，於 1905 年 1 月 9 日上奏稱：“洵屬體用兼賅，一歸純正。”[219] 一份來源不明的當時的中國文獻，稱讚學校的指導原則，再次重申中日兩國“同文”。[220]

經緯學堂與直隸、山西兩省達成協議，除設立為考入明治大學的預備科及警務速成科外，還開設為期十個月的師資速成科。像宏文學院一樣，經緯學堂設立雙軌制課程；但也像宏文學院一樣，學生全都入讀速成科。1907 年 7 月第一屆 1,086 名學生畢業時，85% 的畢業生是修讀速成課程的。有意思的是，經緯學堂著名的七個月特別警務速成科，有畢業生 618 人，超過畢業總人數一半以上。經緯學堂於 1910 年結束時，前後共收取學生 2,862 人，1,384 人畢業。[221]

　　早稻田大學於 1905 年 9 月成立清國留學生部之前，派了兩名大學高級人員到中國，和張百熙、袁世凱、張之洞及其他主要改革者討論中國教育問題。中國方面對留日學生中的危險思想極為關注，對此，這些日本人答稱："我國過去派遣學生到西方學習的經驗表明，努力追求學問的人，不會接受共和主義或其他（顛覆性的）思想。回國後鼓吹極端危險議論的，都是些不用功的學生。"他們認為，只要把學習放在首位，危險思想問題會自然解決的。[222]

　　從這一思想出發，早稻田大學慎重地不給中國學生開設速成科，而是實行單軌教學的三年學制：第一年是預科，學習日語及標準的中學課程；隨後兩年是師範科的本科，亦可選讀政法理財科或商科。

　　收錄首批 762 名學生匆忙開課後，早稻田大學把課程收縮為三年的普通科或三年的師範科，這對於當時主要傾向於隨時入讀正規大學的學生而言，仍保持其吸引力。[223] 早稻田大學的師範教育強調更好地為中國服務，因而它的方案為中國培育了無數日本式的新教育體系的優秀教師和教育行政人員。[224] 到 1910 年，早稻田大學的清國留學生部因缺乏學生而結束，前後約有 4,000 名學生入學，但獲得學位的寥寥無幾。[225]

　　下田歌子（1854－1936）為中國婦女教育所作的努力，雖然得到的響應不多，但仍然很有意義。下田出身於武士家庭，與貴族結婚，長期從事宮廷貴族婦女教育。1899 年她開設實踐女學校，辦校宗旨是"啟發女德"，"養成賢母良妻"。[226] 女校於 1901 年開始

招收了幾名中國學生，後由於范源濂的個人要求，[227] 又於 1904 年
欣然接納了 20 名湖南女生。隨後，在奉天省熊希齡（1867－1937）
到日考察期間，下田與熊議定，奉天每年派 15 名或以上學生到實
踐女學校入讀師範速成科。因而實踐女學校於 1908 年開設獨立的
"支那部"，並有自己單獨的校舍。

　　下田歌子浸潤了儒家道德價值，作為日本皇室的忠實支持者，
她以促進中國現代女性奉行"東洋女德"為己任，她親自講授必修
課"修身"，並演講、著文宣揚她的宗旨。[228] 她可以在她的學校
對現代中國婦女演講，卻無法控制她們的思想和行為。至 1914 年
止，在實踐女學校學習的 200 多名中國女學生中，其中就有秋瑾
（1875－1907），回國後因反對儒家教義及秉持這一教義的帝制而犧
牲。[229] 如何評價下田的教育原則和培育出秋瑾式人物的矛盾，有
待進一步探索。

　　中國最重視的軍事教育，其初依賴成城學校，1903 年改由福
島安正掌管的振武學校負責。由於事關中國全面致力的軍事改革，
將於《中國軍事現代化與日本》一章中詳述。

　　從 1906 年底至 1913 年，中國留學生人數全面下降，原因是多
方面的。直接原因之一，是 1905 年 11 月日本政府公佈《關於許清
國人入學之公私立學校之規程》[29]針對不合標準的學校，收緊學生註
冊及入讀的條件，中國學生非常反感，稱之為《取締規則》，號召罷
課並大規模回國。[230] 這次日本主動傷害感情的事件，是得到中國

㉙　按《劍橋中國晚清史》下卷第 406 頁，為《清國留學生取締規則》；按《中國現代史大事
記》（知識出版社，1984 年），為《取締清韓留學生規則》。——譯者註

政府全面支持的，而害怕引起日本反清種族主義[231]的清朝學部，1906 年 3 月和 8 月的指示又推波助瀾。指示要收緊出國留學的條件，然後限制，以至完全禁止派遣速成科的新學生到日本。"速成科的時代"[232]也就加速終止了。

從表面上看事情是失敗了，但中國在日學生數目銳減也有其積極的一面。實藤惠秀認為是從量到質旳轉變。[233]1907 年 8 月簽訂的 15 年協議《五校特約》，規定日本五所最好的公立高等學校或專門學校，每年招收 165 名中國學生，一切費用由中國政府負擔。在 1908－1911 年間，中國學生按協議規定全數入讀指定的五校：（東京）第一高等學校、東京高等師範學校、東京高等工業學校、山口高等商業學校和千葉醫學專門學校。該協議一直執行到 1922 年。[234]

中國學生在日本的生活

根據李喜所的分析，在日本的中國留學生有四大特點：第一，學習科目的廣泛性，包括所有的學科；第二，隨着"完美的中國秩序"觀念的崩潰，極受社會科學和文學吸引，學文科的佔絕大多數；第三，由於受新政政策影響，為了尋求高官厚祿的捷徑，法政、軍事成了當時熱門的學科（例如據 1902 年調查，過半數的中國留學生最初都打算學法律、行政、軍事和警務）；第四，留日學生百分之九十以上進入中等學校學習，許多學生只想盡快取得證書，回國求職。"學問較深的專業人才百無一二。"[235]

姑勿論書本上學習的水平或質量如何，在日本的經歷本身就是教育。[236]首先是在船邊淚眼汪汪地遠眺馬關，那是中國 1895 年含羞忍辱的簽約地。[237]隨後見到和聽到正在迅速工業化、都市化的日本，"日本政治之善，學校之備，風俗之美，人心之一"。1901
年 9 月 26 日發行的《北京新聞滙報》刊登了一篇留學生的觀感，
文章稱"日本學校之多，如我國之鴉片煙館，其學生之眾，如我國
之染煙癮者。"[238] 一份中國學生的雜誌感慨萬千地説："昔日之師
傅（中國），不如今日之弟子（日本）。"[239] 中國的落後和衰弱，使
每個學生都非常痛苦，激發了混合着恥辱、民族自尊和危機感的意
識。[240] "對中國主權和尊嚴實際的和想像的損害"，[241] 都使學生們
情感激蕩，以至神經過敏。

　　不説精神世界，中國留學生的日常生活，可能也是難堪的和令
人煩躁的。嘲弄、不公平的待遇，吃不慣日本的食物都還只是問題
的一部分，最令人沮喪的可能是日本日常生活的諸多規矩。日本生
活對某些人可能頗為愜意，而對大多數非日本文化的人來説會感到
繁瑣麻煩。從 1905 年前後廣為散發的《留學生自治要訓》中，可見
其範圍之廣。一些告誡直到今天，對到日本的遊客依然有效，例如
入屋前要脱鞋，入廁所穿廁所拖鞋，到風呂（澡堂）前必須洗刷乾
淨等。以下有關公眾及私人行為的訓誡是專門針對中國留學生的：

　　　不可隨地吐痰。
　　　不可隨地小便。
　　　大小便要排在便器中。
　　　在路上遇見友人，不可揚聲呼喚，也不可久立路邊閒聊，稍作
　　　傾談，行過禮即宜分手。
　　　夏天也不可赤身露體。
　　　進入陳列所時，不可隨便打聽價錢。
　　　不可隨便打聽別人的年紀。

同住者寫信或溫習時，不要在旁打擾。

他人書桌上的書籍或抽屜中的物件不可亂翻。

在室內應坐下，不可徘徊打轉。

出入房之時，應要行禮。

出入之時，要記得關上門戶。

不可吃冰。

食物掉落在席上時，應該拾起放在廚房一角，不能再放回口裏。

室內要打掃乾淨。

夜間不要大聲呼叫。

對下女（女傭人）要莊重（不可開玩笑）。[242]

赴日學習的鼓吹者

重視自己在日本學習經驗的人，常常成為到日留學的鼓吹者。章宗祥（1879－1962）是 1899 年由浙江派到日本的，1903 年畢業於東京帝國大學法學院，1916－1919 年任駐日公使，1919 年五四愛國運動中的北京學生視之為日本傀儡，被趕下台。他在 1901 年寫的《日本遊學指南》中熱烈地贊成到日本留學。像張之洞的《勸學篇》所寫的那樣，文中唸經似的列舉了路程較近、費用較廉的好處，然後熱誠地稱，"以言學校，則政農工商武備技藝等，無一不備。故欲遊學外國，為吾國求未開之學問，其便益當無出於日本之右者矣"。[243]

熱衷於讓同胞分享他們新的知識，鼓舞同胞們的愛國思想，中國學生在黃金十年期間，出版了不少定期刊物。[244] 例如 1903 年 3 月的《遊學譯編》，刊登了湖南學生長篇大論的《勸同鄉父老遣子弟航洋遊學書》。[245] 同年 7 月,《浙江潮》發表了浙江留日學生的《敬上同鄉先生請令子弟出洋遊學並籌集公款派遣留學生書》。[246] 這是無數事實中的兩例,其中心是促請中國同胞前赴後繼。

對中國的貢獻

前赴後繼到日本的留學生回國後,不少人作出了卓越的貢獻。田正平和霍益萍特別指出了三個方面:第一,赴日留學生翻譯及編纂了自然科學及社會科學的現代教科書,這是有重大意義的。田和霍寫道,"在 1911 年辛亥革命前,各類學校高、中水平的教科書大都是直接從日文翻譯過來的,或主要是根據日文本編寫的"。[247] 第二,赴日留學生翻譯了大量文章,出版了不少論著和日記,他們引入的詞彙和概念,形成了新一代中國教育家及知識分子的教育思想。[248] 第三,這些回國學生不但在思想轉變上,而且還在體制的轉變上起着重要作用,他們促進了中國新教育機構的建立,成為無數新型學校的創建者、管理者和教習。

田和霍又稱:"各種類型的人才,通過不同渠道到日本學習後,回國後在不同層面工作,從根本上蠶食了封建教育本體,為現代教育注入了新的血液"。[249] 這一嚴正的評價,同樣可以引伸到清末各個方面的現代化進程。

第五章
在中國的日本教習和顧問

　　北京師範大學校長范源濂，辛亥革命後曾三度出任教育部長，隨任美國庚子賠款基金會理事及主席，他在 1924 年說道，當編寫中國教育史論及師範教育的起源時，應以服部博士（服部宇之吉，1867－1931）之事業為第一頁。[250] 此後，教育史是寫了，但服部博士和其他眾多的日本教習和顧問都沒寫進去，在人們的記憶中和歷史裏，都完全被遺忘了。[251]

　　半個世紀以前，實藤惠秀著文論述在中國的日本教習和顧問，使人耳目一新。[252] 在其後的 35 年間，這一主題又被擱置。到了 1968 年明治維新一百周年，日本學者又有興趣研究明治維新初期日本僱用的外國專家，[253] 進而研究明治末期受僱於外國政府（例如中國）的日本專家。初步的調查後，增加了了解也提高了興趣。[254] 1975 年在日本國立教育研究所阿部洋的指導下，開展了連續兩三年的共同研究計劃，探索這些被忘卻的人們的歷史地位。[255]

　　1988 年 10 月，中國出版了研究同一問題的論著，標誌着中國已在回憶近代教育史中被遺忘的一章。資深的中日問題學者汪向榮，直截了當地把論著定名為《日本教習》。20 世紀 40 年代時，汪向榮已和實藤惠秀在日本有密切的工作聯繫，以後兩人一直通信到 50 年代。在 1966－1976 年文化大革命期間，汪向榮和絕大多數與外國有接觸的學者一樣，被迫斷絕與海外的聯繫，中止學術活動，汪個人的藏書和文稿也受盡破壞，嚴重地阻礙了他的研究。[256]

儘管汪備受折磨，他的著作成為世界第一本論述在中國的日本教習專著，且已被譯為日文。著作的重點和最有價值的是一份長達 28 頁的《日本教習分佈表》，表中分列地區、校名、教習姓名、備考等項。[257] 該表又暴露了驚人的事實，明知有日本人在上海工作，日本外務省檔案館等所有保存的名單，卻獨缺上海一地。[258] 由於清末期間，日本人自由往來中國，無需簽證或登記；也由於中國官員在挑選新的教習和顧問時，慣於依賴身邊日本人的推薦介紹，究竟有多少日本教習和顧問受地方聘用而不留官方記錄，不可能有明確答案。[259] 尋求準確統計是徒然的。

簡單的數字就幾乎否定了學者的苦心孤詣。1983 年，細微認真的蔭山雅博依據日本外務省保存的文獻，作出了一系列的估算[260]，其數字與 1976 年南里知樹同樣以外務省文件為依據的所得數目相同。[261] 其後還有人不斷地研究，但較穩妥的還是依據日本外務省記載，如表二蔭山綜合的數字。但必須強調這充其量只是包括日本外務省及駐華領事館所知道的在華教習及顧問數量。統計在內的，應是已在中國頗有建樹，極具才幹，幾經篩選，又職位相當的日本人。

表二：1903－1918 年在中國的日本教習及教育顧問　　　　（單位：人）

	1903	1904	1909	1912	1913	1918
日本教習及教育顧問	99	163	424	63	84	36
其他顧問及技術專家（"技師"）	49	71	125	96	93	394
合　　計	148	234	549	159	177	430

材料來源：蔭山雅博著《清末教育近代化的過程與日本教習》第 9 頁（見註 260）。

1905－1908 年的記錄不知怎的不幸遺失或銷毀了，使我們無從證實實藤惠秀在 1939 年的説法，他認為 1906 年是日本教習和教育顧問到中國的高峰期，蔭山亦作如是説。[262] 我個人傾向於認為高峰期應是 1907－1908 年間。有必要説明的是，非教育類顧問及技術專家的數目於 1918 年驟然增加，這絕非由於正常地對中國對於日本專家的需要，而是出於日本帝國主義效法西方列強，於 1915 年提出 "21 條要求" 前後，強行向中國派出官方指定的 "專家"，諸如海關官員、鹽務監督等。[263]

在日本對華推行帝國主義的初期，[264] 日本教習到中國工作，是中日之間互動的結果。有趣的是，中國的 "拉" 似乎先於日本的 "推"。1896 年 12 月，中國駐日公使裕庚代表兩廣總督，請日本外務省協助招聘 "東文教習" 到廣東同文館新設東文館任教，可能涉及日後續約時的薪酬底線（外務省擬訂的目標是月薪與西文教習相同），經過頗為艱難的談判後，外務省推薦了通華語的長谷川雄太郎（1865－1904）。[265] 長谷川出身於武士家庭，有在中國藉着貿易從事情報工作及軍事間諜的經驗。[266] 雖説他在中國執教至 1903 年，但他的姓名並未列入汪向榮的《日本教習分佈表》內。

日本人在華從事教育的開端

如上所述，日本人於 1897 年便開始尋求與中國合作的辦法，對抗西方侵略及帝國主義；中國方面，受到 1897－1898 年間被瓜分的威脅，驟然熱衷於尋求外界幫助，在四面楚歌中確保生存。

日本人涉足中國教育領域，可謂歷史的偶然。開始時是日本人在中國建立，或和中國人共同建立了一些東文學堂（東文指東方的語言——中國以東人民的語言），這些學校一半是佛教徒以基督教的教會學校為榜樣建立的。日本大谷派本願寺主辦的金陵東文學堂說得清楚：“目的是一面教育國人的子弟日本語及普通課程，一面注入佛教教義。”[267] 由於缺乏經費，大多數學堂或關閉或由中國人接管。無論這些學校的命運如何，總之為中國帶來第一批日本教習和顧問，培養了中國學生，使他們能到日本繼續深造。

1898 年 3 月，東本願寺亦即淨土真宗大谷派，[268] 為要在長江流域弘揚佛法而組團調查，其後佛教學校便相繼建立，僅僅在一年內，東本願寺便在三個主要城市建成學校：杭州日文學堂（1898—1906）、蘇州東文學堂（1899—1900）及南京的金陵東文學堂（1899—1904）。[269] 然而，這些學堂的作用並不長久。

具有歷史性持續影響的，卻是非佛教人士早期所作的努力。福建省福州東文學堂（1898 年 7 月—1903 年 12 月）成立於百日維新高潮期間，是當時稱為東文學堂的眾多學校中最早的一所，由中國當地傑出的改革人士和日本的積極分子共同發起組成，中國方面有當地銀元局官員及前南洋大臣、傑出的教育官員陳寶琛（1848—1935），[270] 日本方面主要是東亞會的積極分子和記者中島真雄（1859—1943），中島於 1899 年任東亞同文會福州分會首屆會長，1901 年到北京，其後籌建並編輯《順天時報》——日本人辦的頗受時重的華文報紙，20 世紀 30 年代中期，任東亞同文會出版的《對支回顧錄》編輯，這本著作是本書的重要資料來源之一。[271]

福州東文學堂最重要的總教習，負責課程設置安排及管理日本教職員，由岡田兼次郎（1867—1901）擔任。岡田出身武士家庭，曾在京都基督教學校同志社就讀，其後入上海荒尾精主持的日清貿易研究所學習，1894 年畢業。中日戰爭期間，岡田在軍隊任翻譯並獲授勳，隨後受任台灣民政官員。[272]

　　福州東文學堂開設的課程有日語、依據日本現代課程的"普通學"及中國文學；學生 30—40 人，據說主要是當地鄉紳的子弟；[273] 經濟上本來一直應付自如，戊戌政變後，中國方面突然停止支持，迫使岡田向日本方面尋求資助。1899 年 5 月，他作為東亞同文會的董事，成功地獲得這新建的組織把該校列為對華教育事業，按月發給津貼。除此以外，東亞同文會還贊助桑田丰藏（1872—1923）到東文學堂任教。桑田為東亞同文會會員，對中國事務非常熱心，畢業於東京專門學校（早稻田大學前身），他在東文學堂任教達七年之久。[274]1899 年 7 月，東文學堂舉行第一次畢業考試。按原來設想，這類學校的畢業生可以送到日本深造。[275] 東文學堂的兩名畢業生 10 月到了東京，東亞同文會為履行計劃，把他們安置在新的東京同文書院。[276]

　　由於東亞同文會的資助，不足以應付東文學堂的開支，岡田因而向台灣求助。新的日本殖民政府一意要與福建沿海鄉紳建立聯繫，因而表示同情，到了 1900 年，台灣開始對東文學堂按時資助；[277] 但福州銀元局卻終止了支持。無論東亞同文會或台灣政府，都沒有把學堂開支的缺額補足。桑田丰藏深感受挫於財政困難，其後不無遺憾地寫道："美國和法國都相信跟隨語言而來的是國家利益，都計劃建立更多的法語學校、英語學校，我是堅決和它抗衡的。我並且強烈地感到，我們必須固守優勢地位，作為（日本）利益的一部分。不過，汽車沒油是開不動的……我生怕同文會對我們在福州的事業已在喪失興趣了。"[278]

在研究這問題時，非常值得注意的是，在世紀之交，日本及其眾多的機構都無一例外地在努力奮鬥，卻又資金不足，這包括了佛教社團、台灣日本殖民政府、東亞同文會這樣的半官方組織、日本商人及中央政府的機關。為了教育海外的外國人，債務卻不能及時清付，這困難確是難於解釋和承擔的。

到 1902 年年底，福州東文學堂約有 160 名學生入讀，分為普通科和政治科。此外，在 350 名申請者中，34 名學生獲准於同年夏天入讀新的課程，該課程由陳寶琛提出，並獲省裏資助。[279] 這標誌着中國人開始計劃提高東文學堂，改成培訓中國師資的基地，加建新校園及校舍。[280]

東文學堂於 1903 年擴充，改名為全閩師範學堂，在陳寶琛領導下，於 1903 年 12 月 11 日正式開辦，依據日本最好的體制，開設四年制師範課程，第一年為預科，其後三年為本科；另外還開設一年半的講習科，全部課程由日本教職員負責。據 1903 年年底兩份日本人的報告稱：

> 中等以上家庭的子弟，通過入學考試後，入讀預科，主要學習日語。完成預科後，升讀培養教育家必需的本科，全部用日語教授。畢業後分派福建各府、縣開設的中、小學。講習科的課程都是中國教育界所急需的。
> 本學年挑選（原東文學堂）成績最好的 30 名學生編為本科第一年級，並招預科、講習科學生 100 名（每班 50 人）。
> 各科的學生都是官費生。[281]

桑田丰藏報告中稱，有 1,000 多人申請入學，遠遠超出陳寶琛和他自己的設想。[282]

岡田兼次郎於 1900 年已因病而辭職，由中西重太郎（1875－1914）出任總教習。中西也和岡田一樣，曾就讀於荒尾精在上海辦的日清貿易研究所，是戰時受勳的譯員，[283] 因病辭職後，中國隨即指派桑田任總教習。在該校任職的本有五名日本人，但在汪向榮的分佈表內，只有上述三人。[284]

桑田及全閩師範學堂一直獲得東亞同文會的支持，直至 1906 年桑田辭職為止。[285] 1904 年中國全面接管學堂後，台灣日本殖民政府便停止了對學校的資助。[286] 桑田是歡迎中國接管的，他在 1903 年 11 月 23 日給東亞同文會的報告中，盛讚中國計劃將學校提升為高等師範學堂，並斷言該校將是"中國學界的主要勢力"。[287] 1905 年，該校在校名和課程方面都的確升格了，易名為福建優級師範學堂，不久又改名為福建高等師範學堂。[288] 雖然日本人在創建該校中明顯地擔當重要的角色，但中國人卻認為該校歷史始於 1902 或 1903 年，把所有有關的日本人全部抹煞了。[289] 除上述四校外，根據記錄，1899－1901 年間還辦了五所日語學校：天津的天津東文學堂；[290] 與日本軍方有着若明若暗關係的成都四川東文學堂（1899－1900）；[291] 台灣政府慷慨資助的廈門東亞書院（1900－1909）；[292] 真正中日合資興辦的北京東文學社（1901－1906）；及在福建泉州的佛教彰化學堂，該校屬台灣東本願寺的外展事業，獲台灣政府的秘密協助。[293]

霍姆斯‧韋以奇以幽默的口吻，評論日本人建立這些學校的動機和向中國人推銷時的信口雌黃："學校以直截了當的口號招生，例如'國家興亡靠人才，人才靠教育培養'。他們開辦的課程是日語和標準現代科目。於 1898－1899 年間，至少開辦了四所學堂。

人們懷疑，與其說日本人的唯一目的是幫助中國培養人才，振興國家，毋寧說是要確保一些人才是親日的。"[294]

中島裁之領導的北京東文學社，1901－1906

在上述各學校中，最富時代特色、最具研究價值的是北京東文學社。[295] 該校校長中島裁之（1869－1939）在建校之初似乎預示前景輝煌，事後看來，又似乎失敗是命中注定的，整個過程頗像希臘的悲劇。

中島裁之是該校創建者，正人君子，熱誠地希望在"報中國對日本龐大的文化恩惠"上有所作為。[296] 1897－1898 年間，在因吳汝綸而知名的保定蓮池書院教授英語及日語，期內與中國人相處不錯，和著名教育學家吳汝綸結成摯友，兩人曾共同商議符合現代教育標準的、新型學校的計劃。然而當吳汝綸於 1899 年慷慨地建議中島到一所新的附屬學校任教時，中島以家庭為由拒絕了。[297]

1891 年，中島畢業於其後發展為京都帝國大學的佛教西本願寺學校，隨即首次到中國遊歷。他的行蹤甚廣，到過許多省份和寺廟，靠着售賣"日本的中國冒險家之父"上海的岸田吟香（1833－1905）提供的物品及荒尾精的資助，籌措旅費。[298]1899 年 6 月返回東京，參加東亞同文會。岸田吟香是該會參議和特約會員，中島也曾短期協助該會制訂教育計劃。[299] 在 1899 年 10 月東亞同文會為中國客人舉行的宴會上，中島以流暢華語發表演說，這在他的同輩中是罕有的。[300]

中島曾在成都四川東文學堂任教，但不久該校便辦不下去了。1901 年初，他在返日途中路經北京時拜訪吳汝綸，兩人決定立即在北京重新編織現代中國教育的夢想。吳的交遊廣闊，介紹中島會見一些適合的中國人，讓他們幫助籌措經費、物色校址及推介辦事人員。吳為避免與朝廷官員身份不符，置身事外。[301]

1901 年 3 月 20 日，東文學社正式開學。選的也真是良辰吉日，由於義和團動亂，許多學校仍然關閉，對教育的需求是爆炸性的，原來估計可收取 30 人，結果三天之內湧來了 120 人，很快又像吹氣球似的增為 280 人。[302] 一個教習是教不了這樣多人的，設備和資源也無從應付。

汪向榮指出，東文學社的這批學生包括了各種背景的人物，有"翰林，也有進士、舉人和秀才，更多的是白丁和小學生；至於職業和社會地位，更是五花八門，形形色色"。[303] 中島本着佛教的慈悲為懷，來者不拒，免收學費。只堅持兩項條件：基本上能讀能寫；身體健康，沒有鴉片煙癮的。[304] 日本學校錄取學生是嚴守標準、精心安置的，中島放手收錄的政策是反日本之道而行。[305] 既不加篩選又無力安置學生，構成了東文學社直接的難題。[306] 但問題被掩蓋了，盲目的樂觀主義卻受大肆渲染，由於學校特別是第一班的若干人受袁世凱及李鴻章信賴，這使學校贏得聲譽以袁資助學校的承諾。[307] 由於東文學社沒有明確的標準，學生人數變動之大超乎想像，特別是 1902 年。[308] 1901 年度全年共有學生 601 人（第一學期 280 人，第二學期 321 人），1902 年度 331 人，1903 年度141 人，1904 年度 189 人，1905 年度 137 人，及 1906 年度 168人。[309] 堅持就讀的人數比年度總人數更能說明問題，1901 年進校的 601 名學生中，1902 年只剩 152 人，1903 年剩下 38 人，1904年只有 8 人，而到 1905 年就僅剩 1 人了。1902 年入學的 331 人中，到 1906 年只剩 2 人，而且還未能完成學業。[310] 換句話說，由於種種原因，在建校的五年半內，能夠讀完四年課程的，1,000 多人中只有 1 個。[311]

問題的產生不是由於缺乏遠見，中島親自草擬的《創立東文學社章程》說明："欲求振興中國，非整頓學校不可。今與志同之士議定，創設東文學社……以定維新之基。"中島還在《將來的希望》明確表示他的願望："養成具有學識、資格之人才，以當十八省各府州縣等復興之任之教習，養成能為各省開設師範學校所期之師資。"[312] 這些確是急迫的目標。[313]

問題也不是由於中島是個壞人，他似乎沒有甚麼壞心眼。在人們記憶中，他會特地和教職員共進午餐，參加他們的演講會，對學生們親切，樂於和學生一道參加學校規定的中國式的課外勞動，以至於有時使自己出洋相。[314]

學校始終無法解決的是財政問題。中國官員認為，經濟拮据就應收取報名費或學費。但中島置若罔聞，認為收取費用就會趕走學生，四川東文學堂的瓦解就是前車之鑒，堅持不能把收取費用當成學校穩定運作的依靠。[315] 他的辦法是四處托缽化緣，凡是想到的都去請求資助。去了東亞同文會，並不成功；也去了日本軍方、日本西本願寺，都只有一點收穫；找袁世凱，開始還有所斬獲；找在北京的日本人，一無所得；三次找日本國會，都兩手空空。[316] 絕望之中，他籌劃了一些不切實際的找錢計劃，不但完全失敗，自己反而引起別人的猜疑。[317] 心地善良的中島裁之，壓根兒就是個好人，他簡單地只想學校能辦下去。但是管理上的幼稚、教學上的不勝任、計劃上的不周詳、僵化的理想主義又使他無從看清嚴峻的現實，把自己捆在無法解開的死結上。由於學生未經篩選、教習又未經訓練，他紙面上的計劃毫無實踐價值。問題不在於意圖，而在於概念能否實現。

面對着龐大的入學新生，他在第一學期把學生分為高、低班。他自己成了萬能教習，講授歷史、地理、政治、國際關係和日語，每天五小時，每週授課六天，[318] 這自是中島無法承擔的。為了找人協助授課，他向參加過反義和團聯軍仍留下來的日本人求助。教習們都不發工資，只有少量津貼及提供食宿（中島自己除生活開支外，也不要任何薪酬），此外還有點吸引力的就是由受薪的中國督學向他們講授中國語文。[319]

在五年多期間內，先後有 56 名年輕日本人到東文學社任教。[320] 中島對他們只有三點要求：不許在校內喝酒，不許出入花街，不許穿着日本服裝和木屐，避免激怒中國人。[321] 但這些日本年輕人中，有些算得上中國東海那邊最壞的流氓，個別人不但藐視一切規定，甚至公然當着中島的面犯規，一個特別討厭的教習竟然當着中國學生的面用日本刀威脅中島，有些人公開互相打罵。1902 年中島到日本籌款時，極其愚蠢地把管理權交給一個出名的搗蛋分子，造成了派別活動，以至於在 1903 年公開分裂，差點斷送了學校。[322]

一個曾在朝鮮工作、有毆打學生惡癖的教習，打傷了御史的兒子，其父馬上向皇帝彈劾學校的中國主要贊助人。[323] 這一事件加上住在北京的日本人的蠻橫行徑，再加上中島真雄在《順天時報》對他們的指責，形成了"東文學社流氓"的新"形象"。[324]

如果不是 1904—1905 年的日俄戰爭，這一群難於駕馭的教習製造了這許多麻煩，必定葬送了東文學社。戰爭爆發後，兩名搗蛋頭子和四名跟隨者組成特別爆破組和俄國人作戰，當他們準備炸橋時被俄國人逮捕，並被馬上處決，這些流氓立即被抬舉為光榮的戰爭英雄。[325]

有人把學校的那些事端歸罪於中島，甚至在袁世凱面前污衊，説"中島在日本是個無法找到工作的無賴、流浪漢"。[326] 這顯然對他是不公平的。如果説他任命的日本人，無論能力及品質方面都不足以擔任教習，該是較為合理的指責。[327]

如果中島重視 1902 年春東亞同文會的忠告，他可能把事情辦好的。東亞同文會鑒於日本的地痞流氓不斷湧到中國的情況，便以近衛公爵的名義，向中國所有督撫遍發通電，標題就是《（日本）教習用聘的注意》，電文中警告，由於他們"玉石相混"，選擇日籍教習務必"極為注意"。袁世凱、端方及不少中國主要官員，都對公爵的知會表示謝意。[328] 只不知中島是否知道有此通電，或者是置之不理。

由於原有資金用盡，無以為繼，中島於 1906 年 7 月以自己健康為由，宣佈學校結束。這個悲劇的形象、不切實際的夢想家，放棄了僅有的個人財物回到日本，細舐自己的傷痕，整理自己的思想，坦率地寫出失敗的教訓。[329] 他的墓碑該是這樣寫的："一個熱愛中國、志大才疏的人"。

中島的東文學社渴望成為中國新教育制度的開路先鋒，卻不按制度常規操作，成為可悲的異端。比中島和他的夢想更為重要的，是在中國已成新主流的各類學校工作的日本教習和顧問的工作。"代表既成體制的"日本教習和顧問們，對中島的慘敗深感顏面無光，在中島離去後，便在服部宇之吉等人領導下組織起來，恢復日

70

本在華北的聲譽。[330] 汪向榮説的，中國新教育制度"不停留於紙面文章"，[331] 應歸功於這些專業教育工作者；實藤惠秀能把 1901—1911 年間的新政年代稱之為中國的"日本教習的時代"，[332] 也應歸功於他們。

"日本教習的時代"：主要教習和顧問

新政年間，在中國工作的一連串"大人物"的名單，讀起來就像一本近代日本教育學家及學者的名人詞典。以下人物摘引自汪向榮所列的名單，小傳則主要依據阿部洋的論著。[333] 名單雖按所屬學校編列，但也有個別人在中國工作後才到校任職的。

東京帝國大學教授

服部宇之吉，東京帝國大學中國哲學博士，1900—1902 年在德國學習，1915 年曾任哈佛大學教授一年，1924 年起受聘於東京帝國大學，1926 年任朝鮮京城帝國大學總長。1902—1909 年任京師大學堂師範館正教習。師範館於 1904 年重組為單獨的優級師範學堂。[334]

岡田朝太郎，東京帝國大學法學博士，1897—1900 年在德、法進修刑法，1906—1915 年在中國任各種法律改革顧問，《大清刑律》草擬者，京師法律學堂總教習，京師大學堂及京師法政學堂法律教授。[335]

吉野作造（1878—1933），東京帝國大學法科大學政治學系畢業，20 世紀 20 年代，在日本以宣傳民主、多產的隨筆作家而著名。1906—1909 年到中國，任袁世凱長子袁克定的家庭教師、天

津北洋法政學堂的政治法律學教習。[336]

藤田丰八（1869—1929），畢業於東京帝國大學文科大學漢文科，1920 年文學博士，1928 年任台北帝國大學文政學部長，1897—1912 年到中國。其初在上海與羅振玉（1866—1940）一道從事教學及翻譯工作，1904 年到廣州學務處任教育顧問，1905—1909 年任江蘇兩級師範學堂總教習及江蘇學務處教育顧問，1909—1912 年於京師大學堂農學科講授東文文學。[337]

京都帝國大學教授

嚴谷孫藏（1867—1918），法學士，畢業於東京外國語學校，隨後赴德、奧學習法律及法庭系統。1902—1917 年間在中國，歷任京師大學堂仕學館（1904 年改稱進士館）正教習（1902—1906）、京師法政學堂法學教習（1906—1912），後任民國政府法典編纂會調查委員。[338]

矢野仁一（1872—1970），畢業於東京帝國大學文科大學史學科，後為文學博士，中國近代史的一流權威，1905—1912 年在華，任京師大學堂、京師法政學堂的政治及外交史教習。[339]

織田萬（1868—1945），畢業於東京帝國大學法科大學，1896—1899 年在歐洲學習。約於 1910 年任京師大學堂法政教習。[340]

早稻田大學教授

中島半次郎（1871—1926），畢業於東京專門學校（早稻田大學的前身），日本比較教育學的開拓者，1906—1909 年任天津北洋師範學堂教育心理學講師。後任早稻田高等師範的部長。[341]

　　渡俊治（生卒年份不詳），畢業於東京善鄰書院，任保定直隸師範學堂教習。[342]

　　氏家謙曹（生卒年份不詳），1904—1909 年任京師大學堂理學教習。[343]

編纂語言教科書及華日辭典的先驅及中國在日學生的顧問

　　松本龜次郎（1866—1945），於靜岡縣師範學校畢業後，在日本任教習，從事方言研究、日本國語教育，1903 年開始於宏文學院任中國學生的日語教習，1908—1912 年任京師法政學堂日語教習。[344]

　　井上翠（1875—1957），研習英、法、中文，1905 年任宏文學院日語教習，並研究語言學，1907—1911 年任京師法政學堂日語教習，大量彙編了基本華語詞典，包括他的《井上辭典》系列。[345]

　　服部操（生卒年份不詳），成都東洋預備學堂日語教習，其後任《日華大詞典》編輯。[346]

其他

　　島田俊雄（1877—1947），東京帝國大學法科大學畢業，昆明法政學堂法政教習，其長期擔任日本國會議員、幾次出任農商務省大臣。[347]

　　杉榮三郎（生卒年份不詳），東京帝國大學法科大學畢業，隨後任職於日本大藏省。在華工作 11 年（1902—1912），與嚴谷孫藏一道，歷任京師大學堂仕學館、進士館和京師法政學堂的法律及經濟學教習。返日後任宮內省官員及顧問。[348]

　　令人印象深刻的是，上述人士抵華之前、在華期間或以後，大
多寫出論文及教科書，這些著作以中文寫作或譯作中文，即便在作
者身後仍具重大影響。據譚汝謙等研究，初步統計，服部宇之吉有
五部著作，岡田朝太郎四部，吉野作造一部，嚴谷孫藏一部（指導
翻譯），藤田丰八五部（翻譯或共同翻譯），中島半次郎五部，松本
龜次郎四部，井上翠、服部操各一部，杉榮三郎兩部。[349]

　　在上述人士中，最傑出的是吉野作造，1911 年後，他是著名
的政治分析家，坦率地鼓吹日本民主。1909 年初從中國返日後，
應邀演講及著文論述中國問題。1909 年 4 月 21 日他在經濟研究聯
會發表演說，題為《清國在勤之日本人教習》，[350] 5 月公開發表，
吉野依據 1908 年秋季的調查，指出在華的日本教習及顧問約共
500 人，具體分類是：師範教育 125 人，軍事教育 100 人，普通教
育 95 人，實業教育（主要是工業技術及農業）80 人，法政經濟教
育 45 人，警察教育 30 人，醫學教育 15 人，日語學教育 10 人。[351]

　　吉野的資料是有用的，但日本外務省的記錄更為可靠詳盡，可
以互為補充。例如在 1909 年 7 月外務省記錄的名單中，與中國各
機構簽有合約的教習和教育顧問共 424 人，另有教育外的顧問及技
師 125 人。教習及教育專家遍及中國各省，最多的直隸有 114 人，
最少的新疆 1 人。教職也遍及不同層次，從幼稚園到高級專科學校
及大學。科目亦包羅萬有，從普通教育到軍警教育、藝術、工藝、
農學及醫學。[352]

合同條款及教學條件

　　日本教習和顧問都和中國官方簽訂了合同，合同一般為期兩

年，也有一年、三年、四年以至五年的。不少人因工作優良而獲續約，僱用者如不滿意，可以提前中止合約，受僱者通常可以領取整個合約期的全部薪金。

薪酬是接受僱請的最大誘惑，據 1905 年統計，"通常是他們在日本工資的三四倍以至六倍"，[353] 相當於中國教習的五至十倍。汪向榮認為，"對應聘而來的外籍專家、教習給予高於本國同樣工作人員的薪俸、待遇，是理所當然的，不僅中國如此，就是日本在明治維新初期也是這樣的"。[354] 中國當局付出如此懸殊的薪酬，自是期望有好的結果和引起應有的重視。

合約附有嚴格的條款，詳細列明教學及其他職責，指明對中國督學負有嚴格的義務。這一切都按照 1904 年 1 月《奏定學堂章程》的精神，該章程規定："各省中學堂以上，有聘用外國教員者，均應於合同內訂明：須受本學堂總辦監督節制。除所教講堂本科功課外，其餘事務，概念由總辦監督主持，該教員毋庸越俎干預。"[355] 合約規定強硬到如此程度，應歸功於一位日本學者，為的是使中國避免日本圖謀"奪取教育權"。[356]

渡邊龍聖（1865－1945）是東京音樂學校校長、東京高等師範學校的教授，1902 年受袁世凱僱請，任在保定新成立的直隸學校司高等學務顧問。（學校司於 1904 年 7 月改為學務處，1905 年遷到天津。）渡邊 1887 年畢業於東京專門學校英文科，隨即入讀東京帝國大學哲學科，其後到美國進修，1894 年獲康奈爾大學哲學博士學位，返日後於東京高等師範學校任教，1899 年開始兼任東京音樂學校校長。[357] 1902 年初春，渡邊受日本文部省委派調查華北教育情況，調查期間會晤了袁世凱。渡邊知識廣博，英語流暢，富有大學管理經驗，袁對他印象極深，向他提出極高月薪 400 兩的兩年聘請合同。[358] 袁十分需要渡邊這樣的人才，以實現全省現代普通教育及師範教育的計劃，這計劃在渡邊抵達時就已經擬定了。[359]

渡邊接受了袁的建議，贏得日本教育界的慶賀。日本權威性的教育刊物《教育時論》當即指出渡邊的決定意義重大，能大大提高"我國聲譽及我國人的身價……責任十分地重大。更重要的是，直隸為中國各省之首，如其教育事業發達，必定對其他省教育事業產生巨大影響。渡邊自必熱心誠意地為自己國家竭盡全力"。[360] 稍後，《教育》於 1902 年 8 月 3 日發表文章，號召讀者效法渡邊，加入應聘赴華的教習行列。[361] 渡邊的合約於 1902 年 9 月生效，另有 12 人的合約則於 10 月生效。這 12 人中包括 3 名直隸省學校司的翻譯官，9 人則在總教習渡邊領導下於保定新辦的直隸師範學堂任教。[362] 在隨後的八年間，直隸省的中國教育官員此去彼來，但渡邊一直穩定地留任，實實在在地工作。[363] 憑藉他的職位，也依靠數以百計的其他日籍合約教習和專家多年來直接或間接的幫助，[364] 渡邊在教育行政方面起着中樞的作用：編輯教科書，建立並管理學校。在此期間，直隸省的學校驟然增加，1903 年的初等小學堂及高等小學堂的數目不詳，在校學生分別約為 6,000 及 1,000 人；到了 1908 年，初等小學堂共計 8,534 所，高等小學堂 174 所，在校學生分別為 180,389 人及 8,639 人。[365]

為向這些學校提供師資，渡邊調動了直隸師範學堂的力量。早在渡邊抵達之前，袁世凱已擬定了提高全省教育的方案，[366] 渡邊不僅執行，且充分發揮方案的想像力和彈性。他工作繁忙，無暇顧及學堂監督工作，幸而在他任職期間，得到關本幸太郎（1873—

1959）的協助。關本是嘉納治五郎的東京高等師範學校同事，經嘉納親自介紹，任直隸師範學堂有實無名的總教習。[367]

新的直隸教育系統是如此成功，慈禧太后於 1904 年稱之為全國楷模。[368] 這對渡邊龍聖是極大的榮譽，中國朝廷十分重視渡邊的貢獻，於 1903 年及 1906 年兩次給渡邊授勳。[369]

在實際工作中，渡邊似乎在職位上已享有隨意而為的權力，也贏得了尊敬。如果他不是心滿意足，也就不會三次續約，一直做到 1909 年。然而，正式合約是規定不許他有自主權力和任意行事的。在日本外務省的檔案中，有他第一份合約的日本文本，摘錄如下：

> 第一條，該員於本大臣指揮之下，必需遵守本大臣定立規條。第二條，該員必須時刻謹守道德嚴正，博學多聞，性情平和……第六條，本處有要事與該員面商時，必須隨傳隨到。第七條，該員應經常與學校司督弁及參議商定一切教育事宜，並向督弁報告巡視各類學堂學務及教學情況，轉報本大臣。[370]

關本幸太郎在直隸師範學堂工作至 1911 年，續約四次，時間比渡邊還長。他的 1904 年的新約，加上了授課時間及職責條文，這在教習合同中是頗具代表性的。據日文本摘錄如下：

> 第一條，直隸學務處總理聘關本幸太郎任直隸師範學堂教員，由光緒三十年九月二十七日至光緒三十二年十二月十五日。在此期限內，每月俸支給湘平銀二百兩……第二條，該員於契約期內於師範學堂教授化學科，每週授課時間不超過 24 課時。但該員能勝任本條記載外之學科，得隨學堂之便宜，囑託該員教授。第三條，該員必須服從監督及教務長之領導。第四條，該員對所授課程之任何（不同）意見，應向師範學堂監督及教務長申述，意見接受與否，

概由監督及教務長決定。第五條，學務處或師範學堂就有關教員會議或教育研究事項諮詢意見時，必須誠意陳述己見，為中國教育盡力。第六條，學堂分配教學時間，裁定課程，概由監督及教務長會商決定。該員有接受忠告之義務，無干涉之權。[371]

換句話說，日籍合同教習 —— 即使像關本幸太郎的高級教習 —— 只能按白紙黑字的合同，像傭工似的行動，絕無權利而只有義務：服從指示；有意見只能向當權人士表達，而且只有在諮詢意見時才能表達，加以授課時間過多等等。難怪一位日本學者贊同史景遷在《改變中國》中的結論，與其說是外國人"利用中國人，毋寧說是受中國人利用。"[372]

語言障礙及日語教學

合同訂定的課室授課時數，往往只是表面文章。為了符合合同規定，在中國"雙重講授"的制度下，[373] 實際工作時間要長得多。由於甚少日本教習能說中文，反之，也極少學生能聽懂日語授課，因此，日籍教習授課時要靠中國譯員協助，譯員多是在日本學成後回國的。

1905 年初，《教育時論》發表了直隸師範學堂一位教習的來信，訴說"雙重講授"對教習的要求和教習的困難：

除使用外語外，此地教學課程與日本師範學校相同。從晨早 8 時至午後 3 時半，每日授課 6 個課時。我每週授課 22 節，已多於日本師範學校，更由於授課要靠副教習將日文譯為漢文，所以上課前的晚上，得向副教習用日語講述授課內容及圖解、實物等。雖每週耗費 8 小時，而副教習往往還理解不透。更有甚者，我的譯員雖

曾在東京工科大學留學，卻因是中國南方人，他譯出來的話，學生
們往往都聽不懂。[374]

　　語言障礙起碼有兩種解決辦法，一是提高學生的日語水平，不
再依靠翻譯。全閩師範學堂就是這樣的打算。1906 年從京師大學
堂分出來的京師法政學堂也打算這樣做。該校兩年制預科的學生，
第一年在每週的 36 課時中，日語佔 17 節，第二年則佔 14 節。[375]
但到了 1908 年，日語課的比例在該校課程中有所下降，[376] 到了
1909 年 6 月 15 日，按政府規定還得下降，該規定指出中國學校必
修的外語為英語，其次是德語及法語。[377]

　　減少日語學習是突然而來的。《東方雜誌》於 1907 年底，還發
表了《學部奏派調查直隸學務委員報告書》，認為當時天津的北洋
師範學堂預科中，日本語的課時太少，建議增加。説"預科課目有
東文語一門最合，蓋一可收直接聽講之益，二可參閱東文書籍。宜
增改鐘點為每星期七小時，原定四小時，即以三小時增入。本學堂
用日本教員甚多，如入本科時，一切學科必需譯員傳達，既費時又
易失真，不如於預科中增多日本語課時為宜"。[378] 解決語言障礙的
第二個辦法，是以新近在日學成回國的中國人取代日籍教習，這同
樣可以免除課室翻譯。早在 1904 年，直隸師範學堂已開始進行取
代。當年 9 名合同期滿的日籍教習中，6 人未獲續約，學校只留下
4 名日本人。有分析説是由於僱用了新近回國的中國人任教習。[379]
1906 年後，北京警務學堂也戲劇性地發生同樣事情，在日本留學
的中國人取代高薪聘請的日本專家，這些專家從 1901 年開始，就
在監督川島速（1865－1949）領導下工作了。[380]（有關這一重要機
構情況，將於第九章詳細研究。）松本龜次郎在其回憶錄中，列舉

了京師法政學堂的中國教習，其中包括曹汝霖、章宗祥、陸宗輿（1876—1941）和范源濂，他們都在日本受教育並在日後成為國家領導人物。[381] 這些人為新近從日本回國的學生開闢了道路，可以與在華的日籍教習和顧問共同工作，共同鞏固新的教育體制，並最終取代日籍教習。

在教育方面的中日合作

1901 年教育政令頒佈後，隨即清楚地看到，要將紙面的東西變為現實，中國還缺乏基本的條件。例如，1901 年 9 月 14 日上諭稱："着各省所有書院，於省城均改設大學堂，各府及直隸州均改設中學堂，各州縣均改設小學堂，並多設蒙養學堂。其教法當以四書五經綱常大義為主，以歷代史鑒及中外政治藝學為輔。"可見，這上諭規定將所有傳統書院改為學堂，但教習從何而來？誰對現代學校的課程有所認識？到哪裏去找教科書？中國對一切都毫無準備，茫然無頭緒。

工業家、教育家張謇（1853—1926）是力主改革的，他在 1911 年回顧時說，"若謂其時（1894 年，中國）無一人熟知教育學及教育組織，絕非誇大其詞"。[382] 在突然急需專家和培訓人才時，日本提供了既孚眾望又易接受的幫助，為中國在日華兩地培訓師資。好像為了表示誠意，日本一開頭就依中國需要設計了新的教育方案，在日本建立了全新的學校，在中國為全新的方案配備人員。中國方面是全國上下齊頭並進，地方的主動性、國家的配合與支持，情況是空前的、令人感動的。特別重要的一環是師範學校，而提供師範教職員的就是日本。

劉坤一於 1890 年任兩江總督，直至 1902 年 10 月 6 日逝世，由於管轄江蘇、安徽及江西三省，成為晚清改革的主要人物。如上所述，1899 年 1 月，劉已聯同張之洞派遣學生赴日留學。同年 4 月，劉與福島安正在南京會晤後，便熱衷於僱請日籍教習及專家來華，在軍事、礦務及工業等方面實現現代化。他斷言，不但他掌管的三省需要，全中國也需要日本專家。[383]（與此同時，張之洞在武昌的自強學堂至少已聘用了三名日本教習。據稱到 1899 年末時，日語在武昌比英語、俄語、法語及德語流行得多。[384]）同年 10 月，劉在南京會見了到訪的近衛篤麿公爵，近衛表達了通過教育推動兩國聯繫的強烈願望。[385]

隨後，劉於 12 月在上海會晤了日本總領事小田切萬壽之助和東亞同文會代表，[386] 會晤的成果是 1900 年 5 月成立東亞同文會的南京同文書院，招收中日兩國學生。然而三個月後，鑒於義和團在長江流域活動，在劉坤一總督的堅決催促下，日本學生撤到同是劉管轄下的尚很安全的上海。1901 年 5 月，該校在上海重建，易名為東亞同文書院，並改為只招日本學生。[387]

在 1900 年義和團騷亂時，劉與張之洞自行決定，聯合其他地區官員推行東南互保，對抗義和團的威脅，也避免突變和外國的懲處。劉向日本人及其他外國人保證，他個人反對與義和團相關的北京仇外政策。針對義和團暴動的後果，劉與張進一步勸說朝廷推行新政改革。[388]

1901 年 7 月，劉、張回應同年 1 月的新政改革上諭，會奏《變通政治人才為先遵旨籌議摺》、《整頓中法十二條摺》及《採用西法十一條摺》，呼籲設文武學堂、獎勵遊學尤其赴日遊學等。如上所述,同年 7 月上諭命各省、城、府、州、縣均改設大、中、小學堂。10 月 2 日上諭,命按劉、張所奏,"隨時設法,擇要舉辦"。[389] 上海東亞同文書院校長兼東京東亞同文會幹事長根津一(1860－1927)於《教育時論》著文稱,中國即將為新改設學堂,聘用日本教習和顧問。[390] 形勢的發展,鼓舞了東亞同文會會員、教育專家辻武雄,提出了他的《兩江學政治案私議》。[391] 這份意見譯成中文後,經小田切總領事轉送劉坤一。由於梁啟超於 12 月在日本的《清議報》上發表,極具影響的上海教育界刊物《教育世界》又於 1902 年 1 月重載,[392] 因而這份意見傳播極廣。1901 年 11 月,劉坤一通過小田切向日本外務省提出要求,給他寄送日本各類學校的組織大綱、制度、規則及細則、學校課程表等。[393] 1902 年,東亞同文會翻譯出版了劉、張的奏摺,書名為《劉、張變法奏議:清國改革上奏》。

1902 年間,根津一曾與劉、張兩總督討論長江流域對教育的需求。1902 年 12 月 20 日根津一向東亞同文會報告稱:"支那於未來三年中,各府都設中學,各州各縣都設小學……僅張之洞轄內,有 50 府 140 州縣,如每府每州每縣各需一人,亦即中學需 50 人,小學需 140 人。"[394]

根津一感興趣的人員問題絕非書生之見。他在報告中續稱:"當問到(劉、張人員問題)如何解決時,都稱存在實際困難。我告訴他們,從明年開始,同文書院每年四月將有約一百名學生畢業,何不僱用他們?我說了這樣做的好處,也談到我們樂於見到他們僱用這些人。'如果這樣,我們肯定有興趣聘用你校畢業生'等等。我們並無簽訂任何合同,但劉坤一是關注此事的。"[395] 劉坤一於

1902 年 10 月逝世，兩江總督由張之洞接任。為迅速解決各地新教育及教習問題，張於 12 月成立兩江學務處。[396] 翌年 1 月 29 日他致電近衛公爵，委託東亞同文會物色 12 名 "資歷較深" 的教習，其中包括一名總教習，以應南京開辦師範學堂所需。[397] 1903 年 2 月 5 日，張向朝廷奏報《遵旨改設學堂，創建三江師範學堂摺》，上報提高教育水平方案及聘用一組日本教習。[398] 近衛公爵亦馬上回應張的要求，指定由上海的根津一辦理。到 3 月中旬，主要教習已選定，根津一和張之洞亦已簽了合同。[399] 行動迅速極其重要，因為 1903 年 3 月 20 日張之洞奉調到北京主持督辦政務，訂定全國教育方案，離開南京，以後再也未回南京視事了。[400]

為了完成張對物色勝任的總教習的要求，根津一捨棄了東亞同文書院自己的主任教習（教頭）菊池謙二郎（1867 － ?）。菊池於東京帝國大學畢業後，在日本文部省工作，平步青雲，不久便提升為在仙台的國立第二高等學校校長。[401] 這是一所甚有聲望的，招收準備考取著名國立大學的學生的預備學校。菊池能幹卻固執，似乎難與上級相處，多次發生衝突，結果辭職並調換工作。他受任為東亞同文書院的 "教頭"，是出於他的良師益友、極有影響的教育家、東京同文書院校長杉浦重剛的促請，可能是有意讓菊池轉換環境，不管怎樣，菊池總是於 1901 年 5 月，在學校正式成立時到達上海。[402]

1902 年 4 月，杉浦重剛接替根津一任上海東亞同文書院校長，仍兼東京同文書院校長。近衛篤麿可能為了減輕根津一兼職的負擔 —— 既任同文書院教長又任東亞同文會的幹事長，但奇怪的是又似乎為了繞過根津一，在與杉浦簽訂的協議中，指定杉浦單獨對近衛負責，"毋受同文會幹事之干涉"。[403]（根津一作為幹事長，就是幹事之長！）杉浦在中國只有一個月，1902 年 5 月 16 日便離滬返國，返日後身患重病，無法返滬復職，於是菊池謙二郎便成為東亞同文書院實際的校長。[404]

情況擺明是要派新校長來的，菊池因此於 1903 年 3 月致函近衛公爵，促請根津一復任校長，並認為只有根津一能與中國聯繫，為日後同文書院畢業生提供就業。在信末附言中還要求辭去同文書院的職務，以便他就任三江師範學堂總教習。[405] 菊池的兩項要求均獲同意，於當月生效。

1903 年 5 月 27 日，菊池到南京任職，一身兼任兩江學務參議及三江師範學堂總教習。對於學堂，他全力投入學校開辦的通盤計劃，草擬規章；對於學務處，他受權處理如下事務：統籌建立各類學校，檢定學校全部課程，監察教習和學生，僱請華籍及外籍教習，籌辦各類教科書等。[406]

在渡邊龍聖到直隸前一年，《教育時論》於 1903 年 5 月讚揚了其在中國這重要地區近期的努力。該刊稱："師範教育的成果，不但與清國文化發達有關，而且對日清兩國關係有極大影響，責任重大又極其光榮⋯⋯諸位誠意熱心地承擔這任務，江南的文化一邊發展，我們日本人的名譽一邊提高。同時（三江地區）盡快趕上湖北、直隸的教育事業，各鼎立一方，對彼此國家有益，並對東亞和平有利。"[407]

根津一對這番事業的重要性是說之不盡的。1903 年 5 月 8 日，他作為幹事長向東亞同文會提交半年報告中說道，這一學校正成為中國其他各省的模範，這工作對 "支那保全" 具有極大的重要作用。[408] 根津一在同年 12 月 13 日報告了建築校舍及職員住宅的進程，及委託東亞同文會購置 "整套設備" 的情況，並提及學校的目標是在蘇、

皖、贛三省招收 600 名學生。他得意忘形地作出頗為自負的結論，
"這所學堂的規模不但媲美京師大學堂（師範館），而設備之完整，
亦沒有任何學校能與它相比。未來幾年內，它將成為該區的模範，
其他各省亦將以該校為準則。到那時，其成績對清國教育界將發生
極大的影響，我同文會的努力便不會白費。"[409]

　　1904 年 7 月 30 日，根津一報告稱，三江師範學堂初級班已有
70 名學生畢業，[410] 成績優良，有的已赴日深造，有的留校協助教
導新生。新校舍多已建成，9 月開始便可從三省招收 300 名新生。
根津一稱："如果工作能按計劃完成，三省的新學勃然興起。若其
他省能同樣努力工作，我相信，我們一定可以看到整個南部、中部
教育事業的大進步。"[411] 這真是令人陶醉的歲月。

　　根津一、東亞同文會、《教育時論》、外務省等等的言論，有時
會把在中國的教習和顧問，當作在文化影響的遊戲中微不足道的籌
碼。這毫不奇怪。日本作為剛剛現代化的國家，它的領導人和代表
們，對日本國內的新成就和在國外"開拓文明"的工作感到驕傲，
是理所當然。

　　然而，常常被忽視的也正是在第一線的教習們，他們是富有個
性，實實在在的人，有他們的品格和缺點。他們與學生朝夕相處，
影響着年輕人的思想，塑造着下一代的中國領袖和教育工作者。有
關他們的報導卻極少，所以以下內容富於啟發性。

南京三江師範學堂的日本教習

　　張淪清是汪向榮於 20 世紀 20 年代末期在上海讀書時的中學
老師，是在 1904—1905 年間在三江日本教習影響下，思想逐步成

長的一員。他在 1942 年給汪的信中，以典型的學童口吻，逐一回憶那時的教習：

> 我在兩江師範學堂，為時不到十月，故所親炙的，只有以下數位：
>
> 菊池先生　他人很矮，還是"彼時"的他們民族型。但因為地位關係，態度很嚴肅。有時到各教室巡視，有些日籍教習們都戰戰兢兢地，大約因為他是"總教習"也。（他只為日教習的總教，與學校行政方面無關。）
>
> 菅虎雄先生　他是教教育學的，人亦不高。因為有一位翻譯曾稱他為"管"先生，所以我們也抓住了這笑柄，而於背後稱他為"管"先生！此外，因他每次上堂，發語總有"此の前は"（上一課），而我們那時不懂，就諧其音，稱他為"哭羅馬"先生，幼稚可笑。
>
> 松原先生　他是中等身材，教我們物理，但中途被徵去參加日俄戰爭。
>
> 大森先生　身材很高，人亦沉着（年齡亦較他們為大），他教我們博物，發語慢而有力，固然作他翻譯的不吃力，就是我們抄講義（從翻譯口）也從容，似一個老教習也。
>
> 志田先生　他教我們法制經濟，口才似很好，雖然不懂他的話。
>
> 杉田先生　他教我們手工。那時我們腦筋頑固，卑視此科，又因他語言態度（大約是大阪人）較別位先生欠雅，就有人說他是"日本小木匠"。於是，我們亦呼他"小木匠"，今看他的學歷，固知其為工學士。而有一年，他曾有一賀年片與舍親（遠房的），報告其就任大阪工業學校校長。（按此恐非賀年片，而係轉任通知之"挨拶"卡[30] 之誤。—— 這大概是我加的註，原信中是沒有的。）已知

---

[30]　編註：日語"問候卡"之意。

其出身並不微賤矣！（舍親是兩江圖畫手工科畢業，與杉田先生關係較深。）

亘理先生　他是教我們圖畫的，人性似有點兒"戀"。可憐那時中國還沒有圖畫範本，還得到東邦買。當範本未到時，第一次叫我們照他在漆板上所畫的"操帽"輪廓。天哪！我那時出世二十年，從不曾畫過甚麼畫，所以把他那輪廓畫好以後，就用粉筆在寢室（那時雖有自修室，無人去）破窗上畫來畫去，好容易才把幾筆簡單的線條記牢。不久，範本來了，大家就臨範本。這一下，反害了我了，哪有工夫去畫它，有時隨便畫畫，有時拾人家棄物去塞責，於是毫無所得。後來到日本，進清華補習學校（在小石川區，是范源濂和梁任公所組織的，款由我國使館付，兩年畢業，專為考理工科之預備），在末一學期，雖也有自在畫，但究因自家底子太差，亦無把握。那時預備考高工，而高工是要考自在畫的，所以很為"心配"[31]。真是天無絕人之路，也可以説是"學"字這一字的偉大，居然畫題是"軍帽"，且註明不要陰影。於是，我等於伍子胥所過的昭關般的"難關"，竟輕輕悄悄地過來了。這個教訓給我很大，是天下無僥倖的事，而得到了的僥倖，也有他的"淵源"，並非毫無憑藉也。

柳原先生　他是翻譯，中國話很好，我們對他所翻譯的內容很放心。因為有幾個留學生程度太差，譯的有些"那個"。最可笑的，大森先生講博物時，於漆板上寫"明礬"兩字，而那位"仁兄"竟讀不出那個"礬"字音來。

那部先生　他教我們日語，有時當翻譯。他於上課時，見了菊池總教習來巡視，就手足無措，大概不是甚麼正途出身也。

安藤先生　他教我們農業，人很老成，我們稱他為"老農"。

---

[31]　編註：日語"擔心"之意。

又因他嘴裏常説"種子の"，我們就稱他為"喜喜怒"，諧音也。

　　岸先生　他是校醫，死在兩江的。[412]

張淪清隨即轉而評論三江的學生：

　　那時科舉雖尚未廢，而一般稍有眼光的八股家，都覺得非新學無以強國，故求知慾很盛，所以上課"拆爛污"[32]的人很少。記得李梅庵先生（即清道人）作兩江師範監督時，曾作了一篇很長的佈告，勸生徒不可遲睡去自修，語頗剴切。於此事足以覘其學生之態度與精神焉！及科舉既廢，新政（？）施行，一般投機者，都以留學東邦為終南捷徑，於是阿貓、阿狗都盤着辮子去買那甚麼速成文憑。[413]

　　1903 年三江師範學堂開辦，出之於張之洞個人的特殊安排和計劃。[414] 為了避免驟然直接教學所必然產生的問題，張之洞對近衛公爵解釋稱："明年正月中（1903 年 2 月中旬），12 位日本教員到金陵。第一年請貴國（教習）就華教習學中國語文及中國經學，華教習就貴國教員學日本語文及理化學等科。彼此互換知識，作為學友。"[415] 最後，日本方面有包括菊池的 11 位教習，中國方面，有從 300 名候選人中，經一連串嚴格考試挑選的 20 名教習，[416] 加上特別指定的 18 人，總計 38 人。威廉·雅耶斯（William Ayers）在分析張互換知識的長遠目的時指出，"學堂開辦後，懂得華語的日本教習，可以排除'提問和回答'的障礙，可以免除譯員，可以節省時間和金錢"。[417] 可是，為日本教習安排的講演停止了，因為年輕的現代日本人，拒絕坐下來談論過時的儒家和中國聖賢；但對中

㉜　編註：南方方言，指做事馬虎致使事情糟糕到難以收拾的地步。

國教習的訓練則按計劃進行。教習和學生共同入住宿舍的意念，在當時日本教育界中頗為盛行，幾經嘗試，卻未完全成功。[418]

學生在第一學期每週要上 36 節課，課程包括修身、教育學、中國文學、歷史、地理、數學、理科（自然科學）、圖畫、手工、日文及體操。[419] 在兩年制的速成科及三年制的本科，英語是必修課程（每週四節，與日語同）。理科後來分為物理、化學和自然科學。農學、法制和經濟是本科生的必修科，速成科生可以選修。除修身、中國文學及操操外，全部課程都完全按照日本師範學校的模式設置由日本教習授課。[420] 到了 1904 年 1 月，菊池謙二郎提出計劃，要不顧一切地把三江升格為高級師範學校。他的計劃和他卓越的工作，使菊池贏得自信和中國同事的尊敬，[421] 但他的管理卻使日本教習疏離。這是頗具諷刺性的，因為除了柳原和那部是由根津一在中國招聘的以外，其餘都是他一手挑選的。[422] 更具諷刺的是，批評菊池最苛刻的是菅虎雄，菅是菊池在東京帝國大學讀書時的校友，曾一度任頗有聲望的國立東京第一高等學校教授，1905 年 10 月，他率領教習反抗，要求驅逐作為總教習的菊池，理由是菊池"專制獨斷"。根據保存在日本外務省檔案館的資料，爭端起自菊池力圖控制教習的個人和社交生活，壓制教習們"各自獨特的長處"。[423] 從菊池方面說，他小心謹慎，似乎主要是迫使教習在行為及成績方面都達到教授的最高水平，以達到中國人的目的，提高三江的教學水平，並避免中國人對日本人努力的誤解。[424]

1905 年 11 月，三江的九成日本教習在菅虎雄領導下，寫信給東亞同文會要求撤換菊池，[425] 於是根津一到南京調解。似乎日本教習存心自我毀滅，他們略為收斂後，又再次傾軋。聽到日本教習又再分裂，張謇和他的江蘇學務總會向總督周馥（1837—1921）要求將這些"粗野"的日本人撤職，重組學務處。[426] 日本駐上海總領事原來並沒直接捲入事件中，至此匆忙趕赴援救。1906 年 1 月中旬，上海總領事小田切與周總督進行個人會商，由於總領事館南京分館的努力，使合作得以繼續順利進行。[427] 與此同時，三江的總辦李瑞清（1867—1920）總在精神上維護他的同事菊池，強調菊池留任，是按照 1904 年計劃把三江轉為高級師範學堂必不可少的條件。李試圖使江蘇學務總會和日本教習之間達成和解，但日本教習使李的努力終於失敗了。菅虎雄及其同夥拒絕了李的建議，不同意提升菅為副總教習，以換取辭退大森（講授自然科學）、柳原（日語）和松原（物理、化學）這一安排。在這關鍵時刻，菊池承認失敗，打算宣佈辭職。李因而決定除兩人外，其餘日本教習於 1906 年合約期滿時不再續約，只留下杉田稔（手工）和亘理（圖畫）。

根津一返回東京後，於 1906 年 5 月 19 日向東亞同文會春季會員大會報告時，痛惜這是"同文會深深遺憾"的事件。[428] 這的確是遺憾的，它把東亞同文會為了中國教育所盡的一切努力完全斷送了。

這類的騷動本可以讓中國人不再使用這些麻煩的日本人，只是中國仍非用日本人不可，中國還缺乏知識和人才把教育和訓練快速地推向較高的水平。教習空缺已是迫於眉睫，李瑞清為了走先一步，不顧個人自尊，親自率領招聘代表團赴日。他的同事、一位宏文學院的畢業生介紹他認識東京高等師範學校的嘉納治五郎。中國人作了明智的選擇，把責任委託給嘉納，為三江聘任一組教習。嘉納治五郎推薦了他的東京高等師範學校的一位教授松本孝次郎任新的總教習。到了 4 月，能幹的松本召集了五名大學畢業生，於 5 月到職。[429]

松本抵達三江後便馬上開始工作，主要是貫徹執行 1904 年菊池的計劃，把三江的教育水平提高到真正相當於日本的高級師範學校。這任務在 1907 年秋天完成了，三江師範改名為兩江優級師範學堂，反映了它的教育水準的提高。[430]

松本果斷又獨斷專行的作風激怒了他的日籍教習。1907 年 7 月，松本按李瑞清的指示，向 9 位日本教習中的兩人發出書面通知，由於他們"職務上不勤奮"，依據 1906 年的合約，立即將其解僱。其他教習因而暴如雷，指責松本"極其傲慢無禮"，"更改課程及其他事務，不但與屬下教習毫不商量，專橫決定；而且通知時，只寫三言兩語，交教習傳閱"。指責松本"包庇"李瑞清，兩人"相互勾結"，損害學校及全體在華日本人的"名譽"。留下來的教習中，5 人提出辭職，以示抗議。[431]

李瑞清一開頭就被松本纏進去了。當時還有不少日本社團反對他，當地的"日本人會"一致要求松本辭職；新任駐南京副領事船津辰一郎（1873－1947）進行個人報復，催促松本分別向日本駐華公使林權助、新兩江總督端方及日本外務相林董（1850－1913）辭職。李瑞清忍無可忍，終於援引 1906 年合約的終止條款，以"曠廢學務"為由，辭退除松本外的所有教習。[432]船津在南京只呆了一年，便被調到香港。

令人驚訝的是，李再次向日本人求助，松本的兩年合約繼續執行，[433]新僱的 7 名教習也主要通過松本僱請的。李還是非用日本人不可，中國教育體制的落後狀態，他個人對兩江教育尚未完成的夢想，都只能藉助日本人對高等教育的改革而解決。新聘的 7 名教習中，其中 5 人都只簽一年期的合同，於 1907 年 9 月生效，全都是理學士。[434] 這是極具意義的，它預示中國從師範教育及法政教育轉向 1908－1909 年的科學教育，也必然地從到日本留學轉到工業化程度更高的西方留學，[435] 中國學校於 1909 年 6 月開始，也從學習日語轉向學習英、德、法語。

"日本教習的時代"的中國新師範學堂

在這個充滿意外性的議題之中，最令人意外的是 32 所中國師範學堂實際上都有日本人，其中 7 所由日本人任總教習，這些學校遍佈全國。這些學堂分別由國家、省或地方管理，其中至少有一所，全閩師範學堂，早在 1898 年百日維新前就和日本人有關聯，但直至 1902 年，沒有一所是訓練師資的。

把注意力集中在為中國"學堂"培訓師資的機構是別具意義的，因為這些新"學堂"大都是"沒有教習的學校"。有關中國師資培訓和它對中國現代學校及社會的實際影響，我們所知有限。這裏關於有日本人的師範學堂的資料，僅僅是冰山一角。究竟還有多少學校像三江師範學堂一樣，完全依賴日本人呢？除了師範學堂外，聘請大量日本人任教對其他各種類型的學堂 —— 專科的、普通的、高級、中級和初級的 —— 又有些甚麼影響呢？缺乏答案的問題可以說是不可枚舉。

下面羅列的中國師範學校的名單，是已證實的有日本人任教的。加"*"號的，表示至少有一名日籍總教習，這意味着這類學校可能有較多日本人任教。名單按地區排列，從華北到華南，然後是東北。[436] 今後如能標出這些學堂後來發展為甚麼樣的學校,將是非常有意義的,因為其中就有今日的北京師範大學、南京大學及四川大學的前身。[437]

北京

京師大學堂師範館 *(1904 年單獨成立為優級師範學堂 *)

京師第一師範學堂

直隸初級師範學堂

天津

北洋師範學堂 *

保定

直隸師範學堂 *

太原

山西優級師範學堂

濟南

山東師範學堂 *[438]

開封

河南優級師範學堂

西安

陝西高等師範學堂

師範學堂

成都

四川優級師範學堂

師範學堂

女子師範學堂

武昌

兩湖師範學堂

安慶

安徽師範學堂

南京

三江師範學堂＊（1907 年起，改名為兩江優級師範學堂＊）

江蘇省南通

南通師範學堂

蘇州

江蘇兩級師範學堂＊

上海

龍門師範學堂

杭州

浙江兩級師範學堂

貴州省普安廳

普安廳師範學堂

貴陽

貴州優級師範學堂

長沙

湖南優級師範學堂

衡州

南路師範學堂

福州

全閩師範學堂＊

福州女子師範學堂

廣州

兩廣優級師範學堂

女子師範學堂 [439]

吉林

吉林兩級師範學堂

奉天（瀋陽）

兩級師範學堂

女子師範學堂

奉天師範學堂

在日本人投身中國師範學堂的歷史中，令人印象最深的，是如此眾多的日本教習和顧問，都是嘉納治五郎的東京高等師範學校、日本最優秀的官辦師範學校的畢業生或教習（或身兼二者）。這主要是由於嘉納本人濃烈的志趣，要選擇中國作為實踐教育地方。（東亞同文會同樣有志於在中國教育現代化過程中扮演領導角色，由於缺乏財力及人力資源，加上近衛公爵於 1904 年逝世，難以為繼。）據汪向榮估計，師範學校或學院畢業的來華日本教習及顧問，近 1/4（200 人中有 46 人）出自東京高級師範學校；在師範學校畢業生中，72 人中就有 46 人，差不多 2/3 是該校學生。在中國的日本教習或教育顧問中，每 14 人就有一個是嘉納學校的學生。把這些人才派到中國，"日本政府是煞費苦心的"，江在評論中表示了謝意。[440]

上述事例足以表明，中國在這短暫的卻又是關鍵性的時間裏，在建設和鞏固新現代教育體制方面，是如何依賴日籍教習和顧問。有兩個因素必須強調的，一是日本給了中國甚麼，二是中國從日本拿到甚麼、具有甚麼樣的意義。來自日本的，是除了校園建築物以外的一切，是學校的整個系統，連同規章、課程、教習、課本等。對中國來說，這是經外國權威考核並認可、自成一體的各類整套的教育要素的組合。藉此，現代教育的早期支持者得以在 1904－1905 年朝廷全面認可現代教育之前，打破重重障礙。

如果學者們要全面了解中國現代師資教育及日本對它的影響，那麼還要探究一些專門的問題。在 1902－1910 年間建立了多少師範學校？規模多大？各屬於甚麼層次？有一個或一個以上日籍教習的學校有多少？日籍教習擔任甚麼職務？他們在教習中佔多大的比例？其他國籍的教習有多少？中國學堂從這些新的師範學校畢業生中招聘的教職員佔多大的比例？這些問題的答案，有待更深入的分析。

為甚麼不是西方人？基督教的因素

日本明治初期是從西方招聘專家的，[441] 而中國晚清則沒有這麼做，在 1900－1910 年間，為普通及專科教育招聘的是日本人而不是西方人。[442] 重要的問題是為甚麼會這樣。格羅‧D‧貝利爾（Gerow D. Brill）提供了一條線索，貝利爾畢業於康奈爾大學農學院，1897 年受張之洞聘請，指導武昌新的農務學堂。他在 1899 年的一封信中提到，"日本人願意拿我們 1/3 的工資，而且他們和總督（張之洞）又很熟絡"。[443] 他提供另一條線索是他不懂得迎合中國人的要求和需要。他不懂中國語文，而且據說為人太呆板，老是頂撞中國僱主。在三年合同期滿前，1900 年便被解僱了。[444] 取代他的是能幹的美代清彥，他和其他 4 位農業專家在武昌工作到

1908 年。按歷史學家蘇雲峰的說法，這些人"對湖北省的農業教育和農業實驗工作有着重大的貢獻"。[445]

在僱用西方人方面，中國也面對如何處理基督教的問題。1842 年以來簽署的一系列不平等條約，造成中國對基督教佈道團痛苦的經歷，接着又有懲罰性的 1901 年 9 月 7 日簽訂的《辛丑條約》。[446] 在中國的西方教習大都是基督教傳教士，全都受僱於西方人贊助及資助的教會學校，和中國的教育家、政策或機構極少接觸。不僅如此，清政府還堅持拒絕承認這些教會學校。用 1906 年 10 月 5 日學部致各省通報的話說，教會學校是"未經註冊"和"不受認可"的。中國的教育法規從來不提及它們，它們的學生和畢業生沒有資格獲得任何政府的津貼或職務。[447]《學務綱要》所載 1904 年頒佈的《奏定學堂章程》就規定，"（官辦學堂的）外國教員不得講授宗教……違者應即辭退"。[448]

回顧 1902 年初，據中國海關總稅務司赫德的信稱，京師大學堂校長即管學大臣張百熙"辭退丁韙良及其一切教務職員，力圖改弦更張"。[449] 這位備受尊敬的丁韙良，從 1869－1895 年，在長達 1/4 世紀以上的時間裏，一直擔任總理衙門的同文館總教習，1898 年受任為京師大學堂總教習。[450] 他的免職無論對他本人或對所有西方改革者而言，都是重大的打擊。張百熙還進一步把打擊面擴大，宣佈在華的西方教習"或為來華傳教之神甫，或為退出海關之廢員"，[451] 要求以有適當專業訓練及值得信任的教育家取代他們。

辛亥革命後，新教育部總長蔡元培（1868－1940）於 1912 年 5 月 13 日在《向參議院宣佈政見之演說》中強調："私立學校，務提倡而維持之。"同年 9 月 3 日正式頒行《壬子學制》，法令規定除高等師範外，其他學校均可由私人辦理。[452] 據此，教會學校就獲得中國政府認可，原被視為社會賤民一類的教會學校畢業生，到此也才獲得在學校或政府就業的機會。

並非"失敗"

汪向榮比其他學者整理了更多的材料，證明日本通過教育對現代中國的巨大影響，但一再認為日本參與中國教育是"失敗"的。[453] 汪沒有給"失敗"明確定義。在沒有任何解釋的情況下，只能按今天中國的理解，把失敗解釋為日本要對中國新的教育系統取得帝國主義式的控制。在嚴格的意義上説，汪是對的，日本人是失敗了。但從其他任何意義上，日本的參與並非失敗而是重大的勝利——為了中國的勝利。

必須明確，日本教育了成千上萬的中國學生，他們回國後從事寫作、教書或在政府工作，有些人兼而行之，幫助促進並鞏固中國急速的轉變。數以百計、遍及全中國的日籍教習和顧問，按照中國人的計劃，都在灌輸現代思想，重新塑造中國的機構。在最主要的教育改革的諸多方面，每一步都離不開日本給予的幫助，詳見第七章。在軍事、警務及法律改革方面的幫助，見第八、九、十章。

換句話説，受日本影響的中國傑出人物，在使中國脱離舊軌道中起了關鍵性的作用。舊軌道是閉塞的、向後看的並且受狹隘傳統捆綁的；而新軌道則是開放的、向前看的且以現代化為基礎的。如果認識到（也必須認識到）中國要在現代世界求得生存，就絕對需要在教育及其他方面進行"從傳統到現代"的轉變。從這個角度看，這哪裏是甚麼失敗呀？

第六章
翻譯及現代詞彙

在 1894—1895 年中日戰爭之前，中國沒有一所學校講授日語。著名的北京總理衙門同文館成立於 1862 年，培訓中國譯員和外交官，開設了英語（1862 年）、法語和俄語（1863 年）及德語（1872 年）四館，但在 1897 年前，並無日語。[454] 1895 年後，由於與日本聯繫的重要性加強，1896 年計劃建立東文（日語）館。著名官員、教育家及工業家盛宣懷（1844—1916）於 1902 年道破了這一決定背後的打算："日本維新以後，以翻譯西書為汲汲，今其國人於泰西各種學問，皆貫串有得，頗得力於譯出和文之書。"[455]

工作的促進

1895—1896 年間，康有為、梁啟超等已經注意到日本軍方通過翻譯求取知識。例如 1895 年初，盛宣懷在上海辦的現代學校——南洋公學，出版了按日文翻譯、中文版的美國經典著作亞當・史密斯的《國富論》（1776）[456]，證明了運用日語是獲得西方知識的捷徑。該書中文譯者古城貞吉（1866—1949）在 1896 年受聘於上海《時務報》，專門翻譯日本報刊的社論及文章。《時務報》由梁啟超及日本研究專家黃遵憲任編輯，1897 年發表了古城的日本對中國工商業研究的譯文，1898 年發表了古城介紹日本教育制度、高等師範學校規程及華族女學校的文章。[457] 古城隨後成為受尊敬的東京東洋大學研究中國的教授。

這些精力充沛的人們群策群力，使《時務報》成為與日本相關的大膽鮮明的思想的養殖場。1896 年，見解獨特的思想家章炳麟（1869－1936）應梁啟超的邀請，參加了《時務報》的工作，1897 年2 月，發表了違背正統的文章，題為《互相依存，東亞之利》。他似乎要比川上操六等人還快一步，號召聯合抗俄："亞洲復興之精神始於日本，中國將依賴日本，日本亦依賴中國。（日本）若能明了中國力量，相互締盟，遠拒西方，近抗俄國，太平洋將風平浪靜。此實非言過其實者也。"章還語出驚人，聲稱中日戰爭為日本反對俄國威脅必要的"自救"行動（章炳麟於 1902 年及 1906 至 1911 年居住日本，其後卻批評日本）。[458]

1897 年，梁啟超在上海建立大同譯書局，特別着重翻譯日文著作。梁在譯書局成立的章程中指出，近三十年來，官方翻譯部門編譯各種文字著作總計只約一百種，更糟糕的是這些譯書中，"一切所謂學書、農書、工書、商書、兵書、憲法書、章程書者，猶是萬不備一……是以憤懣，聯合同志，創為此局，以東文（日文）為主，而輔以西文；以政學為先，而次於藝學"。[459]

也像張之洞在《勸學篇》中提出"事半功倍"一樣，康有為在1898 年也提出，"（日本）其變法至今三十年，凡歐美政治、文學、武備新識之佳書，咸譯（成日文）矣……譯日本之書，為我文字者十之八，（因而譯成中文時）其費事至少，其費日無多也"。[460] 主張改革的楊深秀 1898 年的奏摺中，指出按日文翻譯之便，說"臣曾細研日本變法，如彼邦已譯就西方佳著。日文書寫與我相同，僅若干文法與我相反，苟經數月研習，即可大致明了，故利於我譯（西方著作）也"。[461] 由於對日本認識的加強，在百日維新中成立以梁啟超為首的政府翻譯局，自是順理成章的事。[462]

在上述引語中，人們不應忽視中國人對明治維新使用"變法"一詞，也不應忽視梁啟超初期對學習現代知識領域的用語，在1898－1901年間發生了明顯的變化。像梁啟超這樣的人們在短短三年內，從基本上使用中國術語轉而差不多全部用日本術語，表明中國對日本及日本用語的準確性有突然的領悟。

才華橫溢的梁啟超於1898年10月流亡日本，使他得以驗證他和其他人曾寄望於日本的需求，可以被滿足到甚麼程度。在14年流亡生涯最初的幾個月裏，梁感受到難以抑制的快樂，他在1899年為《清議報》寫的社論，"大聲疾呼"《論學日本文之益》：

> 哀時客既旅日本數月（他使用正確的國名"日本"，而不是中國的貶義詞"倭"，古文的"東瀛"和"扶桑"，或近代的"東洋"）[463]，肆日本之文（正確的日式詞語，而不是中國式的"東文"），讀日本之書，疇昔所未見之籍，紛觸於目，疇昔所未窮之理，騰躍於腦，如幽室見日，枯腹得酒，沾沾自喜，而不敢自私，乃大聲疾呼，以告我同志曰，我國人之有志新學者，蓋亦學日本文哉。日本自維新三十年來（是用正確的日本用語"維新"，而不是中國的詞語"變法"），廣求知識於寰宇，其所譯所著有用之書，不下數千種，而尤洋於政治學、資生學（經濟）、智學（哲學）、群學（社會學）等，皆開民智，強國基之急務也……學英文者經五六年始成，其初學成也尚窒礙，猶未必能讀其政治學、資生學、智學、群學等之書也。而學日本文者，數日而小成，數月而大成，日本之學，已盡為我有

矣⋯⋯夫日本於最新最精之學，雖無不欠缺，然其大端固已粗具矣。[464]

一年後梁回憶道："腦質為之改易，思想言論，與前者若出兩人"。[465]

在 1895 年前，極少中國人注意及此，更談不上有多少人關心。最能說明問題的是引用原始統計，從 1600－1825 年的 225 年間，從日文翻譯的書籍僅僅 12 冊，其中又僅有 2 冊是中國人翻譯的，1833 年、1889 年各譯一本，[466] 其餘都是像古城貞吉那樣在日本研究漢學的日本人翻譯的。[467] 直到 1894－1895 年開始覺醒前，中國公眾意識的視野中，日本仍未存在。[468]

隨之而來的是突然轉變，錢存訓大量運用了創新的研究，戲劇性地證明中國晚清的轉變有助於對日文的翻譯，雖然這與時論不相符。錢發現了從 1850－1899 年的 567 本譯著中，只有 86 本譯自日語，佔 15.1%；而譯自英語的有 368 本，佔 65%。[469] 但在 1902－1904 年間則相反，按錢所列的表格，譯自日語的 321 本，佔 533 本的 60.2%。[470] 香港中文大學的譚汝謙和日本的實藤惠秀等合作，統計出自 1896－1921 年間，譯自日文的共 958 本（不包括教科書及期刊連載的譯著），每年平均 63.86 本。[471]

譚進一步指出，"尤其是從甲午到民元，中譯日書的數量是壓倒性的⋯⋯這批譯書在遷入新思想新事物的同時，又使一大批日本詞彙融彙到現代漢語，豐富了漢語詞彙，而且促進漢語多方面的變化，為中國現代化運動奠定了不容忽視的基礎，也為近代中日文化交流開闢了康莊大道"。[472]

　　促進這項工作是非常艱難的。大量現代日本詞彙用的是中國慣用語，而運用時又拓展了原義。比如張之洞最初使用"同文"一詞時，只是指"共同的書寫系統"，但很快便擴展為"共同文化"，因為仍然認為中日有着共同的儒教淵源（在本書《中國教育改革》一章《同文與體用》部分將詳細討論）。儘管如此，中日語言無論在語法句型還是語音要素上都有着根本的不同，兩者分屬不同的語類，楊深秀也指出兩種文字語法上互相衝突的特點。

　　由於進入日語研究及翻譯階段，1896 年北京及廣東同文館決定開設東文館是甚為重要的，至少也具有象徵的意義。梁啟超於 1897 年寫的大同翻譯局章程也同樣重要，那絕非一般的章程。在 1897 年初，在人們從未想到的一科 —— 農業，首先邁出了實踐上重要的一步，改革者羅振玉似乎私囊頗豐，[473] 在上海組織了農學會，目的是使中國農業現代化，首先是通過《農學報》介紹日本和西方的譯著。《農學報》於 1897 年 5 月創刊時為雙週刊，1898 年改為旬刊，到 1906 年 1 月，共發行 215 期。[474] 羅振玉十分幸運，得到能幹的藤田丰八幫助，負責日文材料翻譯。藤田 1892 年畢業於東京帝國大學漢文科，1893 年已在翻譯界享有盛譽，譯著中有上文提及的 12 本譯書之一、花房柳條著的《蜜蜂飼養法》。[475] 從《農學報》第 6 期（1897 年 7 月）到 162 期（1901 年 12 月），藤田根據日本書刊及文章，發表了一系列有關日本及西方農業方方面面的譯著，蔭山雅博已在專論中逐一列舉了。[476] 張之洞於 1897 年下令，他轄下的大小地區都得訂購傳閱《農學報》3—10 份。[477]

　　1898 年 3 月，羅振玉再接再厲，為了培養中國的日文翻譯人才，在上海創辦東文學社，以藤田丰八為首席教習。學社的確培育了一批知名人士，其中有羅及藤田的門生、憑自己的知識而著名的王國維（1877—1927）；[478]多產的翻譯家樊炳青（譯書 10 種以上）、沈紘（譯書 15 種）；以及薩端（譯書 3 種）。[479]張之洞對羅的工作深表讚賞，1900 年把羅帶到武漢，擔任他的農業學校"監督"，為期一年。[480]

1900 年後，翻譯工作不久便集中於日本進行，譯者都是中國留學生、知識分子和熱心人士。各類專門翻譯社紛紛成立，大都仿效 1900 年最先在東京成立的"譯書彙編社"。[481]為了傳播新知識，中國人辦的各類刊物在 1902—1908 年間驟然激增，在 1907 年一年內，竟創辦了 22 家新的刊物，數量之大，為歷年之最。[482]

教科書及百科全書

在各類翻譯材料中，對中國思想及社會最具滲透力和持久影響的，莫過於教科書。但教科書的來龍去脈又最難探索，它們用廉價的紙張印刷，圖書館也不收藏，被新的或較好的版本取代後，舊的就完全廢棄。由於中國在"學校沒有教習"的同時，"學校也沒有教科書"，因此日本的教科書，連同在中國和日本以日語講授的課堂講義，[483]都千辛萬苦地譯印。汪向榮略嫌誇大地寫道，"那時中國不但沒有一本能用作教材的教科書，甚至連能編寫教科書的人，也找不到一個"。因此，"絕大多數……我們學校用的教材是由日文翻譯來的"。[484]實藤惠秀於 1940 年寫道，"當時差不多每一本中級教科書都譯成中文了"。[485]科學的教科書是最明顯的。譚汝謙寫道："清末自然科學的教科書，幾乎全是日文譯本。"譚在查閱這些書以後，特別稱讚它們普遍質量較好，可讀性強，插圖精美。[486]

　　日本的一些翻譯社專門出版教科書，1902 年從"譯書彙編社"分離出來的"教科書譯輯社"，便着重於中學教科書。[487]1903 年主要由江浙人組成的"國學社"，也把翻譯中小學教科書作為主要工作。[488]

　　要說到實際成就，"會文學社"及其領導人范迪吉可算是無與倫比。只是我們對兩者都了解不多。1903 年，該學社就出版了 100 種中學教科書和有關教育的著作，出版了高質量的《編譯普通教育百科全書》，全書分為 8 大類：宗教和哲學 6 種，文學 1 種，教育 5 種，政治法律 18 種，地理歷史 18 種，自然科學 28 種，實業（包括農業、商業、工業）22 種，其他 2 種，所有譯著都應歸功於不可思議的范迪吉。[489] 全書使用標準的現代日本詞彙，這些詞彙在不知不覺中就成了現代中文詞彙了。

　　後來，范迪吉差不多被遺忘了，直至 1987 年，他的百科全書才得以被重新提起，在這年鍾少華的學術論文中介紹了晚清 17 套百科全書，[490] 其中也包括范迪吉的。鍾提醒人們，晚清是拓展思想的年代，並擴展到各個知識領域，資料的數量也激增。中國人是如此拚命努力，以至一些湖南學生把 1903 年稱之為"學戰"。[491]

　　百科全書的出現，反映了對中國傳統學科以外的綜合知識，突然有了強烈的需求，然而這些具有時代特徵的著作，已經化為烏有，即使圖書館也找不到了。像教科書一樣，它們大部分質量不高，只有部分適於銷售，但很快便過時了。一有新的版本出現，舊的便煙消雲散，它們包括的主要題目即使在目錄學中也找不到了。[492] 最使人懊惱的是，在對 1868－1918 年間教科書的調查中，范迪吉的一百題系列著作，連一條題目也未提及。[493]

幸而這一系列著作偶然得以幸存,使譚汝謙及其合作者能夠在他權威性的日譯中書目中,列出 98 個題目。[494] 但由於嚴格規定了該研究的所有標題必須送審,那些難於通過審查的內容便有意地被刪除了。[495] 這樣,留下來供研究的,僅是晚清教科書的數目、標題和出處。

出版業與商務印書館

對現代教科書的需求,突然為中國印刷及出版業提供了機會。到 1903 年,出版新的教科書的主要是文明書局和廣益書局。[496] 1903 年後,商務印書館涉足教科書出版業務,並很快取得支配地位,直至 1912 年才被新的中華書局取代。1913 年 1 月,中華書局聘請范源濂當編輯部主任,[497] 他是剛卸任的教育部長,是很難對付的人。

商務印書館的軼事,極適合被忘卻的"黃金十年"這一主題,特別是"被忘卻"這一面。當時的商務具有 35 年的歷史,1931 年開始出版書籍,它的早期可分成兩個階段,1897—1902 年為創建期,1903—1913 年為中日合資期。[498] 在第一階段,商務只是小型印刷廠,談不上和日本發生任何關係。然而經實藤惠秀研究,發現商務在 1903 年前已和日本有實質上的聯繫:1897 年在日本人幫助下到日本購買印刷設備,1900 年購買了設備優良的、日本印刷廠的全部股權。實藤還根據 1900 年商務在報紙上刊登的廣告,發現有書寫漂亮的"假名"(日文),相信至少有一名日本人受僱於商務印書館。[499]

商務受 1902 年清廷新的學校規定和教科書暫行規定所鼓舞,[500]

和以東京為基地的出版社——金港堂達成了合資經營協議，新的資本額達十萬日元，這使商務印書館的業務，從僅限於印刷發展為印刷兼出版。它全力參與競爭，並非只是因為日本高級師範學校教授長尾雨山受任為編輯主任。商務在有關 1913 年的歷史中，既未提及長尾，也未提及其他日本人的姓名，只說與金港堂有"暫時的"安排，僱用了一名日本"技術專家"，還提到聘用過一兩名日本人但不久便被中國人取代。[501] 實藤認為，長尾似乎"在名單上被刪除"了。在十多年的時間裏，商務一直是中日合經營的典範，直到 1913 年，中國股東把全部股權買下來。[502]

翻譯：現代化的經紀人

沒有大量熱心的翻譯，中國不可能有思想更新。但大多數譯者的命運和百科全書編纂者相同，完全被遺忘了，在人名詞典和基本參考書中都找不到他們的姓名。在這些被忘卻了的現代知識的經紀人中，范迪吉不過是個最突出的例子。要知道，晚清時百科全書的"序言"，全是由知名人士執筆的，如李鴻章、張之洞、嚴修（1860－1929）、黃遵憲和張謇等。[503]

不過也不是所有日文著作的譯者都鮮為人知，梁啟超這位多產譯者就是知識界的巨人。[504] 現代中國其他許多偉大人物，都是從翻譯日文著作開始了解現代學科的。陳應年對他們進行了研究，提及姓名及譯著的有章炳麟、蔡元培（1868－1940）、王國維、梁啟超、魯迅及黃炎培（1878－1965）。[505] 陳還列舉了明治時代的偉大人物，如福澤諭吉、加藤弘之（1836－1916）、中村正直（1832－1891）、中江兆民（1847－1901）、幸德秋水（1871－1911）、井上哲次郎（1855—1944）、井上丹了（1858—1919）、大西祝（1864—1900）和清野勉（1853—1904），被譯成中文的著作。[506] 陳認為，通過這些譯著，把日本的"啟蒙思想，自由民權理論，唯物主義哲學，早期社會主義思想及科學方法論"介紹到了中國。這些學科的新詞彙，是現代日本新創造的、或使用舊詞賦予新意再被中國廣大知識分子借用。

現代詞彙：從日本傳入中國

馬里奧斯・詹森於 1980 年寫道，"傳播文化影響最實在的形式……可能就是通過翻譯書籍"。[507] 清末中國的譯著已是包羅萬象，從最精煉的、深奧微妙的現代思想、科學和法律行政，到學校每天上課的教科書，這些譯著都從根本上重新塑造中國人的思想世界，其結果是構成了影響中國所有精英分子的思想革命。

流亡的知識分子，如梁啟超、康有為、章炳麟，及革命者孫中山等，都在思想革命中扮演了一定的角色，但他們的角色到底只是邊緣性的，是在中國以外活動的，他們以有限的訊息影響有限的聽眾，沒有參加中國本土新思想的制度化活動。思想革命的真正英雄是千千萬萬不知名的人們，他們默默地、一步一步地工作，有的擔負着在東京及中國出版新書的重任；有的把每一類日文著作譯為中文（無論譯筆如何拙劣）；有的在中國現代學校擔任新型教習，他們既有在中國，也有在日本受培訓的；還有他們許許多多的學生們。這些新知識的載體及使之制度化的人們，在世界舞台上擔當一角，把中國從以中國為中心的背景下移到世界歷史的主要舞台上。

事態的發展是如此急速，以至來不及先行考慮或計劃。梁啟超在 1920 年回顧這狂潮時寫道：

> 壬寅、癸卯（1902－1903 年）間，譯述之業特盛，定期出版
> 之雜誌不下數十種。日本每一新書出，譯者動輒數家，新思之輸入
> 如火如荼矣。然皆所謂'梁啟超式'的輸入，無組織，無選擇，本
> 末不具，派別不明，惟以多為貴，而社會亦歡迎之。蓋如久處災區
> 之民，草根木皮，凍雀腐鼠，罔不甘之，朵頤大嚼，其能消化與否
> 不問，能無召病與否更不問也，而亦實無衛生良品，足以為代。[508]

但這瘋狂的速度導致了把日本詞彙引介到中國時的粗心大意
和不分皂白。形同搶掠的譯者往往不是真的翻譯，只是把日本的外
來詞語用中文串聯起來，匆忙地把中文的句子結構、詞彙和表達方
式加以"日本化"，[509] 與翻譯大師嚴復（1854－1921）的譯著相比，
自是天淵之別。嚴在新政年代，最完美地翻譯了好幾本現代西方經
典著作。本傑明・斯華茨（Benjamin Schwartz）寫道："他（嚴復）
告訴我們，當他着手翻譯時，首先掌握整句或整段全部含義中最基
本的意思，然後用地道的中文表達。事實上，創造新詞是極其痛苦
的，用他自己的話說，有時'為一詞而沉思屢月'。"斯華茨頗具
深意地續稱："總的來說，他並未採用很多數十年間日本創造的新
詞……然而他自己的詞彙，卻在與日本詞彙的較量中消失了……當
時最省力的做法無疑是全盤採用日本新的詞彙。"[510]

"全盤採用日本新的詞彙"的，是李傑良說的"科技文化"。
這不但包括嚴謹的科學著作，也包括凡爾納（Jules Verne）（1828－
1905）的科學小說等。根據李的文章稱，一位翻譯這類文體的譯者
深感自己太密切地依賴日本術語——李說他"深怕有失原意"——
聽起來就像請求讀者"原諒"似的。[511]

在法律方面，島田正郎注意到，明治時期日本的法律術語，通過多種渠道"原樣不動"地進入中國語言：翻譯，法律詞彙表和詞典，在日本和中國的課堂用語，及具體的編輯工作。[512] 在社會科學方面，李又寧在研究社會主義傳入中國時寫道，"經調查，差不多中國所有文本上使用的基本語彙，都是來自日本的"。[513] 而在現代哲學方面，譚汝謙認為，中國人完全依靠日本借出的詞語。[514]

在 1957－1958 年間，圍繞着現代漢語中的日本詞語及其意義問題，在中華人民共和國爆發了一場激烈的爭辯。[515] 在捲入爭論的各方中，高名凱和劉正琰對外來詞的研究立論審慎，對我們的研究最有幫助。[516] 在他們的著作中，把源自日本的現代中國詞語分為三類：(1) 源自純粹日語的現代漢語外來詞，即日語原有的漢字組合，但中國古文裏沒有這樣組合的，如服務、方針、解決、申請、想像。(2) 日本人用古代漢語原有的詞，去意譯歐美語言的詞，再由漢族人民根據這些日語的外來詞，改造成現代漢語的外來詞，如法律、封建、共和、經濟、社會、思想、文學和政治。(3) 先由日本人用漢字組合，去意譯（或部分意譯）歐美語言的詞，再由漢族人民加以改造而成的現代漢語外來詞，如美術、抽象、同盟、現實、原則、科學、觀念、政府、社會主義、資本、商業、數學、哲學。

以上詞語摘引自高、劉二人開列的更為豐富的單子，僅以表明這是需要更系統研究的課題，但至少也足以證實實藤惠秀在 1940 年說的，"現在的中國，要是不用日本詞彙，便委實不能談高深的學理"。[517]

在文學藝術方面，具有 20 年研究經驗的老將、兩度（1914－1924 年和 1928－1937 年）政治流亡日本的郭沫若（1882－1978）曾

斷言，"中國的新文藝是深受日本洗禮的"。[518] 在新政年間，中國
廣泛地模仿日本現代的文學、藝術及思想，引發了曹貴明所稱的中
國"新文化運動"，其範疇應屬於梅布爾‧李（Mabel Lee）説的"文
學革命"。[519]

　　作為學者，需要全面檢驗在新政期間從日本流入中國的一切思
想的因素，這就不僅需要分析詞彙目錄，還要研究動態思想的進程
及其意義。雖然現在資料並不齊全，然而人們不妨大膽地認為，在
一定程度上，詞語本身塑造並規限了人或社會的思想世界，在這方
面，日本對塑造現代中國的貢獻，幾乎是無法估量的。

第三編

新政體制革命：新的領袖，新的管理

　　事實表明，中國晚清的體制革命與思想革命是不可分的。如果不是日本人以漢字慣用語翻譯西方著作，從而得以直接用於中文，使思想能驟然突破；如果沒有中國在日留學生的思想覺醒；如果沒有為中國政府服務的日本教習和顧問及時地支援，中國的新政體制改革就不能發生。事後看來，體制革命和思想革命明顯地是同步前進的，兩者互相依賴又相互支持。

　　就像中國的思想革命一樣，體制革命的每一回合，無論是改革藍圖及運作模式，術語及培訓，具體指導和專門知識都依靠日本。假如沒有由單一來源提供整套方案，假如中國對這來源沒有信心，假如日本止步不前，中國的一切努力都將白費。選擇也不是沒有的，如果中國選擇依靠說不同語言的不同國家，意念不一，眾說紛紜，又將造成概念的混亂，詞義的分歧，激烈的爭論，互相對立和抵制。中國幸運的是有單一的第一手來源，不僅文化上可互相兼容且地緣上唾手可得，在 1898－1910 年這飽受嚴峻考驗的年代，向中國提供十多年慷慨幫助。

　　要使改革得以進行，首先要給予在過去數年因政策搖擺而心驚膽戰的中國官員以信心，相信朝廷對改革是誠心的、認真的，且不會懲罰敢作敢為的人。雖然百日維新的不少改革仍然保留，但根本性的改革在 1898 年 9 月被凍結了，新的改革停頓了，使改革派官員惶恐不安。受朝廷一派支持的義和團運動於 1899 年爆發，殘存的為改革注入新的動力的希望也破滅了。義和團煽動反對外國人的暴行，在 1900 年年中圍攻北京外國使領館區，18,000 人的聯合遠征軍 8 月入侵首都，把北京部分地區變成廢墟，慈禧太后和她最親密的顧問逃難到西安。這場大災劫使朝廷震驚，並從根本上重新考慮它最近的政策，能否僅是 "挽救崩潰中的傳統體制和滿洲王朝"。[520]

　　朝廷對義和團災難應負罪責的懺悔，是 1901 年 1 月 29 日改革上諭的部分內容："自播遷以來，皇太后宵旰焦勞，朕尤痛自刻責。深念近數十年積弊相仍，因循粉飾，以致釀成大釁。" 在第一章中已摘引了上諭中包羅一切的命令，要求"參酌中西政治，舉凡朝章、國政、吏治、民生、學校、科舉、軍制、財政"，提出變革的具體建議。[521] 這一政令似乎與朝廷 1898 年以來的政策不一致，卻對朝廷、對慈禧太后本身改正對 1898 年改革的觀點具有意義，透露了承諾溫和而保守的改革。[522]

改革上諭命令官員們於兩個月內向朝廷提出書面意見，發現下層官員毫無反應時（毫無疑問是害怕朝廷報復），慈禧太后於 4 月 21 日成立了督辦政務處（簡稱"政務處"），接受並研究有關建議後向皇帝推薦。具有意義的是，政務處以強有力的慶親王為首，並包括極具影響力的大學士李鴻章（曾與慶親王一道談判《辛丑條約》），榮祿（1836－1903）、崑岡、王文韶、戶部尚書慶傅霖為督辦政務大臣，總督劉坤一、張之洞"遙為參與"，亦即名譽顧問。1903 年夏天，張之洞及同是顧問的袁世凱受任為政務大臣（劉坤一於上年 10 月去世），同年稍後提為政務大臣的有教育家榮慶（1854－1912）、張百熙及孫家鼐（1827－1909）。[523] 劉坤一和張之洞都是保守的官員，都曾反對朝廷支持義和團，他們早期的積極參與是具有關鍵性的。1901 年 7 月，劉、張向皇帝呈奏了三道奏摺：7 月 12 日的《變通政治人才為先遵旨籌議摺》，7 月 19 日的《遵旨籌議變法謹擬整頓中法十二條摺》，及 7 月 20 日的《遵旨籌議變法謹擬採用西法十一條摺》。[524] 根據 1901 年 10 月 2 日的上諭，"擇西法之善者，不難捨己從人；除中法之弊者，統歸實事求是……據劉坤一、張之洞會奏整頓中法以行西法各條，其中可行者，即着按照所陳，隨時設法，擇要舉辦"。劉、張的奏摺成為未來改革的準則，堪稱為新政改革的"藍本"。[525]

由於這三份奏摺對研究工作非常重要，其內容及成文過程都引起了濃厚興趣。據鄧嗣禹和費正清的説法，"這些奏摺草擬的過程是這樣的：劉坤一要求張之洞主筆，劉命他的幕僚張謇等人，各草擬一議題送張，張再讓他的幕僚各抒己見，然後由張執筆總其成，每日寫出一到兩題，全文整整花了張一個多月的時間"。[526]

隨後，系統全新的體制改革可分為四個部分説明。首先，最根本的也是影響最深遠的，是第七章探討的教育改革，中國新的領袖及新的管理由此而生；其次，按年月順序是軍事改革，將於第八章探討；再次是第九章研究的警務及監獄制度改革；最後是法律及司法的綜合改革，其重要性僅次於教育。體制改革促使皇朝於 1911－1912 年間意料不及地突然崩潰了，它與法律及司法改革同步進行，並有助於促進立憲政體，因而在第十章一併探討。

第七章
中國的教育改革：日本的模式

　　批判中國科舉制度，已是千多年來中國歷史的特徵。然而直到
1895 年，中國在軍事上被日本擊敗後，才發出從根本上重建整個
制度的呼籲，[527] 並產生百日維新期間的上諭。在這期間，中國政
府第一次在國民教育計劃及教育思想方面，直接向日本尋求指導。[528]
本書第三章曾引用辻武雄觀察了 1898 年教育改革後在 1898 年 11 月
的報告，認為中國計劃集中在京師大學堂和模仿日本這兩點上。田正
平和霍益萍認為京師大學堂完全以日本的計劃和規章為藍本。[529]

　　京師大學堂以及受日本模式啟發的、1898 年教育方面的各種
創舉，[530] 於 1898 年改革停頓後，也就喪失了生存的土壤。1901
年 1 月的上諭，體現了朝廷對發現及訓練 "人才" 的關注，[531] 再次
把教育推上舞台。

訓練人才

　　如果確信要改善國政，就必然關注人才的重要性。改革上諭以
不同的説法明確地表示關注："人才"（兩次提及），"治人"（一次），
"賢能"（一次）。上諭的最後一段提出，"特是有治法尤貴有治人。
苟無其法，敝政何從而補救；苟失其人，徒法不能以自行"。[532]

　　為確保獲得人才，就需要現代訓練。認識到這一點，改革建議必然要求發展現代教育應比其他方面迅速。[533] 本章強調教育改革與日本的聯繫，忽視這一點，就無從理解中國在教育方面的現代轉化。與日本的聯繫，包含了中國急需的外國模式，這模式應是連貫的、容易接受的並且在意識形態上與中國一致的。

　　在日本方面，它期望伸手幫助中國訓練軍事的和非軍事的人員，這是有案可查的。在世紀之交，日本以新的自信和民族驕傲的語言表示它的期望，例如嘉納治五郎於 1900 年 1 月就說，日本的特殊地位，可以利用其先進的知識和思想資源，"為世界文明的進步作出貢獻"。日本作為東方最先進的國家，必須幫助中國進入 20 世紀。[534] 1901 年 7 月 25 日發行的《教育時論》，發表了題為《清國教育問題》的未署名文章，提出"（在教育方面）清國只能依靠外國專家。這樣，我們作為日本人必須盡一切努力，為了彼此兩國，利用我們較之歐美人更為有利的、同文同種、唇齒輔車的各種關係，同意清國政府及民間增加僱請日本人或為顧問、或為教習"。[535] 1901 年間，有關教育改革最具影響力的建議，是劉、張二人 7 月 12 日在奏摺中提出的"育才興學四條"，就是"一曰設文武學堂，二曰酌改文科，三曰停罷武科，四曰獎勸遊學"。[536] 奏摺以中國典型的逐步深入的語氣強調，"蓋非育才不能圖存，非興學不能育才，非變通文武兩科不能興學，非遊學不能助興學之所不足……今日時勢……緩無可緩"。[537]

　　在這份奏摺中，日本的影響雖然廣泛，但並不深入，對日本系統的特色仍未完全了解。在張之洞的《勸學篇》中，倒曾提到教育的層次：大學、中學及小學。遊學則強調到日本學習，並建議學生完成某一階段學習回國後，經考試可分別授予進士、舉人或貢生。
朝廷於 9 月 16 日頒佈的上諭中，採納了這一意見。[538] 一年後，
1902 年 8 月 15 日京師大學堂校長及管學大臣張百熙通過《欽定大
學堂章程》，規定學校分為大學堂、高等學堂、中學堂、高等小學
堂、尋常小學堂和蒙學堂。雖然用語混雜，但這過渡性的規章較為
全面地建立了日本式的教育架構。[539]

　　劉、張二人 7 月 20 日的《籌議變法謹擬採用西法》奏摺中，提
出要矯正"見聞不廣之一病，於各國疆域、政治、文學、武備、茫
於不知"。奇怪的是像抓了根稻草一樣，提出"以後新派總署堂官、
章京、海關道員、出使大臣及隨員，必選諸曾經出洋之員……若未
經出洋者，不得開坊缺送御史，升京卿，放道員"。[540]

　　且不說紙面上的上諭及奏摺，1901 年開始，確確實實辦起了
無數省立或私立的學堂，即現代學校。這些努力並不是沒有任何
風險的，1898 年的停滯仍歷歷在目；直到 1905 年，科舉制度仍保
留着對學銜及升任高官的實際壟斷權。"把學校納入科舉制度"是
主要的絆腳石。[541] 在 1901—1904 年間，接二連三的上諭和奏章，
把學堂逐步推向生活和思想的主流，越來越贏得其合法地位，再也
不像 1898 年在福州那樣受到孤立，或因地方的支持搖擺不定，造
成教育計劃欠缺周詳。學堂開始具有現代機構的性質，有了既定的
準則，人員和資金都有了長期和可靠的保證。不少學堂獲得熱心支
持，為"積極的新中央政府"培養"新一代的""國家官吏"。[542] 新
的學校意想不到地被認定是推動未來的浪潮，使國家比原來想像的
更快發展。過去的觀念已一去不復返了。

考察團的特別影響

晚清尋求教育改革的途徑可概括為四類：派遣學生到外國留學（見第四章）；派官員考察團到外國考察（見下文）；中國教育法規和體制的改革（見下文）；僱請外國教習及顧問（見下文及第五章）。第一類是政府派遣已有學銜的學生到外國接受培訓，主要是軍事、師範、警務及法政等。第二類是官員考察團到外國收集學校規章及有關材料，考察教育機構的運作，參聽演講及會晤專家和負責官員。考察的成功與否視乎東道國的合作程度，日本對此是極為重視的。第三類是參考適用的資料，包括中國考察團所得的資料。第四類是僱請外國教習和顧問協助制定並執行教育改革計劃。在外國顧問方面，中國特別着重從日本僱請教育專家；日本方面，在完成自身的明治維新後，也樂於向外輸送"剩餘人力資源"。這些人員在充分掌握以漢字構成的日本現代詞彙方面，有着明顯的優勢。

中國教育考察團的工作是極嚴謹並富有成果的。這些代表團一般外出兩三個月，向派出機構提交報告，並經常發表他們的所見所聞。最早運用這一辦法的是張之洞於 1898 年派出的第一個赴日教育考察團，由吏部姚錫光任團長，姚於 1899 年發表了他的見聞錄《東瀛學校舉概》（第三章已簡略介紹）。留居日本的中國人也寫了探索性的著作，如 1899 年起擔任東京中國留學生監督的夏偕復，於 1901 年發表的《學校蒭議》；李宗堂按劉坤一指示，於 1902 年寫成的《考察學務日記》。[543] 按照張之洞和劉坤一的共同指示，羅振玉與其他六位教育家組成的特別考察團於 1901 年赴日，1902 年 1 月返國，卓有成效地對日本教育系統獲得全面了解。羅的考察團會見了主要的教育家和政府官員，包括文部相、外務相和近衛篤麿公爵；參加了嘉納治五郎安排的、一連串有關日本教育及行政管理各個專題的講演；收集了一整套各種類、不同層次的日本教育機構的法規和規章；收羅了珍貴的教科書。[544] 考察團成員陳毅是張之洞教育改革的重要幕僚，[545] 他在 1902 及 1903 年至少發表了三種日本教育方面的譯著：《教育行政》、《胎內教育》(《胎兒期教育》)，及《教育史》。[546]

羅振玉本人寫了《扶桑兩月記》，綜述了考察團的工作。[547] 有關教育方面的見聞，則刊載於《教育世界》，這是中國第一份近代的教育期刊，發刊於 1901 年 5 月，受張之洞和劉坤一資助。它的特色是把版面分為三部分，第一部分是《論說》(評論)，致力於介紹中國著名人士有關教育改革和現代化的觀點；[548] 第二部分是《教育規則》，主要介紹日本教育行政系統、法規及各類學校的規章；第三部分是翻譯，向中國人提供各類學校的規章和細則，學校行政治、教學法，有關教習的法律和從幼稚園到中學的教科書，全都是按日文原本翻譯的。[549] 從 1897 年開始，羅在出版事業及其他教育工作中的得力助手是藤田丰八。[550]

對於《教育世界》在中國讀者中傳播日本教育制度的作用，也許不能估計過高。從 1901 年 5 月的第 1 期到 1905 年的第 40 期，包括分期連載的在內，共刊登了 240 篇文章。其中 193 篇或 80%以上是按日文翻譯過來的，93 篇譯的是日本教育狀況、體系或規章，其他 27 篇是教科書和教育理論的譯文。[551] 用田正平和霍益萍的話說，這些文章打開了一個最重要的"窗口"。[552]

羅的考察團的目的，本來就是要帶回整套各種類型、不同層次教育機構的法律和規章，教職員的管理規定，及教科書的資料。該團收集了 110 多份規章，在《教育世界》作了"系統介紹"。[553] 藤田等人向羅介紹了日本教育方面最主要的學術著作，其中不少是第一次帶到中國的。[554] 羅返國後，與張之洞五次會晤，暢談日本見聞。[555] 張、劉對羅的意見和收集的資料，備加讚賞，寫入他們 1902 年有關教育的奏摺中。[556]

1902 年 4 月號到 8 月號的《教育世界》，登載了羅 19 篇系列性文章，從教育系統到課程安排等方面，表達了他自己的觀點。羅對初等教育的看法，本質上只是 1900 年日本《小學校令》的翻版，而羅的版本又差不多一字不易地成為 1902 年 8 月 15 日中國的《初等教育章程》。[557] 陳毅是張之洞籌擬的 1903 年新學校規定的主要參與者，這規定又成為 1904 年 1 月由張百熙、榮慶、張之洞具名擬定的《奏定學堂章程》的基礎。[558] 這足以證明，羅的考察團是極富成果的，也表明了以日本為模式而形成中國現代學校系統的過程中，這影響是通過甚麼渠道實現的。

1902 年初，京師大學堂校長張百熙，勸說吳汝綸任大學堂的總教習，或任分管人事及訓導的副校長，由於吳與日本已有聯繫，因而提出先行日調查教育系統，作為接受任命的條件。張表示完全同意，並在 2 月的奏摺中鄭重奏報。吳汝綸的日本之行是非常受人矚目的，從他 7 月 20 日抵達長崎到三個月後離日回國，所到之處都受到知名人士式的歡迎。63 歲高齡的吳汝綸，參觀了東京、大阪、京都從小學到高等學校等 44 所現代學校。他的所見所聞，包括（1）在文部省講演摘要；（2）日記摘抄；（3）學校圖表；（4）學科課程表；（5）筆談書簡，他和當時社會傑出人士以文言文通信和筆談中，就軍事和民事問題，實事求是地表述的主要觀點，都收入於他的長達 568 頁的《東遊叢錄》中。該書在他離日返國的時候，由東京最大的出版社三省堂出版。[559]

日本現代生活的一切，無不在吳的詳盡研究之中：全國及地方行政管理的長處，軍隊及參謀本部，工業和商業，報社、圖書館和醫院。日本方面則竭盡所能，除了安排參觀重要機構及各方面負責人外，還安排日皇接見，這對吳這樣低級官員是罕見的榮譽。吳所到之處，有無數的社交晚會、招待會，均有新聞報道。新加坡學者容應萸在其慎重的分析中稱，吳具有"傳統的"和"現代的"雙重身份 —— 既是文人，又是教育改革者 —— 使日本找到了一個很好的理由奉承他一番。而雖然他所背負的傳統文化依然博得尊重，但在現代國家卻備受輕視。[560]

《東遊叢錄》以詳細的圖表，細緻地描述了日本的教育系統。這些圖表和吳的許多分析，構成了 1904 年 1 月 3 日權威性的《奏定學堂章程》。[561] 是否應為此表彰某人 —— 吳汝綸，羅振玉，陳毅，藤田丰八，某一位譯者、教育工作者、官員，或 1903 年前熱情地報道日本教育系統的中國學生們[562] —— 終究是無關宏旨的。具有意義的和應該強調的是，來自日本的影響是複雜多樣的，流入中國的渠道也同樣複雜多樣。不同的領導者朝着共同的方向前進，終於推出了 1904 年 1 月的《奏定學堂章程》，而最終結果是對教育問題達致全國一致的共識。

《奏定學堂章程》發佈後不到兩個月，美國教會的教育家、以後又當外交官、一度出任袁世凱教育事務顧問的丁家立（Charles D. Tenney），在 1904 年 2 月 21 日從天津寫信給莫理循（G. E.

Morrison），認為這是"革命性的政令"。[563] 日本著名的教育官員，其後任職文部省的澤柳正太郎（1865－1927），於其 1905 年 3 月題為《清國的新教育制度》的演講中，宣稱中國新的制度與日本現行制度"沒有一點"不同 ——"實在是毫無顧忌地大膽全盤採用日本制度"的結果。[564]

歷史學家沃爾夫岡·弗蘭克（Wolfgang Franke）了解到 1904 年改革的概括性和源流，説："《章程》容量極大，包括從京師大學堂到幼稚園各類學校的章程、考試、教習、教科書等，大都是摹仿日本模式的"。[565] 當代一流權威阿部洋在全面研究了文件後，其觀點與澤柳看法相似，認為"《奏定學堂章程》表述了學校系統基本的和最重要的特性，是完全仿照當時日本的"。[566] 阿部於 1990 年又稱，"實際上，除了日本的教育制度以外，再找不到中國人參考其他外國制度的痕跡了"。[567]

中國採用這些章程，或把日本作為自己的模式，決不是受到任何壓迫，而是因為事實證明日本系統是成功的和實用的，並認識到在意識形態上是一致的。這一致性包容在"同文"這一詞語中。

"同文"和"體用"：保守改革的生命力

今天的許多學者都隨便否定"同文"或共同文化的概念，認為是在過去悲慘的日子裏，日本人虛構來欺騙中國人和日本帝國主義合作的。毫無疑問，在 20 世紀 20 及 30 年代，乞靈於"同文"確有其惡毒用心，但不應把這事實往後推到新政年代。"體用"一詞是"中學為體，西學為用"的簡稱，同樣也被學者認為是天真幼稚、自相矛盾的説法而遭到了否定。[568]

　　當前研究中有意義的發現是，晚清的學者和改革者在使用"同文"及"體用"兩詞時，都賦予了實際意義和生命力。"同文"用於表述中日顯然共有的許多文化、思想和社會特徵，特別集中於儒家價值觀；"體用"是意味着依據日本明治的成功經驗，把西方的制度（用）移植於儒家模式的價值基礎（體）上。從中國人的觀點看，"同文"是具有共同的價值觀，使中國立即能夠達到日本"已經做到的東西方融合"，[569] 是"體用"的另一種說法。"體用"本來就存在不同的配方，韓國學者閔斗基在其重要文章《對"中學為體，西學為用"的再評價》中，[570] 檢視了中日雙方的版本，他的研究集中在思想容量和邏輯含義方面；我的研究強調實踐和實踐中的認識過程。他為我的研究提供了必要的內涵。

　　在涉及"體用"問題時，人們不應忘記中國 19 世紀時，按照鄧嗣禹和費正清的研究，處理西方問題的頑固的絆腳石，是它"不能理解基督教和其他西方文化的區別"。[571] 這是多方面的因素造成的，曾在國外生活的中國人極少，對外國事物有興趣的人們得不到鼓勵和報酬。除極少數邊緣人外，對西方全都只是一片模糊印象。在中國推廣西方學識的又全都是基督教傳教士，他們認定宗教（亦即基督教）與現代生活，有着密切的甚至必不可少的聯繫。以至由前傳教士林樂知於 1875－1907 年在上海主辦的先進的《萬國公報》，在其自白中也表達了同樣的意思，要"致力於傳播有關地理、歷史、文化、政治、宗教、科學、藝術、工業及西方國家全面發展的知識"。[572]

　　日本則完全相反，長期以來已經認識到，而且堅持嚴格區分西方知識和西方宗教。在漫長的江戶時代（1603－1868），日本即使雙腳狂熱地踐踏基督教，也雙手歡迎西方的科學和醫學。[573]中國卻沒有類似的經歷，而在 1842 年鴉片戰爭失敗、受到不平等對待後，更不可能有這樣的奢望了。

"帝國主義性的基督教"[574]於 19 世紀末在中國加速發展，於是也加快了中國人反抗基督教以及與宗教相聯的改革。在 1899 年 12 月義和團運動爆發前夕，劉坤一向東亞同文會代表們表示，感謝他們在教育方面的努力"不附加宗教上的條件"，[575]這也反映了劉對這問題的關注。半年後，劉致函近衛篤麿公爵，讚揚根津一為南京同文書院即日後的東亞同文書院訂立了《立教綱領》，認為"其立教綱領則以五經四書為宗，輔之以西學諸科，方為有體有用"。[576]

《立教綱領》的作者根津一立法獻身儒學，[577]直至他 1923 年作為校長退休前，在差不多四分之一世紀的時間裏，向上海東亞同文書院的日本學生"宣講"作為必修科的儒家道德倫理。他在《立教綱領》中宣稱，"德育為經，智育為緯"，是現代教育的精髓。因而他進一步表明，教育高尚的道德基礎，是中國經典所概括的"先聖先儒之大道"。[578]根津一的同事認為，《興學要旨》堅持儒家的中心思想仁、義、忠、孝是學識的根基，和達致富國強兵的現代中國的夢想完全一致。[579]

回顧 1896 年的日本，喜愛中國文化的宮島大八（1867 年生），他在 1887－1894 年間到中國學習儒學及書法，回國後在東京建立"咏歸會"教授中國語和漢學，會名出自孔子《論語》的"咏而歸"，[580]1898 年易名為善鄰書院。該校在講授現代中國語言方面，在日本起了重要作用；在指導綱領上，也以儒學為核心。[581]如上所述，嘉納治五郎於 1899 年把他為中國學生而設的學校，按《論語》命名為亦樂書院。近衛篤麿公爵在 1901 年 1 月開設東京同文書院宿舍時，也以儒家禮節（包括祭孔）規範學生的德育。[582]

讀者還會同時想到寺尾亨這位研究國際法的先驅，他在 1903 年或 1904 年為中國學生建立了東斌學堂；明治始開辦貴族女子教育的先行者下田歌子。這些現代教育家，每一位都是受儒家價值觀浸潤並激勵的。又有哪些西方教育家或學校，能夠和中國儒家情感如此協調的呢？

1901 年 1 月的新政改革上諭，一開頭便宣稱：“世有萬祀不易之常經，無一成不變之治法……蓋不易者三綱（三綱：君為臣綱，父為子綱，夫為妻綱）五常（五常：仁、義、禮、智、信），昭然如日星之照世”。它指責沒有經驗卻侈談富強的官員，“往往自迷始末；迂儒談正學，又往往不達事情”。需要的是“酌中發論”，提出既有原則又有實際辦法的改革建議。[583]

新政改革上諭明確信奉儒學卻並不專橫，新政每一項改革最終都是構建並解釋儒學自身的部分學説。教育方面，在張百熙指導下寫成的 1902 年 8 月 15 日的《欽定京師大學堂章程》已確定了道德核心。同時公佈的中國第一套高等學堂、中學堂、小學堂及蒙學堂的章程，[584] 每一種章程的《全學綱領》都規定，“（某某）學堂一律遵守《京師大學堂章程》第一章之第一節，第二節，第三節”。[585]

《大學堂章程》的第一章泛泛地題為《全學綱領》針對的不僅是現代的大學堂教育——毫無疑問，是要把“大學”過去中文含義、“偉大的學問”延續下去。第一節説：“京師大學堂之設，[586] 所以激發忠愛，開通智慧，振興實業。”第二節説：“中國聖經垂訓，以倫常道德為先；外國學堂於智育體育之外，尤重德育，中外立教本有相同之理。今無論京外大小學堂，於修身倫理一門視他學科更宜注意，為培植人才之始基。"第三節説："歐美日本所以立國，國各不同，中國政教風俗有所立國之本；所有學堂人等，自教習、總辦、提調、學生諸人，有明倡異説，干犯國憲及與名教綱常顯相違背者，查有實據，輕則斥退，重則究辦。"[587] 由此可見，對儒家價值的重視是無處不在的，其要點與日本不相伯仲。

　　早期從日文譯為中文的著作中，有些論及西方及東方的道德倫理問題，這些日文著作的優越性之一，在於參考了中國的教義。最好的例子之一是元良勇次郎（1858－1912）的《中等教育倫理學講話》（1902 年譯成中文）。曾翻譯不少日本倫理學著作、後來擔任北京大學校長的蔡元培，認為這部著作"適用於"中國教育工作者需要，因為它"時時引我國儒家之言以相證"，並極其關注"我國祖先教育之旨"。[588] 按照上述的評論和態度，1904 年 1 月 13 日的《奏定學堂章程》自然引起一定的震動。驟眼一看，這章程似乎沒有明顯地參照儒家價值觀，找不到 1902 年各《欽定學堂章程》中總括了道德的《全學綱領》，也沒有開宗明義的訓誡，但儒家教義是牢固地紮根在課程中的。例如在《奏定大學堂章程》中，大學堂分為八科，第一科便是"經學科"；[589] 高級學校和師範學校都要開設儒家經典著作課程；在中學和初級師範學校裏，36 課時中規定 9 節課用於閱讀及講解經典；初級學校的高年級 36 課時中的 12 節課，低年級班 30 課時中的 12 節課，規定用於講授經義。[590]

　　中國人對道德教育的強調反映着日本現代體系。署理陝西省提學使劉延琛在對日本官式考察後，疑慮全消，1907 年 1 月向皇帝奏稱：

　　凡修身立行，忠君愛國之道，皆編入教科書，童而習之，用能
人知自愛，國鮮嚚民。近年尤重德育，猶樹木有枝葉而無本根。一
篇之中，三致意焉。接見彼都人士，或諄諄以為言謂其國歐化盛時
不免弊害，賴以道德救之。其推崇我孔孟甚至，斯其進步之良者也。

　　至規制，尤嚴整有法，教員非試驗不許濫充，無請託之弊；學
生必約束納於規矩，無驕縱之風。日本人性習勤儉，服食刻苦……

　　政術與時變遷，必廣求知能於世界，斯理萬世不易，必當奉聖
道為依歸。蓋風教略殊，凡綱常名教之大經，我自有立國之道；而
規模燦著，彼設備訓練之陳跡，實足為前事之師。[591]

以阿部洋的話說，"獨特的日本學校教育，以儒家道德為本的
修身教育與近代諸學科結合起來，已成為中國的理想楷模"。[592]

在事後看來，如果沒有日本的文化改良，中國要迅速、平靜、
徹底地完成教育體系的全面重建，那簡直是不可想像的。這就是代
表着共同儒家文化的"同文"一詞所具有的分量和要義，在新政年
間它尤具有決定性的意義。

隨着清朝崩潰，"同文"在中國已失去了一切意義。在 1911 年
後，進步的中國人反對他們自己儒家過時的，特別是僵化的、腐朽
的思想方式和社會實踐，認為這是現代化的障礙，國家生存的威
脅，1912 年中國教育部下令在學校課程中剔除儒家經典，就直接
反映了這種態度。[593] 在 20 世紀 10—20 年代，中國在反傳統文化
的過程中，極端地把儒家的精華和糟粕一併拋棄，與自己的過去以
及日本的"現代神話"疏離，[594] 而這"神話"是在儒家學說和本地
因素有選擇地融合的基礎上構建的。

以 1915 年提出 21 條要求為象徵，日本加速侵略中國，同時
卻又愚弄性地表明日中兩國的友誼，共同的利益以及連結，然而都

只是為了掩飾侵略。在帝制崩潰後和儒學受批判的中國，"同文"的概念既然是危險敵人的宣傳，也就被視為騙局和詭計，較早時的含義也受到遺棄。

但在"同文"和"體用"喪失其意義之前，在那令人意外的兩國和諧親密的時期，是這兩個概念把中日兩國聯結在一起的。學者們如果打算了解中國保守的新政革命的成就，了解這場革命得以定位的與日本有機的聯繫就應該重新正確理解"同文"和"體用"在世紀之交時的意義。

廢除科舉制度

教育成為中國的首要問題的速度之快是任何人無法預料的，主要因為來自於以及傳入日本的思想，與來往日本的人物所推動的變化，而這些變化又因朝廷在1902－1904年間對教育的創新而取得合法性。早在1903年3月，張之洞和袁世凱聯名上奏，促請徹底廢除傳統的科舉制度，說"其患之深切著名，足以為學校之的而阻礙之者，實莫甚於科舉"。[595] 這是極其激進和冒險的建議，新學制既未能使人完全放心，也未充分證明與中國傳統思想和諧一致，極可能被束之高閣。張之洞深知日本教育系統的改良性，他在1902年10月31日的奏摺中稱："（課本）有必須另行編纂者，有不得不譯外國書者。日本教習全仿西法，惟宗教則改為修身倫理，自編課書。"[596]

張之洞不了解也不必了解的是，德川幕府沿用至1868年的正教儒教，從19世紀70年代開始便被日本視為"落後"而遭到排斥，並隨即開始大膽試行西方的自由價值觀和體制。到了19世紀80年代，為了抵抗政治上分裂的信仰和行為，在國家的支持下，保守勢力發起重新引入儒家價值觀（雖然他們小心翼翼地避免使用已遭污名化的"儒家"標籤）。1890 年強調中央集權及浸潤了儒學的《教育敕語》，把這一切推到高潮。[597] 這解決了日本在教育方面的"體用"難題，也為中國解決同一難題提供了參考模式。[598] 在張之洞、袁世凱及其他主要官員的一再催促下，1905 年 9 月 2 日突然頒佈了皇帝上諭，結束了中國歷時達 1,200 年的科舉制度，於 1906 年執行。較之僅在一年前提出的十年內分階段逐步廢除的時間表，是大大地提前了。[599]

對在學堂讀書的學生來說，這道政令是天賜洪恩，解決了從其他方面無從解決的難題。中國學生的實際想法是，既到學堂就讀，也追求通過科舉進入官場。於是，每當開闈考試的三四個月內，雄心壯志的學堂學生便缺課回本省，參加當年的院試（按關本幸太郎的說法，保定的直隸師範學堂在 1903 年缺席的學生竟佔一半）。關本形容這些備受折磨的學生是"首鼠兩端"，[600] 互相矛盾的出路都得參加。中國學生最穩當的選擇便是考入京師、上海和廣州的同文館。[601] 廢除科舉的政令，完全打消了通過科舉謀求出路的希望，難題也就解決了。

這令人震驚的舉動卻幾乎沒有引起任何波瀾。一直在上海注視整個過程的根津一說，"廢止科舉是近來非常極端的措施，但未發生激烈的反對……反對者也沒有出頭，讀書人都滿心歡喜"。[602]

這大膽的一步，為中國在 1906 年間的第一個現代教育系統標準化掃清了道路，從全國的學部到省和府縣級的教育機構，全都以日本為樣本。[603] 為了最後潤色，從 1906 年 8－11 月，最新任命的

23 位省級教育長官提學使有一半以上到日本廣泛地考察日本學校及學校行政。[604]

　　在談及 1906 年末發生的一切後，有必要談及中國教育系統的"日本化"：從學校章程到章程下的教育綱要，從中央和省的行政架構到學校課程和教科書的內容。[605] 有意義的是，這個受日本影響的晚清系統沿用到 1922 年，除 1912 年廢除儒學教義外，並沒有重大的改變。到了 1922 年，就改為採用美式教育結構及系統了。[606]

第八章
中國軍事現代化與日本

　　日本人提議在日本軍校訓練中國人，建議由日本軍官及教習在中國軍校任教，對在 1897－1898 年以後開展合作的"黃金十年"是十分重要的。日本履行了它的承諾，通過武官和文官的幫助，為新的關係打下了實質性的基礎。例如 1899 年 3 月 8 日，在福島安正大佐抵達武昌前，張之洞便收到了日本贈送的差不多 100 本軍事書籍。張的官員對此特別歡迎，似乎是因為張的德國軍事顧問及教習擅長於實地演習，而不願準備中文的關於軍事理論和戰略的書籍。[607]

　　同樣預示中日良好新關係的，是日本接受四名浙江軍校學生作為第一個省級學生團體去留學，這是 1898 年 6 月的事。以如此節制的態度為開端，湧向日本的中國軍校學生日漸增加，匯成令人難忘的洪流。其中重要的軍事人物有蔡鍔（1882－1916）、孫傳芳（1885－1935）、閻錫山（1883－1960）、李烈鈞（1882－1946）和他們眾多的高級助手。日本軍校還培養了蔣介石，他在日本受訓差不多長達四年，到 1911 年才完成。蔣自己認為，他在日本的經歷影響了他的思想和一生。[608]

　　略為瀏覽按出生年代排列的上述名單，自然會想到 19 世紀 80 年代出生的一代中國軍事"偉人"們，多是在日本受訓的。 1915－

1916 年間以雲南為基地的倒袁運動，也是由在日本士官學校的畢業生們領導的。[609] 還必須注意到，雖然雲南受惠於日本軍事教育，卻從內心深處懷疑日本的意圖和動機，和日本保持距離。[610] 這雖然是僅有的例子，但這也有助於消除，認為在日本接受軍事訓練的人，便會與在中國的日本帝國主義互相勾結，這一簡化的想法。[611]

中國人在日本的軍事訓練

自 19 世紀中葉太平天國"叛亂"以來，中國便沒有全國性的軍事訓練政策或方案，僅個別省份及地區首腦如李鴻章和張之洞，在獲皇帝批准後，首先在其管轄地區建立軍事學校。有鑒於這一做法，在加上中國於甲午戰爭中軍事上徹底敗給日本，張之洞於 1896 年 2 月 2 日上奏朝廷，呼籲在全國建立軍事學校，並特別指出應參照當時最優秀的德國模式來建立。[612] 這倒反而為中日軍事合作清除道路，因為自 19 世紀 70 年代初期以來，日本便一直依照德國即普魯士模式。

自 1898 年浙江首次派軍校學生赴日後，接着張之洞從湖北、湖南派出 24 人，北洋大臣及南洋大臣各派 20 人，浙江又多派 8 人。其後，中國各省差不多都派出了軍校學生。[613] 在 1903 年 12 月中國重新集中軍務之前，各省的主動性是受到鼓勵的。具有意義的是 1901 年 8 月 29 日諭令停罷武科，責令各省總督、巡撫在其管轄地區重組軍隊，設立武備學堂。[614] 1898－1903 年間，在日本軍事當局授權下，成城學校[615] 為中國學生開設軍事預科教育，以便他們能考取士官學校 —— 日本一流的中級陸軍軍官學校。[616] 到 1903 年成城學校不再招新生時，已有 175 名中國人完成了最基礎的為期 16

個月的軍事課程。僅在 1902－1903 年度，成城學校不同班級的中國學生總計近 200 人，其中官費生 115 人，自費生 77 人。[617]

日本陸軍參謀本部於 1903 年成立振武學校即武備學校，[618] 專門為中國軍校留學生提供預備訓練，由日中軍事合作政策制訂者之一福島安正任校長。從 1903 年 7 月開辦到 1914 年因缺少生源而結束，估計有 1,000 名中國人在振武學校受到嚴格訓練，他們成績優秀，受到日本人和中國的人的稱讚。最顯赫的成績是在 1900－1911 年間，690 名成城和振武的畢業生考入士官學校，其中 647 人完成了全部訓練課程。[619] 各級畢業生及專科畢業生人數見表三。拉爾夫·鮑威爾於 1955 年的估計是不大準確的，他說"到 1911年，可能已有 800 名陸軍軍官曾在日本受訓。由於他們不少是部隊司令、參謀長或教官，他們的影響是很廣的"。[620]

表三：士官學校的中國畢業生

班次	入校年月	畢業年月	學制	每班人數	步兵	騎兵	野炮	機械	後勤
1	1900.6	1901.11	1 年半	40	22	4	9	5	
2	1901.6	1902.11	1 年半	25	16	2	4	3	
3	1903.6	1904.11	1 年半	95	51	12	12	16	4
4	1906.6	1908.11	2 年	83	37	14	20	9	3
5	1907.1	1908.11	2 年	58	23	8	11	12	4
6	1907.6	1908.11	1 年半	199	111	23	40	17	8
7	1908.4	1910.5	2 年	55	28	10	12	5	
8	1909.6	1911.5	2 年	55	28	10	12	5	
9	1910.6	1911.11	1 年半	37	29	6	1	1	
合計				647	345	89	121	73	19

資料來源：田久川著《日本陸軍士官學校與該校中國留學生》第 214 頁。

　　振武學校第三中國班的學生蔣方震（1882－1938），成績出眾，於 1904 年 11 月考全班第一名，使日本同學也為之驚歎。他和同班的蔡鍔和張孝准，被稱為"中國三傑"。[621] 才華橫溢的蔣沒有成為軍閥，而且在 1911 年後避開政治，"在日本軍事理論家影響下"，[622] 成為著名的軍事思想家和軍史學家。蔣在軍校的成績使人驚訝，也使日本方面感到為難，可能是由於日皇總在畢業典禮上為拔尖的學生頒贈神聖之劍之故。《中華民國人物大詞典》也有談及這一點，並在提及典禮時指出，"日本軍校領導由於中國人贏得最高榮譽而感到尷尬，只得把中國學生和日本學生分隔開來"。[623]

　　由於張之洞及其他官員的催促，也由於中國政府力圖對學生進行更嚴格的管理，清政府於 1904 年 5 月 19 日下令，必須嚴格地經由總督及巡撫個別推薦，並經於 1903 年 12 月成立的練兵處進一步審查考試，才能獲准到日學習軍事；未經政府批准的自費生，絕對禁止入讀軍校。[624]

　　禁止未經批准的學生學習軍事，純粹是中國方面自發的想法，也反應出對日方全無惡意。實際上，僅在幾月前，中國公使楊樞在 1904 年 1 月 20 日的奏摺中還讚揚了日本的軍事教育以"忠君愛國，順服長官為主旨，並無侈言反對政府之弊"。[625] 在學生的政治行動和政府的反對都在逐步升級的時候，這樣的話語，自是為了取悅高層。

在中國的日本軍事教官、顧問及日本軍事模式

　　日本專家受中國官員聘請，在軍事學堂及軍醫學堂、軍械廠等附屬機構扮演了短暫的但卻非常重要的角色。1903 年 2 月 4 日，

浙江巡撫的奏摺代表了這種見解。他極力贊同僱用日本教官，"現時日本軍事之先進，已足以與歐洲並列。且兩國同文，便於教學；薪酬支出，利於節省"。[626]

由於對這問題缺乏研究，因而任何討論都只是嘗試。學者們該感謝日本外務省的紀錄，它記下了與中國簽署了僱傭合約的專家們的姓名、官階、教育程度、薪酬和職務。

在張之洞轄下的湖北武昌，早在 1899 年便有一名日本陸軍參謀本部的官員大原武慶，到湖北武備學堂，任職五年。[627] 到 1900 年 1 月，又有五名軍官到該校任教官。[628] 1902－1903 年間，其他日本軍官陸續到達，使所有基礎科目，步兵、騎兵、炮兵、士兵、後勤以至軍醫藥物，日本專家按編制全部滿員。[629] 由於他們就任，張之洞得以把自 1896 年來奉行的德國模式，轉換為日本常備軍的模式，[630] 這也有助於 1904－1905 年全國軍隊正規化改革。1905－1906 年間，約有 20 名日本專家一下子湧到湖北，大多簽署兩至三年的合同。[631] 西方報道注意到，在 1904－1905 年日本戰勝俄國後，"日本對滿清帝國的影響已明顯地在擴張，尤其是軍事方面"，[632] 這並不奇怪。據說到 1906 年，僅剩兩名德國教官留在武漢了。[633]

從中國的記錄看，日本教官的表現是其他外籍教官無法相比的。陸軍中佐鑄方德藏（1864－1933）就是很適當的例子。他在武昌任炮兵專家和軍事顧問，合約期為 1902 年 2 月 1 日至 1904 年 2 月 7 日，薪酬頗為可觀，每月 400 兩。[634] 1904 年 3 月 20 日，暫攝湖廣總督端方向朝廷建議授予鑄方二等第三寶星，這一般是給高級官員的。端方列舉了鑄方優越的工作，證明為他破例完全得當："日本陸軍炮兵中佐鑄方德藏光緒二十八年經本任督臣張之洞延聘來鄂，充當軍幕僚。遇有鄂省練兵應行諮問、籌劃、考察之事，悉責其切實陳告，又因其學問優裕，聘為高等學堂教習。[635] 兩年以來遇有要事諮詢，均能盡心擘畫；教授各學堂兵法，亦能勤加指示。"[636] 日本教官、顧問這樣多方取勝，有助於解釋拉爾夫・鮑威爾提到的 1901－1903 年中國"軍事轉型"期間，日本處於"支配地位"的概念。[637]

這一階段的軍事改革也是經由上奏獲得支持，情況類似劉坤一、張之洞在 1901 年 7 月啟動現代教育改革的三道奏摺。7 月 20日的奏摺中提出一項措施，成立日本式的參謀本部，"其（參謀本部）章程請敕出使大臣李盛鐸（1859－1937），向日本索取譯寄，採擇用之"。[638]

1901 年 11 月至 1907 年任直隸總督期間，袁世凱把北洋常備軍或簡稱北洋軍建成現代式的軍隊。史提芬・麥克金朗（Stephen Mackinnon）寫道，"它的組織是經過周密思考的，是以日本現代軍隊為模板的"[639]。天津出版的英語的《京津時報》於 1902 年 3 月 1日報道稱，袁於近期已派送 55 名學生到成城學校接受軍事訓練，[640]並稱袁已僱請 14 名日本教習到保定任教。日本的消息來源證實，保定在 1902 年任命了一大批各式各樣的教習，大多是非軍事方面的。[641] 有關軍事教習方面，上海的英語《華北先驅報》於 1902 年 1月 15 日報道稱，袁本已為北洋軍僱請若干日本軍顧問，但在俄國抗議此舉違反與李鴻章的協議之壓力下，被迫放棄該項計劃。[642]

且不說俄國的壓力，在 1901 年 12 月至 1902 年 8 月之間，一名在義和團騷亂時表現傑出的日本少佐（後升將軍）立花小一郎（1861－1929）和兩名上尉，以高薪受聘於袁在保定的軍政司，表面上是充當翻譯。在 1903 年 6 月寺西秀武少佐（1870 年生）受任為保定陸軍軍官學堂總教習之後，於 1905－1907 年間，至少有 12 名日本教習分別受僱於該校，另外還有 12 名受僱於陸軍馬醫堂及保定、天津的其他軍事設施。[643]

1902 年 11 月天津開辦北洋軍醫學堂，平賀精次郎（1866－1916）受聘為總教習，同時兼任直隸省衛生顧問。其後十年內，平賀以其工作成績獲日、中兩國皇帝嘉獎。[644] 根據記錄，在平賀任職期間，還有 10 名日本人在平賀領導下在該校工作。1904 年初，天津成立督練處或督練所，作為北洋軍的中央管理機構，取代保定的軍政處，一名少佐和兩名高薪的大尉，以及一些軍階較低的軍官受聘為該處的“兵書翻譯”等。[645]

拉爾夫·鮑威爾是一位絕無僅有的、根據當時中外文字資料，發現了日本在清末對中國的影響及其原因的人士，他在 1955 年評論稱：

> 使用日本顧問還有特別有利之處。和大多數外國人相比，日本僱員更為願意學習華語，僱用他們減少了語言障礙。日本官員願意接受比西方官員較低的待遇，僱用他們可以減少開支，他們也較能適應中國的現實。日本軍隊是仿效德國的，把德國教官改為日本教官，在訓練方法和技術方面都不需要太大的改變；而且日本人已頗為成功地説服了中國，説日本已經容納了歐洲軍隊所有的優點，日本的軍隊系統是最適合亞洲人的。最後，改用日本顧問，表明了這樣一種想法日益增長：東方人能與西方列強匹敵。由於 1904 至 1905 年日本打敗俄國，這一想法更是無邊無際地膨脹。總的結果是形成日本增強對中國內部事務影響的趨勢。[646]

H. S. 布魯恩納特（Brunnert）和 V. V. 赫格爾斯特朗（Hagelstrom）對新政末期的一系列舉措進行了大量的研究，詳細論述了中國"原來的內部組織和這些組織的改革"，包括軍事在內的"新建機構"。對多得使人頭暈眼花的軍事術語，他們發表評論稱，"近來由於頒授軍銜，中國的印刷品（尤其是報紙）上，日本的相關術語越來越通行了"。一連串陸、海軍軍階的日本術語，其中部分成了日後中國軍階的標準用語了。[647]

中國軍事史學家的觀點

1988 年 10 月，軍事史學家鮑世修發表了簡短而觸目的文章，題為《日本對晚清軍隊改革的影響》，他列舉了六點理由，說明日本在新政年間對中國軍事改革具有"卓越性"的影響。[648] 第一，日本的軍事編制操法，是中國新型軍隊的藍本。鮑說的是 1905 年 1 月初頒佈的軍事改革。拉爾夫·鮑威爾曾對此寫道，"1904 年夏天，練兵處草擬了一份冗長而詳細的軍隊重組及現代人的計劃，9 月 12 日朝廷批准了練兵處的報告。它包括了中國現代軍事史的兩項最重要內容：一是提出建制表、軍餉等級和建立陸軍的總政策，陸軍將成為中國主要的軍事力量；二是提出建立軍事學堂等級制的計劃"。[649] 關於軍校，鮑威爾認為"和軍官訓練系統一樣，都是按日本模式的"。[650] 我們需要知道哪些人在練兵處工作，特別是誰草擬這些奏章，還需要進一步把中國新的軍事組織和日本的系統地比較，但鮑世修只是提到 1905 年的中國體系"是仿效日本軍事組織藍圖的"。他還說，"從這時開始，軍隊操練也從德國制轉為日本制了"。[651]

　　第二，大量僱用了日本顧問和教習在各軍事學堂、學院任職。到 1902 年，張之洞和袁世凱的一些軍事學校，已經有意識地、直接模仿日本士官學校等軍事學院，或更高水平的戶山學校。在這方面，袁世凱曾表示，對於中國現代化的問題，日本的解決辦法比西方辦法"更為符合"中國的實際情況。[652] 第三，大量派出學生到日本受訓，派遣高級軍官組團進行調查。鮑提到日本在 1911 年前協助訓練中國海軍軍官，這是甚少人提及的。[653] 第四，經翻譯日文版本，把西方軍事經典著作介紹到中國。鮑的主要例子是 1911 年出版了卡爾・馮・克勞塞維茨（Karl von Clausewitz）（1780－1831）的《戰爭論》譯本。[654] 雖然出版時間上遲了太多，但卻配合了當時的情況。

　　第五，在受僱於中國的日本人指導下，軍事理論發展為獨立的科目。鮑具體提到四名日本人的姓名，簡述了他們的著作及教職，充分讚揚了他們把中國軍事理論提到新的高度。[655] 最後，中國直接借用了日本的軍事術語，鮑認定像師、旅這些標準術語，都是在軍事改組期間從日本拿過來的。他進一步把這些術語和原先中國使用的術語相對照，並指出，"這些術語大多數沿用至今"。[656]

　　在晚清時期，中國在軍事現代化方面受到日本廣泛和深遠的影響，這就提出了一個問題：如同我們避不開中國教育"日本化"的情況，現在是否也有必要討論一下中國軍事"日本化"的問題呢？

第九章
中國新的警察及監獄系統

警察和監獄系統在機能上是截然不同的,而在新政改革中卻又常常聯繫在一起,為方便起見,本章一併研究。

中國新的警察系統

中國人是從外國租界的"巡捕"開始知道現代警察系統的。[657]在 1897—1898 年,湖南省首先採取措施,把腐敗的保甲連坐制改稱為"巡捕"的警察系統,成為著名的改革運動的一部分。指導湖南的計劃,是由曾駐日、美,經驗豐富的外交官黃遵憲起草的,他的計劃是把國外和上海的辦法要點結合起來,並加以改革。[658]歷史學家王家儉坦然表示,"最先把現代西方警察系統介紹到中國的是黃遵憲"。[659]丹尼爾•貝斯也說,"這是(張之洞)企圖把湖南1898 年改革失敗中挽救出來的一項制度,也是他在 1900 年後在武昌實行的制度"。[660]與此同時,上海道台蔡鈞在 1898 年把東京一個警察管區的警長永谷隆忠帶到上海,幫助把城市保甲制度改為現代警察系統,由於蔡在百日維新中去職,他的努力也因而失敗。[661]康有為同樣於 1898 年在其總改革建議中,提出建立"巡捕"。[662]在1900 年前,在朝廷的思想中,對警察問題似乎並不想採取甚麼措施，既不提倡，也不推廣經驗。只是義和團的慘敗，特別是聯軍佔領北京後，外國警察輔助部隊迅速而有效地恢復秩序，使高層人士思想有所轉變。像慶親王和肅親王（善耆，1866－1922）等宗室高官，對在外國佔領北京期間警察保護皇室財產的印象甚深，這樣，他們便為了自己而採取步驟，以實行現代警察制度。[663] 就全中國而言，其他地方是到 1901 年 1 月新政改革上諭頒佈後，才奏請實行現代警察制度的。

張謇是最先促請邁出這一步的一員。這位迅速上升的改革明星，擁有多少人夢寐以求的進士學銜，1895 年受中國戰敗的刺激，決心走在政府前面，在長江沿岸、上海西北面南通以及他的家鄉興辦私人企業報國。[664] 在 2 月 4－20 日，他以驚人的努力寫出《變法平議》呈送劉坤一，劉又轉奏皇帝。[665] 文章洋洋灑灑，廣徵博引，傳誦一時。其中把警務列為體制改革的重大問題，建議中國各府、各縣、各區、各市都應建立警察局 —— 他使用了日本的術語，"警察" —— 和警察學堂，並推薦各類日本警察章程作為教科書。[666]

警察的職能

劉坤一和張之洞在張謇協助下，在他們三道奏摺的第二摺中，也鼓吹現代警察制度。在剖析中國民防體制最突出的缺點後，指出"日本名為警察，其頭目名為警察長，而統之以警察部。其章程用意，大要以安民防患為主，與保甲局及營兵堆卡略同。然警察係出於學堂，故章程甚嚴，而用意甚厚。凡一切查戶口、清道路、防火患、別良莠、詰盜賊，皆此警察局為之"。[667] 值得一提的是，中國現代警務完全承擔了一切五花八門的職能。[668] 大衛·史特蘭特對

20 世紀最初數十年城市警務的情況,作了真實的描述:

> (北京)新的警力不但受權逮捕,而且可以對不大嚴重的民事
> 及刑事案件作出裁決,可以處以罰款或短期監禁……此外還得調解
> 糾紛,管理交通,撲滅罪行,規範經濟、文化及政治活動……警察
> 監管飲食衛生標準,保證按時清潔公廁,發給醫生開業許可證,監
> 管停放寺廟等待運回故鄉的棺柩,防止隨意傾倒有毒或有污染的廢
> 物,檢查公共娛樂場所及政治言論,監管受命管理控制最貧窮市民
> 的各種各樣機構,包括賑粥廠、私塾、學校及教導所。悉尼·甘
> 保爾是最早研究民國期間北京社會的西方學生,他在研究後認為,
> 警察"承擔了(政府)城市工作的大部分責任,差不多觸及人們生
> 活的各個方面"。[669]

對於袁世凱的直隸省,史蒂芬·麥克金朗認為,"就像在城市
一樣,農村警察的責任也極端廣泛,除調查人口、收集情報、保衛
生命財產、拘押及起訴小偷小摸罪犯、維護公眾道德外,還得兼任
消防員"。[670]

這大多仿效日本模式。王家儉在論述 1901—1916 年間新的中
國警察系統、長達 65 頁的文章中得出結論,"值得注意的另一點
是,在清末民初期間,中國警務受到日本巨大的影響。派遣中國學
生到日接受警務訓練,僱請日本教官並採用日本的警察規條和法
律,全國各地都是這樣做的"。[671]

在日本受訓的警察

派遣學生到日本接受警務訓練,是王家儉經常提及卻從未系統
地研究的題目。他說張之洞於 1902 年 7 月派了 20 名學生到宏文學

院學習為期一年的特別警務課程，1905 年又派出 97 人，這一批於一年後轉到警察學校，[672] 於 1907 年 9 月返回中國。袁世凱在 1902 年 12 月派出的 27 名學生也是到宏文書院學習警務課程，[673] 江蘇、福建、安徽和廣西也同樣派學生到日本接受警務訓練。[674]（必須指出，到了 1904 年，由於中國到日本接受警務訓練的需求大，宏文學院開設了兩所分校，專門接待中國學生。兩所分校的教學和管理都是專業化的，是委託東京警視廳主辦的。[675]）王提到為本省新的警力而招募學生到日本受訓的有江蘇、湖北、湖南和四川。[676]

在中國訓練的警察：川島浪速和北京警務學堂，1901—1912

1901 年，慶親王在義和團"騷亂"後負責北京治安工作，他和川島浪速簽訂合約，繼續擔任警務行政及警察訓練工作。川島能說華語，早就和慶親王相熟，並得慶親王信任，[677] 而且在 1900 年 8 月便已擔任此項工作，問題是川島原來在軍事警務衙門工作，把警務衙門改變並易名為警務廳，即北京警察總部，川島便可繼續完成他的訓練中國警官的任務。

川島當年雖然只有 36 歲，但能力絕不亞於任何"支那通"，1882 年當他 17 歲時，已在東京外國語學校支那語科修讀，由於該校於 1885 年徹底改組，按期應在 1886 年畢業的川島不得不提前退學，[678] 在福島安正資助下，到了中國。福島出身於信濃（今長野縣）松本藩的武士家庭，本身也是該藩的武士。他給同鄉川島的任務，是報告中國的沿海防務，他以天生偵探的本能完成了這一工作。[679] 1889 年川島因病返日，在 1894—1895 年戰爭中，又被動員到中國擔任軍隊翻譯。戰爭結束後，他和其他有着中國背景的人一樣，被派到日本的新殖民地台灣。他從 1896 年開始監督強制禁止鴉片，工作中獲得重要的實際警務經驗。1897 年辭職返回東京，馬上受聘為士官學校和東京高等師範學校的華語教習。[680] 估計他在這段時間把東條英教（1855－1913）編纂的文集譯成中文，這就是 1898 年在杭州出版的《日本陸軍大學校論略》。[681]

在義和團“騷動”時，日本派遣軍司令官福島安正一再要求川島擔任軍隊譯員。川島當時 35 歲，正值壯年，[682] 1900 年 6 月 26 日到達中國，8 月在北京日本佔領地區訓練中國人，協助日本官員處理警務。福島對川島的表現印象甚佳，又面對裁減軍事人員，於是推薦川島擔任軍事警務衙門的多項職務，川島處理一切任務無不極為熟練。最重要的是，他從 1900 年 10 月到 1901 年 1 月，安排了一個警務速成訓練課程，40 名有文化的中國人參加，接着又訓練了 50 人。[683] 到了 4 月，川島說服福島和日本師的指揮官，資助成立警務教育所，在中國軍隊配合下挑選 340 多名學員受訓，希望警務能從聯軍轉回中國人手上。[684]

這時正值慶親王負責對外事務，談到解決義和團問題及治安問題，並着手安排把權力從日本及其他七國轉回到中國人手上，他以警務廳的名義把軍事警務衙門保存下來，讓川島擔任有實無銜的廳長，並按日本模式組織，每個部門都讓日本人當第一把手。在這個帝國的心臟，警務職權突然控制在日本人手上，這使德、法、俄代表們暴跳如雷，迫使慶親王於 8 月解除上任僅兩個月的川島的職務。慶親王為給川島補償，和他簽了為期五年的合約，任命他當北京警務學堂校長，從 8 月生效。該學堂是川島曾協助籌劃及組織的。[685]

　　北京位於直隸省的腹地，屬順天府而不是直隸省管轄。[686] 警務改革，總是某地開展後便很快輻射到其他地方。袁世凱於 1901 年 11 月受任直隸總督，直隸警務改革的功勞也應主要歸於袁世凱。上任後最迫切的工作，就是從外國佔領軍手中收回天津，這在 1902 年 8 月 15 日完成了。[687] 在此之前，袁的總督府在保定，這也是直隸總督傳統的駐地，這就是為甚麼袁任直隸總督時，許多改革總是保定先走一步的緣故。

袁世凱管治下的直隸省警務改革

　　袁世凱最為人銘記的是他對軍隊進行的改革，他控制的北洋軍在 1912 年首先將他送上最高權力的寶座，當上新的民國總統；又在 1916 年後軍閥混戰中，使他軍事上的追隨者獲得了權力。在警務方面，袁同樣是出色的，的確，現代警察力量，對於他收回天津是必不可少的。

　　為了收回天津，袁需要有足夠的權力在全省維護法律和秩序，保障外國人的生命財產。從保定到天津，袁在警務方面的得力助手都是趙秉鈞（1859—1914）。趙在北京和北京附近鎮壓義和團分子中，便受到河南同鄉袁世凱的重視。他在保定任巡警局總辦，建立了警察力量，使他贏得正直能幹的美譽。而 1902 年中建立的保定巡警學堂也有助於這一成功。

　　保定巡警學堂很像是北京警務學堂的附屬機構，川島浪速在開始時也確曾進行過協助。例如他曾批准警務學堂一位高級教官鐮田彌助轉到新的警校；袁通過川島，才能以高薪聘請到東京警視廳的“警視”（警察監督）三浦喜伝出任警務顧問和保定巡警學堂的總教習。[688] 隨後三浦、袁世凱和趙秉鈞一道去了天津，任職著名的天津巡警學堂的策劃者和總教習，該校於 1904 年擴展為北洋高等巡警學堂。[689] 天津警校還有 9 名日本人在三浦領導下工作，他們大多和三浦一樣，簽訂了無期限工作合約。[690] 史蒂芬・麥克金朗以這些材料為基礎，經細心研究直隸省的警務改革後，認為袁在擔任總督後期已經建成了現代警察力量，並形成"真正立足地方的運動，並迅速擴展到全省"。[691]

王家儉認識到直隸在警務改革方面的重要性，説 1902 年 10 月的《直隸警務章程》已由朝廷頒令轉發，作為全國範本。[692] 他進一步指出，北京極其重視警務改革，"堅定地"推行。[693]"朝廷的積極態度和計劃推動（警務改革），對警務發展有極大的幫助。"[694] 王還同意其他一些人的看法，例如梅里貝夫・卡梅倫（Meribeth Cameron）説的，"西方的、或者更恰當地説日本模式下建立的警察力量，最終方便了袁世凱在直隸樹立榜樣，而各省也受命組織這樣一批人"。[695] 史蒂芬・麥克金朗斷定，直隸在袁領導下，成為"警務改革的先行省份"，以及"全國典範"。[696]

有名有實

儘管王提出了自己的論證，他最後的論斷卻是"只不過像其他由上而下的晚清新政改革一樣，一切都只是有名無實"。[697] 王的説法有其可取之處。確實，即使按照袁世凱的命令，在 1905 年 10 月 10 日成立了全國性的巡警部，企圖使全國警政標準化，[698] 但各省行動依然缺乏一致性，王也找到了論據支持他的觀點。不過他卻未能按照自己的思路，證明名義上的改革何以產生持久的影響，如在川島浪速指導下的直隸省警務改革[699]和北京警務學堂。[700]

"有名無實"是中國慣用的成語,用以否定政府毫無意義的紙面聲明,這些東西在文獻紀錄中是隨處可見的,學者對此自當保持警覺。但這樣的批評要能經受歷史的檢驗,就要證明這聲明並未實行或生效,在軟弱無力地倡議後,行動上卻原地不動。

"有名無實"卻不適用於一系列的新政改革,其中包括警務改革。在深度檢視下,可能發現個別改革搖擺不定,躊躇不前,但無論如何,在 1911 年革命後,所有改革都得到確認,並被公認為是在當時具有合法性的實踐。這些改革也從未倒退回過去建制的做法,而是在新政的基礎上朝多個方向發展。對中國來說,它們是"有名有實",或者說是兼有形式和實質的改革。

"組織性移植"對比研究的必要性

關於警務問題,需要進一步系統研究,並特別注意日本警察系統如何移植,及如何適應中國的情況。這過程不同於簡單的技術或文化轉移,而是涉及 D. 埃莉諾・韋斯特尼(D. Eleanor Westney)稱之為"組織性移植",[701] 或在她以後研究中稱為"組織模仿"[702]。韋斯特尼把這些詞語用於現代警察制度,特別是把這些描述巴黎城市警察制度的詞語移植到研究東京警視廳。她的著作直接與本研究有關,並為進一步研究提供了富有層次的分析模型。

韋斯特尼最早的研究是她 1982 年的文章,《日本明治年代對西方組織的模仿:巴黎城市警察與警視廳的案例》,她在文章中逐步地檢視了日本為其現代警察系統所作的抉擇,它如何模仿這一模式,又為何離開了這個模式。最後,她在《四十年以後:1914 年的對比》一文中，對警視廳的評價是"組織發展的案例"。她認真反覆研究了原有的資料後，於 1987 年寫成了《模仿與創新：西方組織模式對明治日本的移植》。這本書為其他研究有計劃的進行根本性機構變遷的研究提供了方向。與此相對應，中國的情況或可稱之為"模仿與創新：日本組織模式向晚清中國的移植"。不幸的是，這樣的研究是行不通的。在中國，雖然借鑒於日本的組織與機構的元素得以存續，但在動盪的政治和社會環境中，它們難以走向成熟，同時相關資料也相當分散且幾乎遺失殆盡。而韋斯特尼研究的日本機構（警察、郵政及現代新聞業），則在相對穩定和有秩序的環境中，得以日漸發展成熟，相關文獻資料也得以保存。

有趣的是，在新政年間，中國人對借鑒的態度和明治時期的日本卻沒有不同，同樣是深入研究，深思熟慮，卻又急於求成。為韋斯特尼有關日本"尋找另一條道路"、"選擇參照模式"的論述，提供了對照。[703] 然而，在韋斯特尼《建造新系統》和《超越模式：19世紀 80 年代中期的改革》等著作的豐富材料中，卻未能提供關於中國的相關情況。[704] 在動盪不安的社會環境中，帝制崩潰後的中國，不可能像明治時代的日本那樣，醞釀出穩定成熟的制度變遷。而這一不幸的事實使得無法對中日兩國的案例做細緻的對比研究。

北京警務學堂與對比性研究

儘管如此，北京警務學堂所保留的第一手原始資料，或許會提供一些意外的發現。該校成立於 1901 年年中，是解放前中國傑出的警察學校。如上所述，1912 年前由川島浪速擔任校長。在此期間，該校曾有兩個名稱，從 1901 年 7 月到 1906 年 8 月，它被稱為"警務學堂"。在那段時期，用王家儉的話説，學校"由外國人管理"，"中國喪失了主權"。[705] 或者按川島的解釋，"是我一個人監督警務學堂……警察教習和軍事教習，大多數是我隨意聘用的"。[706]

弘谷多吉夫強調了事件的重要組成部分。川島浪速於 1901 年接受了罕有的五年合約 (這是我所知道的唯一一份五年合約)，擔任"監督"這最高職務 (這又是我知道的中國主要機構中，唯一由外國人擔任的"監督")。當他第一份合約即將期滿時，中國已進入"對日本日益警戒"和"收回權利運動"的時期，[707] 加上其他原因，中國仿效日本的做法，把學校交由新成立的內務部直接管理，並更改校名，這就開始了川島年代的第二階段。與此相關的變動是，中國方面決定把日本教習和中國教習的比例倒轉過來，把日本教習人數從十人減為三至四人，而中國教習則由三至四人增為十人。[708]

川島在 1904－1905 年日俄戰爭期間，已經利用學校作為反俄政治宣傳的基地，並作為對蒙古有興趣的日本冒險家的聚集地。[709] 即使清朝當局知道這些頗有問題的活動，他們也置之不顧而為川島重訂另一份五年合約。他們還把川島的薪酬提高 50%，由每月 400 銀元增為 600 銀元，外加上每月 60 銀元的額外住房津貼。他的正式職銜和職責則保持不變。[710]

從 1906 年 8 月至 1912 年 10 月，學校改稱為"京師高等巡警學堂"，[711] 1912 年又改名為"警察學校"，採用了日本術語的"警察"和"學校"，使校名與日本的警察學校完全相同。[712] 在川島浪速任職的 11 年內，到 1912 年 10 月止，共有 1,600 多名警官在該校畢業，王家儉稱之為"卓越的貢獻"。[713]

這警校於 1914 年 12 月曾一度短暫關閉，1915 年 7 月至 1916

年 12 月再復辦，期內又有 344 名警官畢業。1917 年 9 月又再開辦，直至 1928 年北伐戰爭。在此期間，該校並入內政部，稱為內政部警官高級學校。王家儉寫到，"該校大量的畢業生成為日後全國高級警務人員的骨幹"，這證實了該校重要性在延續，也為比較研究提供了可能性。[714]

中國新的監獄制度

"狹隘污穢，凌虐多端"，[715] 這些話描述了中國監獄在十九、二十世紀之交的情況，也說明大量的判案不為高級官員所知。但在劉坤一和張之洞 1901 年 7 月 19 日的第二道奏摺中，仍以《恤刑獄》的副題列出詳細資料，[716] 促請朝廷注意監獄改革的迫切需要。在瑪里諾斯・梅傑（Marinus Meijer）對現代中國刑法的論著中，已把奏摺的全部論點譯成英文。[717]

劉和張不是最先鼓吹監獄改革的，把監獄改革和警務改革聯繫到一起的也不只是他們。在 1897—1898 年，作為警務工作的一個方面，黃遵憲成立了稱為"遷善所"的教養院。這機構具有開導功能，不只拘禁犯人，使犯人恢復正常生活，而且為遊民和流浪者提供手工藝技能的訓練。[718] 在劉、張奏摺中同時提到"遷善所"和"改過所"（教養院的別稱），讚揚其工作內容。[719] "遷善所"的思路是一種建設性的改變，把"工藝房"和監獄聯繫到一起，使犯人能在獄中學到一門手藝，善用人之所長。[720] 趙爾巽暫署山西巡撫期間，在 1902 年 12 月 12 日奏請監獄改革，有着實際效用和重要影響。梅傑在論刑法時，認為趙的奏摺十分重要，全部譯成英文，並在結尾部分加上副題：《為各省罪犯建立習藝所》。[721] 趙的奏摺有兩點值得注意，並已成為中國著名的監獄制度的特徵：第一是趙可能是第一個使用"習藝所"一詞（全稱是"罪犯習藝所"）表述教養所的官員；[722] 其次是趙提出普遍以監獄勞役取代流放。1903 年 4 月 29 日獲朝廷批准後，刑部便把部分流放這一刑罰廢除了。[723]

直隸一例

無論是監獄改革還是新的警察制度，直隸都是發展的最全面的，這一點已獲得學術界的共識。直隸把警務和監獄改革兩者結合得如此緊密，以至史蒂芬·麥克金朗一氣呵成地指出，"在 1902 至 1904 年的最初階段，袁和趙秉鈞實際以天津、保定為中心，訓練了大批警察，建立了警察學堂、模範監獄和習藝所"。[724] 還應提及的是，趙擢升很快，1905 年全國巡警部成立時，當時任天津南段巡警局總辦的趙秉鈞，受任為該部右侍郎，兼任天津巡警局總辦。[725]

作為天津警察的最高領導，趙秉鈞參與了直隸省早期監獄的籌劃和建設，但他卻不是主要執行者，這功勞要歸於天津府知府凌福彭。1903 年 4 月 29 日，袁世凱奏報建立"罪犯習藝所"，這正是趙爾巽於 1902 年奏摺中對教養院所用的詞。同時，袁派凌福彭到日本考察東京、大阪等五個城市的監獄設施。凌按考察結果，於 1904 年 7 月開設天津習藝所。剛好在一年之後，保定習藝所於 1905 年 7 月開設。[726] 前東京警視、曾一度任保定巡警堂總教習的村田宜寬，擔任兩所或其中一所的監督。[727]

1905 年，凌等人又受命到日本調查監獄法規、設施、訓練方法和經費等。根據這次調查的結果，趙秉鈞、凌福彭和同事們提出了四項改革意見："（一）應分已決、未決、拘置等監；（二）培養獄官人才；(三) 改良監獄設備；(四) 宜廣設習藝所、工廠、教誨室、自新監等，注重感化教育。"[728]

國家級的改革和小河滋次郎博士

1905 年 4 月 20 日，修訂法律大臣伍廷芳 (1842－1922) 奏請在各省成立罪犯習藝所，由於經費及人才缺乏，兩年後只有直隸、河南、山東及雲南得以建立。[729] 更具意義的是，10 月 15 日，修訂法律館伍廷芳等大臣呈奏了精練而具深遠啟示性的奏摺，奏稱："是以自上年四月開館以來，自德、法、日、俄各國刑律，均經陸續譯齊。並以英、美兩國向無刑法專書，大半散見他籍，亦經依次搜討，編譯成書。惟立邦之法制，雖知其大凡；而刑政之執行，尤資於試驗。考查日本改律之始，屢遣人分赴法、英、德諸邦，採取西歐法界精理，輸入東瀛。然後薈萃眾長，編成全典。舉凡訴訟之法，裁判之方，與夫之監獄規則刑制，莫不燦然大備……我國與日本相距甚近，同洲同文，取資尤易為力，亟應遴派專員前往調查，藉得與彼都人士接洽研求。至訴訟裁判之法，必親赴其法衙獄舍，細心參考，方能窮其底蘊；將來新律告成，辦理乃有把握。然非得有學有識、通達中外之員，不能勝任。茲查有刑部候補郎中董康 (1867－1947)、刑部候補主事王守恂、麥秩嚴通敏實質，平日嫻習中律，兼及外國政治之書，均能確有心得。擬請派令該員等前赴日本，調查法制刑政……藉助他山，事半功倍。"[730]

董、王、麥三人因而組成官方代表團，赴日調查刑法及司法各方面情況，包括日本修訂後頒佈的本國新刑法。在歸國途中，代表團高級成員董康寫了兩本著作，一本寫參觀日本法庭，一本寫參觀日本監獄。後者由沈家本作序稱："小河滋次郎為日本監獄家之巨擘,本其生平所學,為我國忠告。"[731]

法學博士小河滋次郎是東京帝國大學教授,法政大學中國學生的講師,日本研究監獄學的先驅,的確是監獄學的權威,是日本明治期間受歡迎的顯赫人物之一。他在東京專門學校畢業後到德國留學,1886 年返日後在內務省工作,其後轉到司法省,1891 年任監獄課課長。根據人物辭典,他在 1895—1898 年間周遊歐洲及美國,"調查監獄情況",[732] 1906 年獲東京帝國大學授予法律博士學銜。1905—1907 年間,他的權威性著作《監獄學》的兩種不同中文譯本先後出版,[733] 中國大眾也開始對他有所認識。董康的代表團訪日時,也正值小河滋次郎的全盛期。從他的著作,從他對法政大學中國學生的授課,和他對董康代表團的幫助中,清政府對他有所了解,並作出了最明智的選擇,聘請他擔任監獄事務的顧問。小河就是以這樣的資歷,於 1908 年 5 月至 1910 年間,[734] 在晚清監獄改革上成為無可爭辯的最重要的人物。

邀請小河博士到北京的是沈家本,小河的月薪高達 800 銀元,[735] 給他的任務是多方面的:協助沈家本努力改善中國監獄[736];把監獄學列入法律學堂(1905 年底成立)的課程;[737] 協助具體策劃沈家本雄心勃勃的"模範監獄"的體制,這是沈在 1907 年 6 月 11 日已經奏明,並明確以東京巢鴨監獄作為樣本的。[738] 模範監獄不是要取代"習藝所",而是用以囚禁經中國新法庭判決的較危險的罪犯。[739]

按小河自己的想法,他主要工作是為中國監獄系統草擬新的法律。他起草的《大清監獄律》完稿後上送審查,於 1910 年正式頒佈。小河當時寫道,這部法律頒佈前"作了多少變更","但在原則及組

織方面，大體上是按照我的文本的"。[740] 小河又是依據 1907 年 3 月
28 日日本修訂的監獄法而草擬的。[741] 在 1911 年後，中國在 1913
年、1928 年和 1946 年都頒佈了新的監獄法。據法律學者島田正郎
研究，這些後來的監獄法和小河草擬的沒有多大的偏離。[742]

　　小河的另一項主要工作是為中國設計模範監獄的藍圖。1907
年，法部新設典獄司，專掌獄政，由留學日本警監學校的田葉任郎
中（司長）。1908 年 5 月，法部建議興建模範監獄，1909 年 3 月
31 日，法部奏報北京模範監獄的選址和詳細的建造計劃；1913 年
的一份報道透露，北京模範監獄於 1910 年 5 月已開始興建，負責
監督的不是別人，正是麥秩嚴。[743] 按當時的中國記載表明，小河
受到應有的信任，"（北京模範監獄的）圖式為日本小河（滋次郎）
博士所規劃"。[744] 小河博士保存的在北京時的記事錄證實了這一説
法，還透露了他工作上受到的限制和潛在的問題："北京正興建一
所新的監獄，稱之為'模範監獄'，這是由我設計的。按照計劃，工
程約在兩年內完成。從外表上看是像我所設計的，但內部是否按照
設計，那就誰也説不清了。我的工作，限於設計外形，內容構造的
建議則完全受到反對。清國人既沒有了解監獄的建築師或工程師，
這就意味着整件事情由外行人監督管理，後果是難於想像的"。[745]

　　小河滋次郎於 1910 年離開中國，北京監獄還未建成，其他地方
的模範監獄在小河回國前已經在興建中：河南是 1908 年 8 月，東
北是 1909 年 1 月，江寧是 1909 年 7 月，山東是 1909 年 7 月，雲貴
是 1909 年 9 月，廣西是 1909 年 12 月，江西是 1910 年 5 月，閩浙
是 1911 年 5 月，熱河是 1911 年 5 月，安徽在 1911 年 5 月。[746]

　　島田正郎於 20 世紀 40 年代在北平讀書時，收集到一批 1919

年出版的圖冊，英文標題是"中國的十三所新監獄"，顯示了北京第一、第二、第三監獄和直隸、奉天、吉林、山東、山西、江蘇、安徽、江西、浙江及湖北監獄的外貌和內部情況。島田對於發現晚清監獄改革的資料的前景感到興奮，然而他的願望卻落了空，並沒有找到一點有關清朝監獄改革項目的參考文獻。[747] 清除所有關於晚清的正面歷史的工作進行得十分徹底，在這一過程中，也把當時日本發揮的關鍵性作用一併抹去了。

　　不管監獄的房子蓋得如何，林明德對監獄的監管人員作了重要的研究。他的結論是，事實上中國所有監政人員，"都是由直接或間接受過日式教育者擔當"。在談到刑罰問題時，林認為，中國從長期以來強調嚴厲懲罰，轉為讓犯人日後有一技謀生的方案，是受日本影響的結果。[748]

第十章

中國的法律、司法和憲政改革：
日本的藍圖和顧問

　　就像警察和監獄改革一樣，法律和司法改革也趨於同步前進。當把違反新法的人交付審判時，中國官員和法律改革者們必須順應法院機制；外國列強也不可能漠視（正是在列強的壓力下，中國才進行法律和司法改革的）。這樣，法律和司法改革密切結合便不足為奇了。

　　最早大概可以追溯到 1902 年，清廷便開始思考法律改革的可能性了。但直到在 1905 年 9 月至 1906 年 9 月這一年間，朝廷才有了建立立憲政府的打算，法律和司法改革才有新的實質性進展。由於憲政、法律和司法改革之間的關聯，所以本章就三方面一併討論。

中國的法律改革

　　市古宙三曾寫道："中國自古以來就有和現代行政法和刑法相應的法律，但卻幾乎沒有與現代民法或商法一致的法律，且沒有現代西方意義上的司法與行政權的獨立。" [749] 很明顯，要使中國的法律和實踐和外部世界一致，並非易事。1906 年 9 月 1 日慈禧太后頒佈重要的《預備立憲之詔》後，法律改革才能持續進行。而在此之前的五年間，已經孕育着改革中國法律的希望，希望中國能進行像日本法律那樣的改革，並能最終全面修改與西方簽訂的喪權辱國的不平等條約。早在 1901 年 7 月 20 日，劉坤一和張之洞聯名的、具有里程碑意義的第三道奏摺中，就提請朝廷注意，中國需要現代的"礦律、路律、商律、交涉刑律"。[750] 袁世凱於 1902 年初也奏請關注這個問題，在回顧日本 1899 年成功地修訂條約並全面恢復法權後，建議向日本尋求幫助，"近來日本法律學，分門別類，考究亦精，最為西人所歎服"。在同一奏摺中，袁還提出在民法和刑法方面，分別聘請一名日本法律博士幫助中國編製現代的法律。"（日本）係同文之邦，其法律博士多有能讀我之會典律例者，且風土人情與我相近，取資較易。"[751]

1902 年 5 月 13 日的簡短上諭詔令，"現在通商交涉，事益繁多。着派沈家本、伍廷芳將一切現行法例，按照交涉情況，參酌各國法律，悉心考訂，妥為擬議。務期中外通行，有裨治理。俟修定呈覽，候旨頒行"。[752] 1907 年前，法律改革機構沒有具體名稱，[753] 在袁世凱、劉坤一和張之洞共同敦促下，朝廷於 1907 年成立修訂法律館，由沈家本和伍廷芳任修訂法律大臣。有史學家稱沈、伍為"整個改革運動棟樑"，[754] 他們是受到袁世凱尊重、賞識，富有經驗及學識的法律學家。

伍廷芳生於新加坡，19 世紀 50 年代在香港受教育，1874—1876 年在倫敦學習現代法律，成為第一位華人大律師。[755] 他後來的事業成就使他成為令人欽佩的中國法律改革的指導者。不過"由於任職務甚多，各方面都需要他關注，花的時間不少，因此沈（家本）差不多是單獨負責全部法律改革工作的"。[756]

　　沈家本的父親是刑部裏備受尊重的中國法律權威，沈早年受其父影響，專注法律研究，1883 年考取進士，1901 年任刑部左侍郎。[757]他雖然思想開放，但畢竟缺乏西方法律的專門訓練，再加上伍廷芳日常事務繁忙，他在改革工作中不得不依靠日本法律顧問。

　　經過談判，1902 年 9 月 5 日修訂了《英中通商行船條約》，條約中的一些條款，為法律改革帶來了實實在在的希望，例如第十二款中提到，"中國深欲整頓本國律例，以期與各國律例改同一律。英國允願盡力協助，以成此一舉。俟查悉中國律例情形及其審檢辦法及一切相關事宜皆臻妥善，英國即允放棄其治外法權"。[758] 在 1903 年 10 月，與美國及日本以相同方式修訂通商行船條約時，中國改革者們提出了"通過法律改革收回法權"。[759] 花了兩年時間後，伍廷芳等人終於在 1905 年 10 月 15 日聯名上奏，這才有第九章提到的 1906 年董康的赴日法律考察團。

　　因而 1905—1906 年間代表着一個分水嶺，一方面是自 1901 年以來積累了一系列反覆無常的計劃；而另一方面，是新的，徹底的對法律和司法進行改革的決心。1906—1911 年間的改革，至少在兩個方面顯得與眾不同。首先是它的全面性，包括起草了全新的刑法，中國第一部民法和第一部全面的商法；其次是日本起了主要的必不可少的作用，每一套法律的編纂都是以日本專家為首並經過他們的積極指導。這些專家都是學識高深、經驗豐富（也都是以高薪聘請）的，最初的合約期為三年。傅秉常（1894—1965）當時年輕的法律學者，1928 年底開始在南京政府立法院民法編纂委員會任職，在 1930 年介紹《1929 年中國新民法》的英文版時，罕見而公開讚揚了日本。這說明了在新政年間的法律改革方面，日本對於中國巨大的幫助：

> 修訂法律館所需的一切，主要是從日本借來的，這樣做的原因
> 也很明顯……成千上萬追求現代知識的中國人進了日本大學，主要
> 是法政學校。兩國語言極其相似，也便於他們學習。當時日本已經
> 以德國法律為主要樣本，寫成了自己的民法和商法，創造了日本的法
> 律術語、詞彙，翻譯了大量歐洲一流的法律學教材，出版了大量日文
> 的法律文獻，中國人可以在日本找到適合遠東思想，又代表當時西方
> 科學的法律科學最先進的東西，而在語言上又是密切相連的。[760]

刑法改革與岡田朝太郎博士

在刑法改革方面，早在 1906 年 9 月岡田朝太郎抵達北京時，
日本人便開始指導改革。岡田是法學博士，東京帝國大學教授，法
政大學中國學生的刑法講師。1897－1900 年在德、法研究法律，
是刑法方面的一流權威。他在東京帝國大學講授刑法時，是 1905
年"帝大七博士"之一。這七個人因公開批評政府在樸茨茅斯和平
條約談判中"對俄軟弱"，被全部免職。[761]

和小河滋次郎一樣，岡田於 1905－1906 年間，通過他的譯著
《刑法各論》和《刑法總論》，[762] 備受中國公眾了解。在其後 1906－
1915 年的十年內，岡田博士在中國任修訂法律館顧問，京師法律
學堂的總教習，京師大學堂及京師法政學堂的刑法教授，及其他與
法律有關的職務。[763] 岡田博士於 1906 年 9 月到修訂法律館任職，
月薪是前所未有的 850 銀元，合約為期三年。[764] 到任後，馬上迅
速而堅決地做了些改變。首先，他在沒有充分理由的情況下，徹底
地否定了該館已經完成七八成的刑法初稿；在沈家本和伍廷芳同意

下，重新草擬新的刑法。[765] 1907 年 12 月 30 日沈家本只得奏報這一版的《大清刑律草案》並指出岡田的貢獻。[766] 岡田的草案，主要參照現代日本刑法起草，雖然這並非唯一的參考資料，卻還是引起了激烈的爭論，認為對若干罪行過分寬厚，特別是正統儒家極其痛恨的罪行：弒親罪、觸怒祖先及陵墓罪、陰謀叛亂罪等。[767] 還有人不滿在草案中使用了大量的日本術語。[768]

到 1911 年 1 月頒佈時，岡田初稿中的敏感部分已進行過五次修訂。但這部法律卻是經得起時間考驗的。1912 年後，中國政府幾經更替，新舊條文此增彼改，但按林明德的看法，岡田博士的《大清刑律》或簡稱《新刑律》的"主體"，仍保留在中華民國年代的刑法中。[769]

民法與松岡義正

中國的第一部民法，是法學士松岡義正於 1906 年到中國後協助寫成的。原任東京控訴院判事的松岡，接受了月薪 800 銀元，為期三年的合約[770]，為中國籌備現代民法。在他的指導下，篇幅龐大的《大清民律草案》於 1910 年完成。草案分五編，包括總則、義務、產權、家庭及繼承，共 1,316 條。由於這部法律草案主要依據西方法律理論和日本及德國的民法，某些部分忽視了中國社會傳統和習俗，錯誤地理解了中國過去的法律，中國人挑剔其中的一些疏忽和遺漏也是理所當然的。但誠如傅秉常於 1930 年寫道的："直至目前的法律（1929 年）公佈前，中華民國並未對這部法律（1910 年的民法）進行修改或廢除，它始終是民法的基礎。在新的民法公佈前，這部民法仍在全國執行"。[771]

164

商法改革與志田鉀太郎

商法方面，修訂法律館以破紀錄的 950 銀元月薪聘用了志田鉀太郎，合約期為三年。[772] 志田於 1908 年 10 月開始在德、法攻讀法學博士，曾任日本學修院、東京高等商業學校和東京帝國大學的商科及法律教授，法政大學中國學生的優秀導師，1938－1943 年任明治大學校長。[773] 他到中國受命籌備擬定全面的、完全現代的商法，以取代 1902 年草率寫成的《大清商律》。

志田也和小河滋次郎以及岡田朝太郎一樣，被中國聘用前，因在 1905－1907 年間出版了他的三本譯著：《商法》、《商法商行篇》及《商法總則》，而獲得盛譽。[774] 雖然"惟印行於世者，僅有商總則與商行為兩編而已"，但他的大作《商律草案》，已被公認為是後來一切編纂者不可缺少的參考資料。林明德稱，"這些例則在體裁上均仿日本商法而來"。[775]

中國的司法改革

在法院改革方面，藉着上一年全面的行政改革的動力所帶來的契機，1906 年同樣成為了標誌性的年份。[776] 到了 1907 年底，《法院編制法》至少在紙面上建立了等級齊全的日式法院系統，從初級庭、地方庭、高等審判庭到大理院。

岡田朝太郎和松岡義正共同直接參與了這一法律及其他有關新法院系統法律的起草工作。有意義的是，在 1909 年的法律的規定下，各省第一次把司法和行政劃分開來。[777] 民國以後，中國法院法，用林明德的話說，"仍直接取法日本"。[778] 由於財力和人力的實際問題，迫使民國新政府於 1914 年 4 月 5 日頒佈《縣知事兼理司法事務暫行條例》。[779]

中國的憲政改革：來源與解釋

在本書研究的所有題目中，像我這樣構思的英文專著，只有憲政改革。在羅伯特・梅恩伯格（Norbert Meienberger）的《立憲政府在中國的出現（1905－1908）：慈禧太后認可的概念》一書中，開頭便列舉了對立憲運動各種慣常的解釋。他指出，這些解釋都受"反對清政府"的觀點支配，[780] 接着他提出了相反的意向，應"着眼於清政府"研究立憲運動，而一旦這樣進行研究，"事實便表現出不同的見解，從這樣有利的角度看，不符事實的非難便站不住腳，拖延遲誤的譴責也就毫無根據"。[781]

換句話說，梅恩伯格為憲政所做的工作，正是陸光為 1898 年百日維新所做的：讓學術研究從當時和日後批評家們的掌握中解脫出來，直接參考原始材料和當時的看法。梅恩伯格立足於公開文件紀錄，並使用一些很好的英文一手資料作為補充材料，例如《北華捷報》，[782] 問題是他的資料只是模糊地提到日本在憲政問題上與清政府的合作。梅里伯夫・卡梅倫的卓越研究受到梅恩伯格的稱讚，因為他得到和自己"相同的結論"，但兩者都完全忽略了中日兩國的聯繫，忽視了日本的作用。[783] 按照林明德有力的論證，最主要的疏漏是忽略了明治憲法是清《憲法大綱》的"藍本"。[784]

向立憲政府邁進

1904 年，中國廣泛地討論實施憲政的可能性。精力充沛的張賽,由於能直接與朝廷和總督們接觸,他可以把基本材料收集後彙總送交高級官員們,因而獲得稱讚。1903 年底,他趁參觀大阪博覽會之便,調查了日本現代工業、教育和政府。此行加強了他對立憲政府效能的認識,進一步了解日本明治期間取得進步原因,為此,他寫了《東遊日記》。[785]

張賽回國後,受張之洞和兩江總督魏光燾(1837—1916)說服,經徵詢羅振玉等朋友意見後,於 1904 年花了 5 月份的大部分時間草擬了支持立憲的奏章。6 月底,張賽與袁世凱在分隔 20 年後再次會晤,促請袁支持立憲政制。[786] 此外,從 1902 年起任中國駐法公使,民國後任重要官員的孫寶琦(1867—1931),於 1904 年 7 月前正式奏請立憲。這引起了具有影響力的《東方雜誌》和《大公報》的公開爭論。[787]

有助於中國人取得成功是可靠的資料。1904 年夏天,張賽和張之洞能幹的幕僚趙鳳昌(1856—1938)一起,印製了明治憲法的譯本送給慈禧,據說慈禧甚表贊同。與此同時,張還印了他自己寫的《新法義解》和《日本議會史》,10 月,他把這些書送給滿族高級官員鐵良(1863—1910),並親自和他討論。鐵良於 1905 年任兵部左侍郎,他後來是立憲政制的主要支持者。[788]

在此期間發生日俄戰爭(1904 年 2 月至 1905 年 6 月),1903 年 10 月至 1907 年 10 月,楊樞任中國駐日公使。他在何如璋(1877—1880)、徐承祖(1884—1887)任公使期間,任駐日使團英語翻譯、參贊,對日本明治維新有相當認識。以下所引 1905 年 1 月 9 日楊樞的奏摺,相信讀過的人都會了解到其中的真知灼見的:

　　"日本於明治維新之初歲……又宣發誓命，先定為立憲之國，然後開議會決公論一切。變法之事，皆依立憲政體而行……中國與日本地屬同洲，政體、民情最為相近，若議變法之大綱，似宜仿效日本。蓋法、美等國，皆以共和民主為政體，中國斷不能仿效。而日本立國之極，實遵夫中國先聖之道，因見列強逼處，非變法無以自存。"[789]

　　日本成功地戰勝沙俄力量，對大多數中國人來說標誌着"立憲政治戰勝獨裁統治"，大大促進了立憲運動。[790]中國實現憲政的呼聲洶湧澎湃，中國各方面的領袖越來越多地把立憲政府，包括全國的和各省的議會，視為能夠促進全國團結、國家強大的基本政府形式。[791]1905年6月4日，在日本戰勝獨裁俄國的前夕，袁世凱、張之洞和新任兩江總督周馥聯名上奏，要求立憲。在僅僅六週後，朝廷於1905年7月16日上諭稱，派遣四名高官"分赴東西洋各國，考求一切政治"。正如閔斗基指出，這個使團"暗示着政府正在考慮不久便將同意立憲"。[792]到1905年年中，出現了積極支持立憲政制傑出人物組成的聯盟，他們有主要的省級官員、高層官僚、外交官員及進步的滿族人。[793]

　　在這重要的年份，朝廷在一些領域得以推進。1905年9月2日發佈了重要決定，廢除傳統的科舉考試制度；9月18日令中國駐外公使隆重接待出洋考察政治代表團。代表團原定9月24日從北京出發，由於發生暗殺事件，兩名大臣受傷，致使出發日期延至12月11日。同時，朝廷於11月19日令成立內閣會議政務處（前身為督辦政務處），負責審查改革建議，提出憲政大綱，11月25日又成立了考察政治館。[794]

168

　　1905 年 12 月 11 日，五名考察政治大臣，其中兩名滿族人（鎮國公載澤及湖南巡撫端方），三名漢人（戶部右侍郎戴鴻慈（1853－1910）、山東布政使尚其亨（1866 年生）和順天府丞李盛鐸），從北京平安無事地啟程。他們分為兩組，帶着 80 名以上隨同人員，包括使館館員、秘書和顧問。[795] 他們考察了 6 個月，1906 年 7 月回國後，慈禧接見戴鴻慈、尚其亨一次，接見載澤兩次，端方三次。載澤單獨上奏，端方三上奏章。他們五人都一致建議中國實行憲政。[796]

　　1906 年 8 月 27、28 兩日，慈禧召開了高層會議，討論立憲事實，結果，於 9 月 1 日公佈具有里程碑意義的慈禧《預備立憲之詔》，這主要是由袁世凱、鐵良和端方寫的。同時決定成立官制編制館，委派 23 名有權威的高官任編纂、參議、總司。[797] 據閔斗基說，官制編制館的起草委員，"大多是曾在日本學習或曾接觸新思想的學生"。[798] 也就是這些委員，草擬了 1906 年 11 月 6 日的釐定官制上諭，在究竟應走多遠、多快的無窮的爭議中，[799] 從實質上重組了中央政府。[800]

　　在立憲政府問題上，一些顧問曾告誡慈禧，只有英國、德國或日本模式的政體，才能保障皇帝的特權。如此嚴峻的警告自然受到重視，在《預備立憲之詔》發佈一年多以後，慈禧於 1907 年 9 月 9 日又派了三名考察政治大臣，分赴英、德、日三國考察。梅恩伯格認為，這些考察團"沒有像 1905－1906 年代表團那樣受人矚目"，因而得出錯誤的結論，認為它們"並不那麼重要"。[801] 實際結果表明，正是這些考察團經過幾個月的深思熟慮，才為立憲思想和計劃最後定型。要知道這些考察團是故意不作大肆吹噓的。

　　朝廷根據考察團的報告，認定英國制度不切實際，不能仿效，因為它是建立在傳統基礎上，而沒有把一切集編成典；德國（普魯士）的憲法雖已集編成典，但僅在帝國議會審核通過後便施行，是強加於皇帝的；只有日本的憲法，既已清清楚楚地集編成典，又決不侵犯皇室特權，事先既不必受公眾查核評論，皇帝公佈時還儼然像是給臣民的贈禮。朝廷一再比較日、德制度，一致決定採用日本形式的憲法，全面保留皇帝特權。[802] 據林明德稱：

> 　　達壽（1870 年生，學部滿籍侍郎）於 1907 年底出使日本，歷時半載，曾與伊東已代治（1857－1934，明治憲法的建造者，信任伊藤博文，並曾在伊藤內閣任要職）協議，接受穗積八束（1860－1912）、有賀長雄（1860－1921）、太田峰二郎等的指導，分日本憲法史、比較憲法、議法院、司法、行政、財政等六門，整理成五編 15 冊奏呈，條陳憲政事宜，並主張採取立憲政體，以欽定憲法為宜。
>
> 　　達壽之所以主張憲法必須欽定，實有鑒於歐洲各國憲法大體均出於協定或民定，不是以行 "大權政治"，唯有仿行日本明治憲法，始能 "存國體而固主權"。[803]

　　為使臣民對即將到來的憲法有所準備，清政府於 1907－1908 年間出版了一系列的書籍，解釋日本憲法和行政制度，其中一些出自 1907 年 8 月 13 日成立的憲政編查館。該館是由 1905 年 11 月 25 日成立的考察政治館改組而成，主要負責以 1885 年明治做法為榜樣，草擬憲法大綱。它有職員 160 人以上，其中 50 人是曾留學國外的專家或曾參加過調查團，而這 50 人中有 40 人曾到過日本。更有意義的是，該館重要的編制局有 29 人，在有過海外經歷的 19

人中，16 人曾到過日本。[804]

就是這個憲政編查館編寫了 1908 年 8 月 27 日採納的 23 條《憲法大綱》。這一根本性文件的第一、第二條，差不多是直接從 1889 年明治憲法第一條和第三條翻譯過來的：“一、大清皇帝統治大清帝國，萬世一系，永永尊戴；二、君上神聖尊嚴，不可侵犯。”[805] 必須注意，構成這兩條的是日本的觀念，是完全不同於中國古老概念的，即皇帝是“天子”，按“天命”而“統治”。

在這 23 條的大綱中，有 14 條是關乎“君上大權”的，林明德把這 14 條列成表格，逐一和明治憲法對照，這是很有價值的。經系統地比較後，不但證實了明治憲法是《憲法大綱》的藍本，而且清室對統治權力的需索，甚至超越了它的良師 —— 當時世上最嚴格的君主立憲政體。[806]

深知政治內情的伊東已代治，對達壽向皇帝的建議，可能是認真負責的。為了忠於日本模式，由皇帝直接決定清憲法，即使自己政府的大臣們也不容干預。[807] 而且還明顯地按照日本模式，訂出所謂九年預備立憲的時間表，最後才頒佈憲法。[808] 計劃 1916 年進行全國選舉，1917 年召開國會。

慈禧太后和光緒皇帝相繼於 1908 年 11 月 14、15 日逝世。在此之前的四年內，中國再“沒有重大的外國干預”，[809] 得以朝著立憲政府的方向，沿著梅恩伯格稱之為“在傳統內改革”的道路，取得顯著的進步。[810] 梅恩伯格寫道，在 1908 年後，“清政府於 1909 年各省諮議局第一屆會議後，開始感受諮議局的影響，1910 年又受資政院批評，無力在 1911 年第二屆會議上控制這些國會先驅者了”。[811]

　　當情況變得更加動盪不安時，後慈禧時代各方的多疑，使得朝廷狹隘地把"維護（清）王朝"作為壓倒一切的大事。[812] 政府內外的中國改革者要求通過憲政取得發言權，並分享權力。滿洲朝廷漠視這些要求，固執地以明治憲法為藍本，對特權的需索甚至超過日本，狹隘地為惶恐不安的滿族人維持高官厚祿。

　　如此一來，皇朝因其君主集權立憲制，受到它的強大敵人，反清革命力量毫不留情的攻擊，也就不足為奇了。那些攻擊應該尚在可控制的範圍，然而由於憲法和一系列與其相關的欠考慮的行動而使得朝廷疏遠了它最忠誠的，保守的盟友和官員們，才是皇朝的致命傷。

　　就這樣，在 1911—1912 年間，當革命者、不再抱幻想的改革者、新軍士兵、處於驚慌中的各省官員、鄉紳和城市的精英商人聯合起來，卻又缺乏組織性的反對之下，有着 2,100 年歷史的古老帝制政府突然崩潰，此時還有誰能挽救滿清皇朝呢？

結束語

在 1898 年百日維新前夕，中國的思想和體制都刻板地遵從中國人特有的源於中國古代的原理。僅僅 12 年後，到了 1910 年，中國人的思想和政府體制便因為源自於中國以外的影響，而發生了根本性的轉變。從最根本含義來說，這些變化是革命性的。在思想方面，他們改變了中國的新舊名流（從高官到舊紳士，新工商業者與學生）使用的語言和思考的內容，以及隨之而來的，表達思想的過程、結構，甚至是主流媒體的表達方式。在體制方面，他們按照外部模式，改變了中國按長期確立的固有模式下形成的政府組織，法律以及體制，這些法律和制度塑造着國家與社會的形態。

如果把 1910 年中國的思想和體制與 1925 年的，以至於今日中國的相比較，就會發現基本的連續性，它們同屬於相同的現實規則。另一方面，如果把 1910 年和 1898 年早期相比，則會發現，在思想和體制兩大領域明顯地彼此背離，且有越離越遠的趨勢。這是新政革命所造成的結果。

對晚清革命的解釋

如果本研究中的發現揭示出了新政改革重大意義的冰山一角，那麼為甚麼那些對中國革命性變革的標準解說會忽視如此重要的事件呢？可能的原因如下：首先，新政改革是與一個政權"失敗"相聯繫的，既已失敗，何必再研究？第二，1911年後學術界論及革命領袖時，過於集中於討論革命家的作用，而忽視了其他人物，這一設定圍繞着設定的非常狹隘的範疇。對複雜的人物，甚至複雜的革命人物如章炳麟，都有所簡化和歪曲。[813] 新政的參與者們只不過是些"改良者"，他們的政治觀點和立場又並不確定，一生中多次改變，嚴謹的研究也就把他們排除在外了。

　　第三，中國學術界已傾向於認為與革命相連的現代發展才是重要的，又把革命狹隘地限定為對過去無秩序的、不妥協的否定。有秩序的改變和帶傳統色彩的思想，都被學者們排斥在學術視野之外。

　　第四，研究者未能正確評價晚清成就中的極端複雜性。今天，即使一般人也懂得國家之間技術轉移的複雜性。晚清新政改革涉及的轉移，遠比技術轉移複雜，是思想、文化、組織機構大量的、集中的轉移。但即便有其複雜性，新政革命的成功卻一個接着一個，且看似沒有費甚麼氣力便取得了成功，於是無法獲得矚目或者成為嚴肅的學術研究的議題。他們的發生及成果成了理所當然的事。最後，學術界的禁忌嚴重地阻礙了對新政改革不偏不倚的理解，妨礙了考慮日本這一主要因素，但只有這一因素才能解釋發生了甚麼事和如何發生。戰後的學術訓練讓全世界的學者只將20世紀的日本視為侵略者、帝國主義者和中國的敵人，僅此而已。然而正是那個日本，在對中國發動長期侵略之前，為了使兩國能在那個充滿敵意的世界裏共同生存下去，和平地和中國合作，並熱切地把中國帶進20世紀。這一點消失在了學術界的視野和記憶之中。

日本：遺失的線索

如果沒有日本，這段故事便缺掉了一個關鍵部分，新政取得的成就將會極為有限。日本扮演了多方面的角色，每一方面又包含着各種因素複雜的聯結，學者們只評論某一點是不適當的。首先，日本是當時中國的榜樣：在 19 世紀末，日本已根本上完成了自己的現代革命，在這個過程中摸索出了行之有效的所謂"體用"之道："體"或基本原則，是改造過的儒學；"用"或實踐，是經過改良西方因素。體用之道在中國激發了許多正面評價，也為中國接受新思想和新體制清除道路。在此之前，這些新思想和體制與西方異端相連，受到抗拒。

第二，日本為中國上了"門戶開放"一課：出於各種各樣原因，從天真的利他主義到赤裸裸的利己主義，日本替中國訓練軍官、現代教員和政府行政人員；其後湧到日本的中國人，也受到日本人，包括政府和非政府的盡心盡力的接待。有哪一個剛剛現代化的國家能為另一個國家如此竭盡所能呢？

第三，日本是中國提供受過高級訓練，富有經驗人才的來源。這些在日本現代革命中產生的、為數不少的剩餘人力資源，正好可以通過受僱中國教習或顧問來幫助中國。他們既是受中國高薪的誘惑，也是出於對明治成就的驕傲，出於日本對中國歷史上的報恩感。在國家層面上說，是出於國家自身利益的計算及啟發，和出於正在形成中民族使命感 (這是具有潛在危險性的)。

四，日本的現代詞彙。這一因素通常都被忽視，但無論改革者或革命者卻都充分依賴着它。在此之前，中國要把西方概念和詞彙譯為中國慣用語的一切努力，從林則徐（1785－1850）和魏源（1794－1856）在 19 世紀 30－40 年代粗陋的翻譯，[814] 到西方傳教士們翻譯中各種各樣而並不協調的新造詞語，以至嚴復在世紀之交的、頗為優雅但同樣無效的創造，全都失敗了。明治時期，日本漢字現代詞彙於 19 世紀 90 年代已完全標準化，機能上也連貫一致。如果沒有這些詞彙，中國任何改革努力，都可能會在詞彙戰爭和爭吵中失敗。

　　第五點與第四點有關，大批西方著作被細緻地譯為日文，加上現代日本學術著作、思想、文學及教科書，這些作品都在晚清時期競相被譯成中文。中國人對日本現代文學、現代藝術和現代思想的仿效，引發了中國 1911 年後的"新文化運動"，構建了"文學革命"的範疇，[815] 使中國在思想方面，猛然進入現代世紀。

今後研究的方向

　　學術界應該向哪裏去？在思想領域而言，上述第五點的各方面仍迫切地需求更多的探索：晚清的藝術、文學、思想、道德倫理及宗教，包括中國的佛教。學者們應該探討梅布爾‧李（Mabel Lee）和曹貴民提出的問題，例如梁啟超及其他晚清期間文化和思想的開拓者們，是否被剝奪了"他們應得的榮譽"[816] 而被五四運動的代表人物所取代？至於體制方面，還需更有系統地研究中國的工商會、[817] 農業和工業的動力、地方自治運動，[818] 這些都是受日本影響的。同樣重要的是，本書第二、第三部分的每一章都需要全面的專題研究，最理想的情況是國際研究機構都共同進行。[819] 研究在日本參與下中國轉變的最終目的，自然是更全面、更客觀地理解近代中國本身。這要求精確地理解體制和思想在不同層次的轉化：全國的、地區的、省的和地方的。它們既是獨立的實體，但彼此之間又有跨越級別的互動。橫山英認為從 1898 年開始，便給 1911 年前後“地方政治現代化”定下模式。[820] 瑪麗·蘭京（Mary Rankin）認為，新政的創舉有助於在浙江省重新確定國家與地方士紳的關係[821]。杜贊奇（Prasenjit Duara）的分析認為，“國家在華北農村強化權力機構”，是新政改革的開始。[822] 張朋圓仍在調查新舊名流對政治的參與。[823] 閔斗基透徹地洞悉晚清期間，有關地方自治政府和建立諮議局的爭議，認為這是中國傳統與外國模式之爭。[824] 島田虔次堅持研究“中國本土思想對中國革命思想的影響”。[825] 所有這些，對於將來的研究方向都有指導性。

晚清革命本身便足以使人驚歎不已。那已經發生的轉變，無論在速度、範圍和持久性方面，在當時看來，在近代世界史上都是無與倫比的。它的成功使得康有為在 1898 年看似荒謬的論斷幾乎可以成為預言：“泰西講求三百年而治，日本施行三十年而強。”康接着認為，“吾中國國土之大，人民之眾，變法三年，可以自立，此後蒸蒸日上，富強可駕萬國”。[826] 疾如閃電的新政革命，它的主要因素——本書已研究過的思想和體制及其他延伸的範疇——出乎意外地延續下來，1911 年革命也確認了它們的地位。但只有時間才知道，它們能否能像被它們取代的制度那樣延續 2,100 年。那制度是在公元前 221－前 206 年，同是在疾如閃電的秦王朝革命中建立起來的。[827]

附錄 I
新政改革上諭 *

　　諭。世有萬祀不易之常經。無一成不變之治法。窮變通久。見
於大易。損益可知。著於論語。蓋不易者三綱五常。昭然如日星之
照世。而可變者令甲令乙。不妨如琴瑟之改弦。伊古以來。代有興
革。當我朝列祖列宗因時立制。屢有異同。入關以後已殊瀋陽之時。
嘉慶、道光以來。漸變雍正、乾隆之舊。大抵法積則敝。法敝則更。
惟歸於強國利民而已。自播遷以來。皇太后宵旰焦勞。朕尤痛自刻
責。深念近數十年積弊相仍。因循粉飾。以致釀成大釁。現正議和。
一切政事。尤須切實整頓。以期漸致富強。懿訓以為取外國之長。
乃可去中國之短。[828] 懲前事之失。乃可作後事之師。自丁戊以還。
偽辯縱橫。妄分新舊。康逆之禍。殆更甚於紅巾。迄今海外逋逃。
尚以富有貴為等票誘人謀逆。更藉保皇保種之奸謀。為離間宮廷之
計。殊不知康逆之講新法。乃亂法也。非變法也。該逆等乘朕躬不
豫。潛謀不軌。朕籲懇皇太后訓政。乃得救朕於瀕危。而鋤奸於一
旦。實剪除叛逆。皇太后何嘗不許更新。損益科條。[829] 朕何嘗概行
除舊。酌中以御。擇善而從。母子一心。臣民共睹。今者恭承慈命。
壹意振興。嚴祛新舊之名。渾融中外之跡。中國之弱在於習氣太深。
文法太密。庸俗之吏多。豪傑之士少。文法者庸人藉為藏身之固。
而胥吏恃為牟利之符。公私以文牘相往來。而毫無實際。人才以資

格相限制。而日見消磨。誤國家者在一私字。禍天下者在一利字。晚近之學西法者。語言文字製造器械而已。此西藝之皮毛而非西學之本源也。椐上寬。臨下簡。言必信。行必果。服往聖之遺訓。即西人富強之始基。中國不此之務。徒學其一言一話一技一能。而佐以瞻徇情面。肥利身家之積習。捨其本源而不學。學其皮毛而又不精。天下安得富強耶。總之。法令不更。錮習不破。欲求振作。須議更張。着軍機大臣大學士六部九卿出使各國大臣各省督撫。各就現在情弊。參酌中西政治。舉凡朝章國政吏治民生學校科舉軍制財政。當因當革。當省當并。如何而國勢始興。如何而入才始盛。如何而度支始裕。如何而武備始精。各舉所知。各抒所見。通限兩個月內悉條議以聞。再行上稟慈謨。斟酌盡善。切實施行。至西幸太原。下詔求言。封章屢見。而今之言者率出兩途。一則襲報館之文章。一則拘書生之淺見。指其病未究其根。尚囿於偏私不化。睹其利未睹其害。悉歸於窒礙難行。新進講富強。往往自迷始末。迂儒談正學。又往往不達事情。爾中外臣工。當鑒斯二者。酌中發論。通變達權。務極精微。以便甄擇。特是自治法尤貴有治人。苟無其法。敝政何從而補救。苟失其人。徒法不能以自行。使不分別人有百短。人有一長。以拘牽文義為守經。以奉行故事為合例。舉宜興宜革之事。皆潛廢於無形。旅進旅退之員。遂釀成不治之病。欲去此弊。慎始尤在慎終。欲竟其功。實心更宜實力。是又宜改弦更張以祛積弊。簡任賢能。上下交儆者也。朕與皇太后久蓄於中。物窮則變。[830] 轉弱為強。全繫於斯。倘再蹈因循敷衍之故轍。空言塞責。遇事偷安。憲典具在。決不寬貸。將此通諭知之。

* 標題為作者所加。—— 譯者註

附錄 II
慈禧太后挾光緒皇帝諭

光緒二十六年十二月二十六日內閣奉上諭

本年夏間，拳匪構亂，開釁友邦，朕奉慈駕西巡，京師雲擾。迭命慶親王奕劻，大學士李鴻章，作為全權大臣，便宜行事，與各國使臣止兵議和。昨據奕劻等電呈各國和議十二款，大綱業已照允，仍電飭該全權大臣將詳細節目悉心酌核，量中華之物力，結與國之歡心。既有悔禍之機，宜頒自責之詔，朝廷一切委曲難言之苦衷，不能不為爾天下臣民明諭之。此次拳教之禍，不知者咸疑國家縱庇匪徒，激成大變，殊不知五六月間屢詔剿拳保教，而亂民悍族，迫人於無可如保，既苦禁諭之俱窮，復慮存亡之莫保。迨至七月二十一日之變，朕與皇太后誓欲同殉社稷，上謝九廟之靈，乃當哀痛昏瞀之際，經王大臣等數人，勉強扶掖而出，於槍林炮雨中倉皇西狩。是慈躬驚險，宗社貼危，成墟，衣冠填壑，莫非拳匪所致，朝廷其尚護庇耶？夫拳匪之亂，與信拳匪者之作亂，均非無因而起。各國在中國傳教，由來已久，民教爭訟，地方官時有所偏：畏事者袒教虐民，沽名者庇民傷教。官無辦法，民教之怨，愈結愈深。拳匪乘機，浸成大釁。由平日辦理不善，以致一朝驟發，不可遏抑，是則地方官之咎也。淶涿拳匪，既焚堂毀路，急派直隸紅軍彈壓，乃練軍所至，漫無紀律，戕虐良民。而拳匪專恃仇教之說，不擾鄉里，以致百姓皆畏兵而愛匪。匪勢由此大熾，匪黨亦愈聚愈多。此則將領之咎也。該匪妖言邪說，煽誘愚人，王公大臣中，或少年任性，或迂謬無知，平時嫉外洋之強，而不知自量，惑於妖妄，詫為神奇，於是各邸習拳矣，各街市習拳矣。或資拳以糧，或贈拳以械，三數人倡之於前，千萬人和之於下。朕與皇太后方力持嚴拿首要，解散脅人之議，特命剛毅前往諭禁，乃竟不能解散。而數萬亂民，膽敢紅巾露刃，充斥都城，焚掠教堂，圍攻使館。我皇太后垂簾訓政，將及四十年，朕躬仰承慈誨，夙昔睦鄰保教，何等懷柔？而況天下斷無殺人放火之義民，國家豈有倚匪敗盟之政體？當此之時，首禍諸人，叫囂隳突，匪黨紛擾，患在肘腑，朕奉慈聖，既有法不及眾之憂，浸成尾大不掉之勢。興言及此，流涕何追！此則首禍王大臣之罪也。然當使館被圍之際，屢次諭令總理衙門大臣前往禁止攻擊，並至各使館會晤慰問，乃因槍炮互施，竟至無人敢往，紛紜擾攘，莫可究詰。設使火轟水灌，豈能一律保全？所以不致竟成巨禍者，實由朝廷極力維持，是以酒果冰瓜，聯翩致送，無非朕仰體慈懷，惟我與國，應識此衷。今茲議約不侵我主權，不割我土地，念列邦之見諒，疾愚暴之無知，事後追思，慚憤交集。惟各國既定和局，自不致強人以所難。關奕劻，李鴻章，於細訂約章時，婉間力辦，持以理而感以情。各大國信義為重，當視我力之所能及，以期其議之必可行。此該全權大臣所當竭忠盡智者也。當京師擾亂之時，曾諭令各疆臣，固守封圻，不令同時開釁，東南之所以明訂約章，極力保護者，悉由遒奉諭旨，不欲失之之意。故列邦商務，得以保全，而東南疆臣亦藉以自固。惟各省平時，無不以

自強為辭，究之臨事張皇，一無可恃，又不悉朝廷事處萬難，但執
一偏之詞，責難君父；試思乘輿出走，風鶴驚心，昌平宣化間，朕
侍皇太后素衣將敝，時豆粥難求，困苦鎧寒，不如氓庶。不知為人
臣者，亦嘗念及憂辱之義否？總之，臣民有罪，罪在朕躬。朕為此
言，並非追既往之愆尤，實欲儆將來之玩泄。近二十年來，每有一
次釁端，必有一番誥誡，臥薪嘗膽，徒託空言。理財自強，幾成習
套。事過以後，徇情面如故，用私人如故，敷衍公事如故，欺朝廷
如故。大小臣工，清夜自思，即無拳匪之變，我中國能自強耶？夫
無事且難支拄，今又構此奇變，益貧益弱，不待智者而後知。爾諸
臣受國厚恩，當於屯險之中，竭其忠貞之力：綜核財賦，固宜亟償
洋款，仍當深恤民艱；保薦人才，不當專取才華，而當內觀心術。
其大要，「去私心」「破積習」兩言。大臣不存私心，則用人必公；
破除積習，則辦事着實。惟公與實，乃理財治兵之根本，亦即天心
國脈之轉機。應即遵照初十日諭旨，妥速議奏，實力舉行。此則中
外各大臣，所當國爾忘家，正己率屬者也。朕受皇太后鞠勞訓養，
垂三十年，一旦顛危至此，仰思宗廟之震驚，北望京師之殘毀，
士大夫之流離者數千家，兵民之死傷者數十萬，自責不暇，何暇責
人？所以諄諄誥諭者，則以振作之與因循，為興衰所由判，切實之
與敷衍，即強弱所由分。固邦交，保疆土，舉賢才，開言路，已屢
次剴切申論。中外各大臣其各凜遵訓誥，激發忠忱，深念殷憂啟聖
之言，勿忘盡瘁鞠躬之誼。朕與皇太后有厚望焉。將此通諭知之。
欽此。

註 釋

序 言

1 該研究的主要成果有任達著《戰前的中國地區研究：日本在上海的東亞同文書院，1900—1945 年》(Douglas R. Reynolds, "Chinese Area Studies in Prewar China: Japan's Tōa Dōbun Shoin in Shanghai, 1900—1945", *The Journal of Asian Studies*, 45. 5: 945—970〈1986〉)；及任達著《訓練年輕的中國通：東亞同文書院及其先驅者，1886—1945 年》(Douglas R. Reynolds, "Training Young China Hands: Tōa Dōbun Shoin and Its Precursors, 1886—1945", in Peter Duus, Ramon H. Myers, and Mark R. Peattie, eds., *The Japanese Informal Empire in China, 1895—1937*〈Princeton, 1989〉, pp. 210~271)。

2 馬里烏斯・詹森的經典性著作是《日本人與孫中山》(香港商務印書館，2015)(Marius Jansen, *The Japanese and Sun Yat-sen*〈Cambridge, Mass., 1954〉)，書中收集了日本人與孫中山合作的大量事例，和日本人詭詐的鮮明例子。詹森淵博的著作是《日本和中國：從戰爭到和平，1894—1972 年》；新著是《日本與中國的辛亥革命》(*Japan and China: From War to Peace, 1894—1972*〈Chicago, 1975〉; and "Japan and the Chinese Revolution of 1911", in John K. Fairbank and Kwang-ching Liu, eds., *The Cambridge History of China,* XI: *Late Ch'ing, 1800—1911, Part 2*〈Cambridge, 1980〉, pp. 339~374)。這些著作都涉及某段時期中日之間的特殊關係，但未涉及 "黃金十年"。

3 見實藤惠秀著《中國人日本留學史稿》及《中國人日本留學史・增補》。後者已由譚汝謙及林啟彥精心譯成中文，並更正了若干錯誤，添補了學術註釋。見實藤惠秀：《中國人留學日本史》(香港，1982 年)。

4 見黃福慶著《清末留日學生》(台北，1975 年)；黃福慶著《近代日本在華文化及社會事業之研究》(台北，1982 年)；林明德著《清末民初日本政治對中國的影響》，載譚汝謙編《中日文化交流，III：經濟及思想方面》(香港，1985 年)第 187~213 頁。

5 見伯魯納特及哈格爾斯特朗著《中國目前的政治組織》；梅里貝斯・卡梅

倫著《中國的改革運動，1898－1912 年》；拉爾夫・鮑威爾著《1895－1912 年中國軍事力量的興起》；馬里烏斯・J. 梅佐著《中國對現代刑法的引進》；瑪莉・克納寶格・萊特編《中國革命的第一階段，1900－1913 年》第 1~163　頁（H. S. Brunnert and V. V. Hagelsrom, *Present Day Political Organization of China*〈1912; Taipei, 1971〉; Meribeth E. Cameron, *The Reform Movement in China 1898－1912*〈Stanford, 1931〉; Ralph L. Powell, *The Rise of Chinese Military Power, 1895－1912*〈Princeton, 1955〉; Marinus Johan Meijer, *The Introduction of Modern Criminal Law in China*〈Batavia, 1950〉; and Mary Clabaugh Wright, ed., *China in Revolution: The First Phase, 1900－1913*〈New Haven, 1968〉）。

6　參閱費正清等合著《東亞：現代的變革》中，《晚清改革運動》一章（"The Late Ch'ing Reform Movement", in John K. Fairbank, Edwin O. Reischauer, and Albert M. Craig, *East Asia: The Modern Transformation*〈Boston, 1965〉, pp. 613－633）。尤須註意費正清的論述："從 1898 至 1914 年中國歷史的進程中，人們看到日本巨大的影響……日本在這短暫期間的影響，較之 19 世紀時英國的，或 1915 至 1949 年美國的影響，甚至人們可以認為較之 1949 年後蘇聯的影響都更為直接，更為深刻，更為久遠。"（第 631~632 頁）本研究正是為這博大的論斷提供論據。

7　任達著《日中關係史中被忘卻的黃金十年：1898－1907 年》（Douglas R. Reynolds, "A Golden Decade Forgotten: Japan-China Relations, 1898－1907", *The Transactions of the Asiatic Society of Japan*, fourth series, 2: 93－153〈1987〉）。

8　任達著《近代日中關係史中被忘卻的黃金十年》（Dagurasu Reinoruzu, "Kindai Nit-Chū kankei shi no naka no wasurerateta ōgon on jūnen", *Tō-A* 250: 9－11〈April 1988〉）。

9　題為《日中關係史中被忘卻的黃金十年：1898－1907 年》（"Nit-Chū kankei shi no wasurerareta ōgon no jūnen, 1898－1907"）。

10　對我幫助極大的，是阿部教授指導下精心研究的兩本著作：《日中教育文化交流與衝突：戰前日本在華的教育事業》（東京，1983 年），和《受僱的日本教習之研究：亞洲教育近代化和日本人》。阿部洋新編的《明治後期教育雜誌刊載有關中國、韓國教育文化關係文章索引》，是目錄學的里程碑。

11　1988 年 3 月 17 日，作者於台北中央研究院近代史研究所研討會上發表的論文及發言要點，見作者著《日中關係的新觀點，1870－1945 年》（"New Perspectives on Japan-China Relations, 1870－1945"），刊登於《近代中國史研究通訊》1988 年 3 月號。在香港，我的東道主是著名的中日關係史專家、香港中文大學譚汝謙教授。1988 年 3 月 31 日至 6 月 3 日，我在中華人民共和國汕頭、廈門、泉州、福州、杭州、上海、南京、天津、北京、長春和瀋陽，會晤了近代中日關係的學者，參觀了一些大學。有關此行情況，見作者著《中國之旅隨筆》("Chūgoku kikō zuisō", *Shin' gai Kakumei kenkyū* 9:93 and 20〈1988〉)。

12　由中國中日關係史研究會贊助，該會於 1984 年在北京成立。

13　自 1980 年以來，中國全國性及地區性的中日關係史研究會相繼成立，尤以東北及華北為最，足以充分說明這種變化。而對問題作平和的、批判的分析，採取探討性的方法，則是這些研究會應有的導向。見劉天春著《關於中日關係史研究的幾個問題》，作者對該文的英譯本，載 *Sino-Japanese Studies*《中日研究》1990 年 5 月號。

14　代表中華人民共和國觀點的（這些觀點對日本有很大影響），是史遠芹、曹貴民、李玲玉的《中國近代政治體制的演變》（北京，1990 年）。這本細意精心的著作認為，1901－1910 年的新政改革，是中國封建社會內的架構，是一個與外國帝國主義勾結的專制政府的掙扎求存，是出現了中國資產階級要求參與全國及地方事務的聲音。而我是把新政改革放在這樣的架構內：一個由帝國體制和思想控制了 2,100 年的中國，主要受到外來思想和體制的影響，發生了突然而持久的轉變。這明顯地提出問題：人們如何評價這不同的取向？這兩個架構是無需論戰的，但它們以提出不同的問題開始，查考不同的資料，並導致對近代中國不同的見解。

15　該組由 Ernest P. Young 主持，提交論文有譚汝謙，Roger R. Thompson 和我。Mary Backus Rankin 和 Ernest Young 一道參與討論。

16　該會議由香港中文大學中文研究所及日本研究計劃、南伊利諾斯大學國際服務計劃，及中國紀念中日戰爭殉難者聯會（The Institute of Chinese Studies and the Japan Study Program, The Chinese University of Hong Kong; International Programs and Services, Southern Illinois University at Carbondale; and the Chinese Alliance for Commemoration of Sino-Japanese War Victims）共同組織。

導　言

17　"新政"一詞，是 19 世紀 80 年代時的中國赴日考察者們，用以表述明治維新時期的各種改革措施的。例如，1887 年底，顧厚琨奉派遊歷日本，經半年考察，"遍觀學校、商務、軍制、製造工業諸新政"，於 1888 年編成《日本新政考》一書。引文見王曉秋著《近代中日文化交流史》（北京，中華書局，1992）第 197 頁。"新政"一詞又累見於其他著作的書目，如《新政叢書》（上海，1897），及何啟、胡禮垣撰《新政真銓》（上海，1901）。按韓國歷史學家閔斗基的研究成果，1895 年時，"新政"一詞表述"新的政策"；在 1898 年則表述"新的制度"，或"體制改革"。見閔斗基著《國家政治形態和地方勢力：中國末代王朝的改革》(Min Tu-ki, *National Polity and Local Power: The Trans formation of Late Imperial China*〈Cambridge, Mass., 1989〉, pp. 120 and 125）。

在本研究中，"新政"表述"新的政治體制"。發起新政改革的 1901 年 1 月 29 日的上諭中，並未出現"新政"一詞，但重心集中在社會生活中"新的政治體制"，明確地要查核"朝章、國政、吏治、民生、學校、科舉、軍制、財政"（引自《光緒朝東華錄》第四冊，總 4601 頁；又見本書附錄 I）。新政改革也確在教育、軍事、警務及監獄、法律、司法方面，成功地建立了"新的體制"。從上諭提出的目標以及上諭頒佈以後的成就看，"新的政治體制"，即"新政"一詞，概括了清末十年間的改革情況。因此，本研究把 1901 年 1 月 29 日的上諭稱為"新政改革上諭"。

18　我使用這些詞語時是這樣考慮的："傳統"指的是過去的整體，它不斷變化而複雜，卻總是中國特有的。它肯定中國過去一系列的經驗，包容了國家和社會、現在及將來一切問題的答案。"現代"指的是新的思想狀態 —— 從回顧過去以尋求指引，到採取開放的調查研究態度對待一切，包括對中國以外的事物，藉以在敵意的世界中謀求生存策略。中國傳統不是靜態的、單一的，而是動態的和多向的，正如它的現代也是動態的和多向的一樣。這些概念不但對新政年代明顯地富有深意，也適用於本傑明·施瓦茨在《"傳統與現代的對壘"，作為解釋範疇的界限：中國知識分子的案例》一書中提出的問題（Benjamin I. Schwartz, "The Limits of 'Tradition versus Modernity' as Categories of Explantion: The Case of the Chinese Intellectuals", *Daedalus* 101. 2: 71－88〈Spring, 1972〉）。"在傳統與現代之間"一語，讀者可能從柯文的重要著作《在傳統與現代之間：王韜與中國晚清的改革》中已經熟悉了（Paul A. Cohen, *Between Tradition and Modernity: Wang T'ao and Reform in Late Ch'ing China*〈Cambridge: Harvard Unitversity Press, 1974〉）。書中的這些概念，是用以探討先行者王韜（1828－1897）的事業的。

19　關於張之洞，參閱蘇雲峰著《張之洞與湖北教育改革》（台北，1976 年），及丹尼爾·貝斯著《中國進入 20 世紀：張之洞與新時代的產生，1895－1909 年》（Daniel H. Bays, *China Enters the Twentieth Century: Chang Chihtung and the Issues of a New Age, 1895－1909*〈Ann Arbor, 1978〉）。關於袁世凱，參閱侯宜傑著《袁世凱評傳》（鄭州，1986 年）；渡邊惇著《清末袁世凱與北洋新政：北洋派的形成》；特別是史提芬·麥克金朗著《中國最後王朝的權力與政治：袁世凱在京津》（Stephen R. MacKinnon, *Power and Politics in Late Imperial China: Yuan Shi-kai in Beijing and Tianjin, 1901－1908*〈Berkeley, 1980〉）。關於趙爾巽，參閱羅傑·湯普森的兩篇著作，《未來的幻想，當時的現實：地方行政改革，選舉的策略，及辛亥革命前夕的中國傳統社會》和《管理能力與自治政府：中國末代王朝和社會競的幻夢》（Roger Thompson, "Visions of the Future, Realities of the Day: Local Administrative Reform, Electoral Politics, and Traditional Chinese Society on the Eve of the 1911 Revolution"〈Ph. D. dissertation, Yale University, 1985〉; and "Statecraft and Self-Government: Competing Visions of Community and State in Late Imperial China", *Modern China* 14. 2: 188－211〈April, 1988〉）。有關沈家本，參閱島田正郎著《清末中國對近代法典的編纂：東洋法史論集》第三輯。

20　新的政府體制延續到 1911 年後的民國時期，已為一系列重要研究所確認，見中央研究院近代史研究所編：《中國現代化的區域研究，1860－1916 年》。該書的時間架構雖是 1860－1916 年，卻對延續到 1916 年的問題，沒有就任何省或地區作單獨的或系統的研究。

21　見馬丁・威爾伯著：《孫逸仙：受挫折的愛國者》（C. Martin Wilbur, *Sun Yatsen: Frustrated Patriot*〈New York: Columbia University Press, 1976〉）。

22　1988 年韓國出版了由閔斗基編寫的專著，研究了孫的六名主要夥伴，把孫神化的主要人物 —— 胡漢民、蔣介石、廖仲愷（1878－1925）、戴季陶（1891－1949 年）、陳公博（1892－1946 年）及甘乃光（1897－1956 年）。閔斗基為這著作寫的"導言"已譯為日文："Chūgoku kokumin kakumei no rikai no hōkō", *Chikaki ni arite* 16: 63－86（November, 1989）。

23　中國的政治文化是高度個人化，似乎需要一個放大了的人物或象徵，把信奉的人們團結在他的周圍，並組成特別的關係網絡，才能工作。日本的政治文化是高度制度化和非個人化，總是圍繞着已經建立起來的機構和等級制度運作，中國式的"個人崇拜"差不多是不存在的。由於這種差別的影響，博聞廣見的美國人，今天都知道孫中山、蔣介石、毛澤東、周恩來和鄧小平。但有多少同樣博聞廣見的人們，能説出或知道一個日本明治年代的領袖，或者説得出現在日本首相的姓名呢？

24　蘭保・沃雷著《中國現代化的道路：從 1800 年到現在的歷史回顧》一書（Ranbir Vohra, *China's Path to Modernization: A Historical Review from 1800 to the Present*, 2nd ed.〈Englewood Cliffs, N. J.: Prentice Hall, 1992〉），方向正確，備受歡迎。沃雷指出，"王朝的改革計劃包括五方面：軍事，教育，行政管理，國家憲法及法律。一切進程都是帶根本性的和嚴肅認真的。在軍事、教育及憲法方面所取得的實質性進步，改變了中國未來社會及政治形態的性質"（第 95 頁）。

第一篇

第一章

25　見任達著《被忘卻的 "黃金十年"》(Douglas R. Reynolds, "A Golden Decade Forgotten")。

26　據張振鶤統計："在這（1871－1945）期間，日本以武力反對中國（包括直接對華戰爭，在中國土地上與其他列強的戰爭，武裝干涉中國，及佔領中國領土）共計 11 次，先後共歷時 36 年，其中幾乎 18 個年頭是日本對中國直接進行軍事侵略的。從 1894 年至 1945 年這 52 年內，日本在華軍事行動共計 10 次，前後共歷時 35 年。換句話說，從 19 世紀末至 20 世紀中葉這半個世紀期間，30 多個年頭是日本以武力反對中國。"值得注意的是，由於張只限於中國土地上的軍事行動，遺漏了 1884 年在朝鮮的衝突和 1918－1922 年的西伯利亞干涉，因而他列舉的較我的為少。見張振鶤著《近代日中關係的特徵》，載井上清及衛藤沈吉編：《中日戰爭與日中關係：盧溝橋事件 50 周年日中學術討論會記錄》第 155~157 頁。

27　參閱神崎清著《日語在華北的文化勢力（上）》，載《支那》1936 年 8 月 1 日號。

28　參閱實藤惠秀著《新日時代物語》，載實藤著《明治時期日中文化交流》第 359~393 頁。"完全親日年代"一語，見 360 頁。

29　參閱實藤惠秀著《中國人日本留學史稿》第 141 頁。

30　潘慎文著《日本對中國的新侵略》(A. P. Parker, "A New Japanese Invasion of China", *Chinese Recorder* 32. 7: 356〈July, 1901〉)。

31　見註 30 第 357~358 頁。在我未讀根津一的兩篇文章前，潘慎文對東亞同文書院長遠圖謀的敏銳洞察力，曾使我大感不解。根津一於 1923 年任東亞同文書院院長，文章早在 1900 年以中國文言文寫成，標題是《興學要旨》和《立教綱領》，論述日本希望在教育方面與中國合作，闡明了潘慎文所指責的日本意圖。1901 年為準備東亞同文書院 5 月 26 日正式開辦，兩文在上海重新發表，這就方便了潘慎文。兩文均載入《東亞同文會史》（東京，1988 年）第 325~327 頁。日文譯本收入《東亞同文書院大學史》（東京，1982）第 715~718 頁，及第 71 頁，第 88~89 頁。

32　見任達著《戰前中國的地區研究》與《訓練年輕的中國通》(Douglas R. Reynolds, "Chinese Area Studies in Prewar China"; and Douglas R. Reynolds, "Training Young China Hands")。

33　喬治・林奇著《中國的日本化》(George Lynch, "Japanization of China", *Nineteenth Century* 54: 216－224〈August 1903〉)。

34 雷里 • 賓茹著《中國的日本化》(Rene pinon, "La Japonization de la Chine", *Revue des Deux Mondes*〈August 1905〉)。引文見王風岡著《日本對中國教育改革的影響，1895－1911 年》(北平，1933 年) 第 107 頁。

35 日文譯文摘引自 1905 年 12 月根津一給東京東亞同文會秋季會員大會報告，載入《東亞同文會史》第 403 頁。

36 李提摩太引語見註 34 王風岡著第 106 頁，摘引自《生氣蓬勃的年代》(*Living Age* 248: 637〈1906〉)，着重點為作者所加。

37 保羅 • 柯文著《1900 年以前的基督教傳教活動及其影響》(Paul A. Cohen, "Chiristian Missions and Their Impact to 1900", in John K. Fairbank, ed., *The Cambridge History of China*, Vol. 10: *Late Ch'ing, 1800—1900, Part 1*〈Cambridge, 1978〉) 第 586~587 頁及第 590 頁。

38 鄒明德著《從傳教士到改革鼓吹者：李佳白與晚清改革運動》第 23~24 頁。引用時略加刪改，並經作者同意。

39 見註 37 第 589 頁。

40 有關《太陽》的歷史，分析該刊對中國辛亥革命及五四運動的態度的文章，及 1895 年 1 月 5 日至 1928 年 2 月 1 日每期內容的綜合目錄，見鈴木正節著《博文館〈太陽〉之研究》。

41 見《近衛篤麿日記》第 62~63 頁《同人種同盟，附支那問題研究的必要》，該文又載於《東亞同文會史》第 180~181 頁。

42 見馬里烏斯 • 詹森著《近衛篤麿》，載入江晃 (音) 編：《在政治及文化交流中的中日文著》第 113~114 頁。

43 詹森著《近衛篤麿》是使人愛不釋手的著作，可與《東亞同文會史》第 48~67 頁資料豐富的有關近衛的章節並讀。儘管近衛在 1904 年 42 歲時過早去世，但在 20 世紀 40 年代初期，在日本的中國問題專家中，就 "誰是現代中日關係著名的日本先驅" 問題進行投票，調查結果是：代表官方層次的近衛篤麿和代表非官方層次的岸田吟香得票遙遙領先。這充分表明了近衛公爵的重要性。衛藤沈吉著《日本人和中國革命：岸田吟香的案例》，引證了這次調查。衛藤的這一著作載入《日本社會與文化的歷史叢書》第七卷《日本在世界上》(Miwa Kimitada ed. Tokyo: Kōdansha, 1974, p. 214)。岸田吟香有助於引入 "黃金十年" 的概念，評述岸田的英文著作，見任達著《前帝國主義：岸田吟香，謀求中國市場的先驅》。

44 見羅斯福著《覺醒中的中國》(Theodore Roosevelt, "The Awakening of China", *The Outlook*〈New York〉90.13: 666〈28 Nov. 1908〉)。

45 邁克爾 • 亨特著《美國減免庚子賠款的再評價》，及阿部洋著《美國運用庚子賠款的對華文化事業》。

46　引自上註亨特著第 550 頁。

47　見湯瑪斯・孔恩著《科學革命的結構》。

48　《光緒朝東華錄》第四冊總 4602 頁，見本書附錄 I。

49　見"序言"註 5 卡梅倫著第 57 頁。

50　論述近代日本歷史，必然參考《五條誓文》。羅納特・斯普爾定斷言，
　　英譯本"誤譯者比比皆是"。見 Robert M. Spaulding, "Charter Oath" in
　　Kodansha Encyclopedia of Japan（Tokyo: Kodansha, 1983）I. 267（中譯
　　按吳傑主編《日本史辭典》，復旦大學出版社，1992 年 —— 譯者註）。

51　Tetsuo Najita 令人信服地斷言，明治維新的標準英譯 "Meiji Restoration"，
　　"是對維新一詞極不合適的譯文。由於誤譯，已相當程度地影響西方對明治
　　維新的觀點。在表意文字中，'維'是指把社會上不同的立場聚結，並重新
　　組合為原樣；'新'是指從全新的方向開始，而 Restoration 卻沒有表達'維
　　新'一詞的革命性內涵……"他進而説到，明治維新"完全重組了（日本的）
　　政體，包括經濟、教育和意識形態體系"。見 Najita Tetsuo, "Conceptual
　　Consciousness in the Meiji Ishin", in Nagai Michio and Miguel Urrutia,
　　eds., *Meiji Ishin: Restoration and Revolution*（Tokyo, 1985），pp. 83 and
　　85, respectively. For elaboration, see pp. 83~86, 101~102。

　　在英語世界的歷史學家中確定地使用（Meiji Restoration）一詞，就把曾經歷
　　最完全革命之一的明治維新，從革命的概念中排擠出去了。但問題終究存在
　　於革命靜悄悄的性質中：即使明治維新更為血腥，即使它超越階級界線而較
　　少"貴族性"，即使它延續時間更長且更為痛苦，即使它產生更多殉難者和
　　"革命英雄" —— 即使一切確然如此，毫無疑問，結果也絕對相同，它總是
　　在所有值得慶賀的和"成功"的現代革命中的一篇特寫。（據《辭源》"維新"
　　條："詩《大雅・文王》：'周雖舊邦，其命維新'……維，為語詞，言周至文
　　王，乃成新國……後稱變舊法、行新政為維新。" —— 譯者註）。

52　見梁啟超著《中國歷史上革命之研究》，《新民叢報》46/48，1904 年 4 月，
　　載張枬、王忍之編《辛亥革命前十年間時論選集》第一卷下冊（1901－1904
　　年）第 803 頁（北京三聯書店，1978 年）。

第二章

53　見徐中約著《晚清的對外關係，1866－1905 年》，載費正清編《劍橋中國晚
　　清史》第 107~110 頁。

54　佐佐木楊著《1894－1895 年中日戰爭時的國際環境：英、俄遠東政策及中
　　日戰爭之開端》，載《蹇蹇錄》（*Memoirs of the Research Department of the
　　Toyo Bunko* 42: 1－74〈1984〉）。

55 參閱陸奧宗光著《Kenkenroku: 1894－1895 年中日戰爭的外交紀錄》
（Gordon Mark Berger, ed. and tr.〈Tokyo, 1982〉, pp. 203~255）；日本外務
省編《日本外交史辭典》（Tokyo, 19979），pp. 333~335, App., pp. 22 ~23。

56 授勳建議由中國駐東京公使裕庚於 1896 年 11 月 22 日提出（法國五枚，德
國四枚，俄國四枚），受勳外交家的姓名、職銜及受勳等級見《清光緒朝中
日交涉史料》（台北文海出版社，1963）卷 50 第 7、第 13~14 頁，下冊總
第 963~966 頁。

57 見王芸生《六十年來中國與日本》，第三卷第 94 頁。

58 見註 53 徐著第 110~112 頁。該條約英譯本見鄧嗣禹、費正清：《中國對西
方的反應：1839－1923 年文獻概覽》第 130~131 頁。

59 見南里知樹編《中國政府僱用之日本人：日本人顧問人名表與解説》第
10、17 頁。

60 張灝著《思想的變化和維新運動，1890－1898 年》，載費正清編《劍橋中國
晚清史》第 330~336 頁。又見閻小波的極其重要文章《論百日維新前的變
法及其歷史地位》，載《學術月刊》1993 年第 3 期第 55~60 頁。

61 劉易斯著《湖南名流與維新運動，1895－1898 年》。

62 有關黃遵憲，見蒲地典子超卓的研著《中國的改革：黃遵憲與日本模式》。
黃最重要、最具影響力的著作《日本國志》，尤其值得註意。該書成書於
1887 年前後，1895 年出版，當時正是中國對日本及其政治變革的思想形
成期。黃對中國改革提出許多具體建議，因而他的著作成為"中國改革的參
考書"（見蒲地典子著第 148 頁）。

63 註 60 張灝著第 300~318 頁；里查・霍華德著《日本在康有為改革方案
中的角色》；彭澤周著《康有為的改革運動與明治維新》及《日本明治改
革的影響及效果》，載彭著《中國的近代化與明治維新》（京都，1976 年）
第 1~79 頁，第 81~158 頁；又見劉易斯著《中國革命的序幕：湖南省思
想和體制的轉變，1891－1907 年》（Charlton M. Lewis. *Prologue to the
Chinese Revolution: The Transformation of Ideas and Institutions in Hunan
Province, 1891－1907*〈Cambridge. Mass., 1967〉）。

64 從 1860－1894 年戰爭期間，中國力主自強的人們對日本的認識程度，參閱
劉學照、方大倫著《清末民初中國人對日觀的演變》（近代史研究 54: 124－
133, 1988 年 11 月）。泰凱樂・雷諾著《東方與東方相遇：中國人對日本
明治初期的看法（約 1870－1984 年）》，在那些年間，即使最有見識的中國
人，對日本真正認識的程度，也決不超過雷諾在該文中所揭示的。

65 日英兩國關注點的相同，見《清光緒朝中日交涉史料》卷 51 第 6~9 頁，下
冊總第 973~975 頁，它記錄了當時來自英國和日本的訊息。

66 見瑪莉蓮・布列特・楊著《帝國的花言巧語：1895－1901 年美國對華政策》。

67　有關這次聯盟的環境，見伊恩・尼什著《1894－1907 年的英日同盟》。

68　按日期排列，見郭廷以編著《近代中國史事日志》(台北，1963；北京中華書局，1987)。又見小島昌太郎著《近代中國大事年表》第 245~246 頁，第 251 頁。

69　總理衙門於 1897 年 10 月 29 日收到王文韶有關日本邀請的報告，見《清光緒朝中日交涉史料》卷 51，第 5 頁，下冊總第 973 頁。"北洋大臣" 的英譯，相當普遍而有誤導之弊的譯文是 "Superintendent of Trade for Northern Ports"(北方口岸貿易監督)，依據費正清等編《北京總稅務司赫德書信集》，我主張譯為 "High Commissioner for Military and Foreign Affairs"(軍務及外事高級專員)，黃福慶著《清末留日學生》英譯本中，對在天津的北洋大臣和在南京的南洋大臣的職能，有簡要解釋，見第 283 頁註 62(黃原著中並無此註)。此註説明何以 "High Commissioner for Military and Foreign Affairs" 遠勝於其他英譯。

70　王文韶於 1898 年 1 月 9 日向總理衙門的建議，包括受勳者姓名、軍階及建議授勳等級，見《清光緒朝中日交涉史料》卷 51 第 10~11 頁，下冊總第 975~976 頁。

71　見小林共明著《中國早期派日留學生》。

72　歐內斯特・楊著《導致 1894－1895 年中日戰爭若干事件的日本組織和個人之研究》。

73　黑龍會編《東亞先覺志士記傳》III 第 243~244 頁。

74　同上註第 390 頁，又見小林共明著《中國早期派日留學生》第 5 頁。

75　奏摺內容見王芸生著《六十年來中國與日本》第三卷第 94~96 頁。英譯本見鄧嗣禹、費正清編《中國對西方的反應》第 127~130 頁。

76　致神尾信的日期為 1897 年 12 月 27 日。本段據本章註 63 霍華德著第 340 頁註 12。

77　見王樹楠主編《張文襄公文集》卷 79 第 19 頁(第二冊，第 348 頁)；又見《清光緒朝中日交涉史料》卷 51 第 8~9 頁，下冊總第 974~975 頁，註有 "1989 年 1 月 3 日到"。

78　小林共明著《中國早期派日留學生》第 5~6 頁，第 15 頁註 12。

79　見《張文襄公全集》卷 79 第 19 頁(第二冊第 348 頁)；又見《清光緒中日交涉史料》卷 51 第 9 頁，下冊總第 975 頁，摘引自註 78 小林共明著第 5 頁。

80　平野健一郎語，引語見本書 "序言"。

第三章

81　據張之洞 1898 年 1 月 2 日報告，見《張文襄公全集》卷 79 第 20 頁（第二冊，第 348 頁）。

82　見黑龍會編《東亞先覺志士記傳》第三卷，第 248~249 頁。

83　見理查・霍華德著《日本在康有為改革計劃中的作用》(Howard, Richard C. "Japan's Role in the Reform Program of K'ang Yu-wei")，載羅榮邦編《康有為：傳記及論叢》(K'ang Yu-Wei: A Biography and a Symposium, Jung-pang Lo, ed.) 第 280~312 頁。

84　見《張文襄公文集》卷 79 第 20 頁（第二冊第 348 頁）。

85　見丹尼爾・H. 貝斯著《中國進入 20 世紀：張之洞與新時期的爭執問題，1895－1909》(Bays, Daniel H., China Enters the Twentieth Century: Chang Chihtung and the Issues of a New Age, 1895－1909) 第 7~10 頁。

86　有關張之洞在中日戰爭之前，戰爭期間，及戰後馬上提出的建議和採取的行動，參閱關捷、徐迎前著《論中日甲午戰爭的張之洞》，載東北地區中日關係史研究會及齊齊哈爾師範學院學報編輯部合編《中日關係史論集》第二卷第 399~416 頁。

87　見《張文襄公全集》卷 41 第 8~9 頁（第一冊第 744~745 頁），又見拉爾夫・鮑威爾著《中國軍事力量的興起》(Ralph L. Powell, The Rise of Chinese Military Power, 1895－1912) 第 67 頁。

88　見上註鮑威爾著第 61~62 頁；註 85 丹尼爾・H. 貝斯著第 11~14 頁；蘇雲峰著《中國現代化的區域研究：湖北省，1860－1916》第 240~242 頁，第 248 頁；朱有瓛編《中國近代學制史料》第一輯上冊，第 541~547 頁。

89　見小林共明著《中國早期派日學生》第 4 頁；蘇雲峰著《中國現代化的區域研究：湖北省，1860－1916》第 252 頁；蘇雲峰著《張之洞與湖北教育改革》第 117~118 頁。有關德國軍官及教師在南京及武昌情況，參閱註 87 鮑威爾著第 68~69 頁。

90　見《張文襄公全集》卷 79 第 20 頁（第二冊，第 348 頁），又參閱註 83 理查・霍華德第 284~287 頁；註 89 小林共明著第 6 頁。

91　見《東瀛學校舉概》第 1~13 頁，載朱有瓛主編《中國近代學制史料》第二輯上冊（上海，華東師範大學出版社，1987）第 27~35 頁；又見王曉秋著《近代中日文化交流史》（北京，中華書局，1992）第 388 頁；實藤惠秀著《中國人日本留學史稿》第 42、173 頁；田正平、霍益萍者《遊學日本熱潮與清末教育》。

92　見註 89 小林共明著第 6~7 頁。引人興趣的是，對《勸學篇》產生影響的另一人物，是日本著名記者、喜愛中國文化的西村天囚（1865－1924），1897年 12 月及 1898 年 1 月，他在武昌多次會晤張或張的高級部屬。參閱陶德民（De-min Tao）著《西村天囚長江流域之行，1897－1898》，載《中－日研究》1991 年 10 月號。又見註 91 王曉秋著第 203、209 頁。

93　見渡邊龍策著《近代日中民眾交流外史》。

94　有關福島傳略，參閱東亞同文會編《對支回顧錄》下卷，第 262~284 頁。

95　見蘇雲峰著《中國現代化的地區研究：湖北省，1860－1916》第 240、244、246 頁。

96　引自註 94《對支回顧錄》下卷第 276~277 頁，及註 89 小林共明著第 11~12 頁。

97　見註 94《對支回顧錄》下卷第 274~275 頁，及註 89 小林共明著第 12 頁。

98　見註 94《對支回顧錄》下卷第 278 頁。

99　日語 "*bunkatsu*"（分割）一詞，亦指 "分裂"，有意義的是，查里斯・伯特斯福特勳爵於 1899 年出版了具有影響力的《中國的分裂，依據目前其商業、貨幣、航道、陸軍、鐵路、政治及未來前景的報告》(Lord Charles Beresford, *The Break-up of China, with an Account of its Present Commerce, Currency, Waterways, Armies, Railways, Politics and Future Prospects*〈New York: Harper and Brothers, 1899〉)，引證周錫瑞著《義和團騷亂的起源》一書 (Joseph W. Esherick, *The Origins of the Boxer Uprising*〈Berkeley, 1987〉, pp. 73 and 361n15，也引人注目地使用了相似的詞語，只不知誰受誰的影響。

100　"*Shina*"（支那）一詞於日本明治時普遍使用，基本上相當於受西方影響的中性的 "China"。使用這詞語的原意是要避免涉及特指的王朝（清）或稱為 "清國"（*Shinkoku*），也就是要超越政治。許多中國留學生及激進分子，為表示反清情緒，在 20 世紀初也熱衷於使用。到 1912 年推翻清王朝，建立民國，大多數中國人視之異物而停止使用，並要求日本亦代之以 "中華民國" 或簡稱 "中國"。當日本出於習慣，或出於惡意、蔑視而拒絕時，便出現水火不容之勢。這個曾一度使中國人和日本人結合的詞語，最後卻使他們分離。1946 年，中國政府要求，並得到日本政府承諾停止使用 "*Shina*"。今天，除了偶然見於餐室的 "*Shina soba*"（中國蕎麥麵）外，這詞實際已被廢棄了。有關這詞語的詳細歷史，見佐藤三郎著《對日本人使用 "支那" 指稱中國的考察》，載佐藤三郎的《近代日中交涉史的研究》(Satō Saburō, "Nihonjin ga Chūgoku o 'Shina' to yonda koto ni tsuite no kōsatsu", in Satō Saburō, *Kindai Nit-Chū kōshō shi no kenkyū*, pp. 25~26)。較近期的英文著述，有喬舒亞・A. 福高的《論日語對 "中國" 的表述》，載《中日研究》1989 年 12 月號 (Joshua A. Fogel, "On Japanese Expressions for 'China'", *Sino-*

Japanese Studies, 2. 1: 5－16〈December 1989〉）。

101　有關日本人戰後的鄙視心理，見唐納德・堅尼才華橫溢的文章《1894 至 1895 年中日戰爭及對日本文化的影響》，載唐納德・H. 雪弗利編《日本文化的傳統與現代化》（Donald Keene, "The Sino-Japanese War of 1894－95 and Its Cultural Effects in Japan", in Donald H. Shively, ed., *Tradition and Modernization in Japanese Culture*〈Princeton, 1971〉, pp. 121－175）。

102　見《東亞同文會史》第 180~181 頁載近衛篤麿的 "Dojinshu dōmei"（"同人種同盟"）。

103　摘引自細野浩二著《清末中國之 "東文學堂" 及其環境：明治末期日本對奪取中國教育權的倫理概略》，載阿部洋編《日中教育文化交流與衝突：戰前日本在華的教育事業》（Hosono Kōji, "Shinmatsu Chūgoku ni okeru 'Tōbun Gakudō' to sono shūhen: Meijimatsu Nihon no kyōikuken shūdatsu no ronri o meguru sobyō", in Abe Hiroshi, ed., "*Nit-Chū kyōiku bunka to masatsu*", p. 53），外山發表了一些令人費解、困惑、自相矛盾的言論，這是在明治中期不少日本人的普遍表現。例如在 1890 年參觀了北洋艦隊的旗艦後，外山意味深長地聲稱："中國和我們就像長兄幼弟，我們應確認中國不會成為我們的敵人。"但僅在四年後戰爭到來時，外山又極為驕傲地聲稱自己寫了最先的第一首戰歌《Battotai》《拔劍隊》）。在他後來寫的戰歌《Yuke Nihon danji》中，煽動反華情緒，稱中國人是 "惡魔"，"竊賊"，"狼群"，"我們母親的敵人，我們妻子的敵人，我們姐妹和女兒的敵人"，極力主張 "神聖土地的純潔血液，不能被敵國野獸玷污"。見註 101 第 123~124 頁，第 134~135 頁。

104　摘引自註 103 細野浩二著，第 72 頁註 18。

105　摘引自實藤惠秀《中國人日本留學史》第 44~46 頁，第 16 頁。又見中譯本《中國人留學日本史》，譚汝謙、林啟彥譯（香港中文大學出版社，1982）第 1~2、17 節。

106　見陳應年著《梁啟超與日本政治小說在中國的傳播及評價》，載《中日文化與交流》（1984 年第一期）。

107　見黃福慶著《清末留日學生》（台北中央研究院近代史研究所－1975）第 15~16 頁。又見註 91 王曉秋著第 350 頁。

108　見《清光緒朝中日交涉史料》下冊第 994 頁，引自註 {27} 第 17 頁。

109　引自河村一夫著《駐清時代的矢野龍溪氏》，載河村著《近代日中關係史中的問題》第 58~59 頁。亦引用於黃慶著《清末留日學生》第 8 頁。

110　見《東亞同文會史》第 28~29 頁。

111　見酒田正敏著《近代日本初期對外政策強硬路線的研究》第 110~111 頁。

112　對荒尾精最全面的最新研究，是保羅・C. 司各特的《日本－中國：荒尾精與合作的悖論》(Paul D. Scott, *Japan-China: Arao Sei and the Paradox of Cooperation*〈Osaka, 1988〉)。

113　見《東亞同文會史》第 30~32 頁，第 265~266 頁。有關荒尾精與這一事件的聯繫，參閱大森史子著《東亞同文會與東亞同文書院：成立的環境，性質及活動》，及加藤祐三著《東亞時論》載入小島麗逸著《戰前之中國時論志研究》第 8~10 頁；又見本書作者著《訓練年青的中國通》第 224~227 頁。

114　有關這一事件，見哈佛大學，"東亞－地區研究，近代日本歷史研究"的未發表論文《荒尾精與東亞同文會成立過程：對促進中日貿易早期的倡導》(Ken'ichirō Hirano, "Arao Sei and the Process of the Establishment of the Tōa Dōbun Kai: An Early Advocacy of the Promotion of Sino-Japanese Trade")。

115　在義和團騷亂達到高潮時，東亞同文會於 1900 年 8 月 15 日的全體會議上通過決議，再次確認最先贊成的主張、"保全支那"。見《東亞同文會史》第 298~301 頁，第 329、678 頁。

116　見註 111 第 120~127 頁；註 112 第 81~83 頁；及《東亞同文會史》第 32~33 頁，第 51~56 頁，第 266~268 頁。在新的東亞同文會，中國人不被承認為"會員"，只被稱為"會友"。

117　見本書作者著《訓練年青的中國通》第 226~227 頁，第 236~241 頁。

118　見馬里烏斯・詹森著《日本與中國 1911 年革命》第 346、349、365 頁。

119　見大鳥圭介著《對清國今昔感情之變化》，載 1899 年 5 月 5 日《太陽》，引自實藤惠秀《中國人日本留學史》第 208 頁；又見中譯本第 115 頁。

120　按實藤惠秀《中國人日本留學史》第 208 頁翻譯。中文原文見中譯本第 115 頁。

121　見註 84 第 994 頁。1880 年，王之春參加了為期一月的日本考察團回國後，發表了《談瀛錄》，書中有詩云："國比輔車盟莫潰，誼聯唇齒氣相投"。引自註 91 王曉秋著作第 179 頁。

122　陸光透過晚清朝廷的內部運作，令人欽佩地考察了皇帝所起的核心作用。見陸光著《百日維新的交識圖：1898 年的人物、政治及觀念》(Luke S. K. Kwong, *A Mosaic of the Hundred Days: Personalities, Politics, and Ideas of 1898*〈Cambridge, Mass., 1984〉)。他的研究更正了對百日維新犧牲者的歪曲評價，也更正了康有為、梁啟超等的宣傳，使我們對百日維新有了新的認識。又見閻小波重要著作《論百日維新前的變法及其歷史地位》，載《學術月刊》1993 年第 3 期，第 55~60 頁。

123　對康有為的批判性評價，既有迷思也混合着現實。見上註陸光著第 175~200 頁。最新的觀點，見王曉秋頗具價值的論文《近代中國仿效日本變法的藍

196

圖：康有為〈日本變政考〉的研究》，載入王著《現代中日啟示錄》（北京，1987 年）第 192~210 頁。

124　從當時報刊中匯集日本對改革的不同角度的評價，見志村壽子著《戊戌變法與日本：日清戰爭後的新聞報道》（東京都立大學法學會雜誌 6. 2: 253－290〈1966〉）。

125　在第五章中將再提及辻武雄，他為日本人經營的中文報紙《順天時報》長期擔任駐北京劇評人，以"辻聽花"筆名而著名。

126　辻武雄的報告刊載於 1898 年 11 月 15 日《教育時論》，摘引自註 103 野浩二著作第 55 頁及 71 頁。

127　見註 84 第 991~996 頁。

128　見彭澤周著《伊藤博文與戊戌變法》，載彭著《中國的近代化與明治維新》第279~280 頁；又見註 83 第 301 頁。

129　見鄧嗣禹、費正清編《中國對西方的反應》第 179~180 頁；王芸生《六十年來中國與日本》第三卷 229~231 頁；註 83 第 301~302 頁。

130　具體詳情及 9 月 18 日給慈禧的奏摺見註 122 陸光著第 204~209 頁。

131　見註 122 陸光著第 30~40 頁。

132　在註 122 陸光著第 5~13 頁、第 223~224 頁中，提供了批判性的見解。直到最近，以自我為中心的、言過其實的康有為，其主張仍被日語學者及大多數英語學者憑其表面價值而接受。其主要錯誤在於把整個事件說成 "1898年康有為的改革"，且這在各種語言的研究著作說仍然相當常見。因這一錯誤而造成對歷史的歪曲，甚而超過了 "孫的 1911 年革命" 這一說法。"導言"一章已有論述。

133　見註 122 陸光著第 174 頁及閻小波著作。

134　見丹尼爾・貝斯著《百日維新後的張之洞：改革贊同者的轉變期 1898－1900 年》，載柯文與約翰・施卓格編《中國 19 世紀的改革》第 317 頁。（Daniel H. Bays, "Chang Chih-tung after the '100 Days': 1898－1900 as a Transitional Period for Reform Constituencies", in Paul A. Cohen and John E. Schrecker, eds., *Reform in Nineteenth-Century China*〈Cambridge, Mass., 1976〉）。又見孫應祥、皮後鋒著《論維新運動的上、下限》，載《南京大學學報：哲學、人文科學》1993 年第 3 期第 99~104 頁。

135　蘇仿春著《慈禧太后的形象》，見上註柯文與施卓格編著第 103 頁；又見馬勇著《清政府對百日維新的檢討與反省：1898－1901》，載《人文雜誌》1993 年第 1 期第 94~100 頁。

136　見註 134 貝斯著第 317 及 318 頁。

137　見註 118 詹森著《日本和中國》第 138 頁。

138　伊藤和林權助所起的作用，見謝俊美著《戊戌政變時期日本營救中國維新派的活動》，載中國中日關係史研究會編《日本的中國移民》（北京，1987）第194~203 頁。

139　1898 年 10 月至 1899 年 1 月四個月內，受勳名單及日期見《清光緒朝中日交涉史料》卷 52 第 12~23 頁（下冊，總 996~1002 頁）。

140　都筑馨六的批註，見南里知樹編《中國政府僱用的日本人：日本顧問的名單及説明》，載入《日中問題重要關係資料集（第三卷）：近代日中關係史料（第二集）》，第 24~25 頁（東京：龍溪書舍，1976）。

141　伊藤從北京到了上海，又溯長江到了武昌，受到張之洞的熱烈歡迎（張是對康有為惡毒批評者之一，而伊藤卻是剛剛協助康逃離中國的）。兩人就保證煤鐵礦的交貨及日本參與管理問題進行了初步商討。在 1903—1930 年間，日本給武昌漢冶萍煤鐵公司貸款累計超過 5,000 萬日元。見武漢大學經濟學系編《舊中國漢冶萍公司與日本關係史料選輯》第 1~3 頁，第 1112~1121 頁。張之洞對康有為尖刻的看法，見註 85 貝斯著第 25~28 頁，第 45~46 頁，第 51 頁，第 59~61 頁。

142　引自註 103 第 52~53 頁。伊藤的私下看法，見彭澤周著《中國的近代化與明治維新》第 286~294 頁。

143　見內藤湖南著《幫助支那改革的手段》，載《東亞時論》1899 年 2 月號，引自註 103 第 55~56 頁。該文發表的當月，內藤受任為《東亞時論》主編，但僅僅兩個月後便辭職。見《東亞同文會史》第 269、273 頁。

144　《東亞同文會史》第 291 頁。

145　見上註第 309 頁。有關 1902 年情況，參閱神保小虎著《速成支那語會話》，載《太陽》（1902 年 8 月 5 日），摘引自實藤惠秀著《中國人日本留學史稿》第 144 頁。

146　1900 年義和團事件，造成了日本輿論的分裂。野原四郎收集了三位日本著名人士的材料，他們批判在義和團事件中的日本軍事行動，甚至同情義和團的仇外主義。另一方面，營野正研究報刊社評及重要人物和組織的大眾輿論後，得出結論，認為義和團危機是日本的轉捩點：從公開要求在國際政治中和西方列強平起平坐，到要求對中國處於優勢地位。見野原四郎著《日本人對義和團運動的評價》，載入菅沼正久等編《現代中國講座》（東京，大修館書店，1966），1—37—53；及菅野正著《義和團事變與日本輿論》（Hisutoria 44/55: 26—50（June 1966）。又見註 91 王曉秋著作第 449~456 頁。

198

第二篇

147 《思想革命，1971－1923》，是被廣泛地用作教科書的徐中約著《近代中國的興起》其中一章的題目。

第四章

148 "ryūgaku"（留學）一詞，首次見之於公元 797 年成書的 "Shoku Nihongi"（《續日本紀》），見諸橋轍次著《大漢和辭典》（東京，1955－1960）。第一批派到中國的日本學生詳細情況，見木宮泰彥著《日中文化交流史》，由胡錫年譯成中文，北京商務印書館 1980 年出版，第 57~61 頁。

149 見張之洞《勸學篇・外篇》。

150 見李喜所著《近代中國的留學生》（北京，1987）第 168、195 頁。有關孫中山與日本關係，見馬里烏斯・詹森的經典性著作《日本人與孫中山》。

151 見第三章註 85 貝斯著第 131、159、162、217 頁。

152 見 "序言" 註 2，馬里烏斯・詹森著《日本與中國：從戰爭到和平，1894－1972》第 149 頁。

153 見 "序言" 註 2，馬里烏斯・詹森著《日本與中國 1911 年革命》第 348 頁。

154 汪向榮著《日本教習》（北京三聯書店，1988 年）第 51 頁。

155 見黃福慶名著《清末留日學生》；實藤惠秀的名著《中國人日本留學史》和他較早期的《中國人日本留學史稿》；註 150 李喜所著第 117~206 頁；波拉・西格麗德・哈里爾著《傳播變化的種子：中國學生與日本教習們，1895－1905》（Paula Sigrid Harrell, Sowing the Seeds of Change: Chinese Students, Japanese Teachers 1895－1905〈Stanford: Stanford University Press, 1992〉）。至於對思想作用的簡潔論述，馬里烏斯・詹森著《日本與中國》書中第 149~158 頁《流向日本的學生》一章，無人可及。

156 見實藤惠秀著《中國人日本留學史》第 42~43 頁。楊深秀的奏摺可能反映出事先已和谷野商討，是由谷野主動提出並作出承諾的。

157 見《清光緒朝中日交涉史料》卷 51 第 34 頁，下冊總第 987 頁。楊深秀 6 月的奏摺，導致 1898 年 8 月 18 日軍機處電寄各省督撫諭旨，挑選聰穎學生，電諮總理衙門。見《清光緒朝中日交涉史料》卷 52 第 5 頁（下冊，總第 993 頁）。據阿部洋著《中國的近代教育與明治日本》第 61 頁稱，楊的奏摺實際上是康有為寫的，當時康還未夠資格直接上奏。楊於 1898 年 9 月 28 日被處決，官方的罪名是他誤用職權而便於康有為施展 "陰謀"。見第三章註 122 陸光著《百日維新的交織圖：1898 年的人物、政治及觀念》第 212 頁。

158 見《張文襄公全集》卷 201－202 第四冊，第 543 頁，又見黃福慶著《清末留日學生》第 14 頁。又見沃爾夫岡・弗蘭克著《中國傳統科舉制度的改革與廢除》第 41 頁（Wolfgang Franke, *The Reform and Abolition of the Traditional Chinese Examination System*〈Cambridge: Centre for East Studies, Harvard University, 1960〉）。

159　閔斗基著《對 " 中學為體，西學為用 " 的再評價》，載入 " 導言 " 註 17 閔著《國家政治形態與地方勢力：中國王朝晚期的改革》（Min Tu-ki, "Chinese 'Principle' and Western 'Utility': A Reassessment," in Min Tu-ki, *National Polity and Local Power: The Transformation of Late Imperial China*〈Cambridge, Mass., 1989〉）第 51~81 頁。這是英文撰寫的文章第一次對 " 體用 " 思想作系統的重評估。《勸學篇》中對 " 體用 " 這一公式的不同表述，閔在該書第 51 頁註 1 有所論述。對這一詞語、張之洞及其《勸學篇》的深入研究，見閔著第 74~76 頁和第 80~81 頁。

160　林明德著《清末民初日本政制對中國的影響》，載入譚汝謙編《中日文化交流，第三卷：經濟與思想方面》（Yue-him Tam, ed., *Sino-Japanese Cultural Interchange*, III: *The Economic and Intellectual Aspects*〈Hong Kong, 1985〉）第 206 頁。阿部洋把《勸學篇》譯作《*Gakumon no susume*》，載入《中國的近代教育與明治木本》。

161　見實藤惠秀著《中國人日本留學史》第 42 頁；引自黃福慶著《清末留日學生》第 14 頁。

162　《張文襄公全集》卷 203 第 6 頁（第四冊第 568 頁）；亦引用於黃福慶著《清末留日學生》第 2 頁。

163　" 事半功倍 " 一詞屢見於在日學習或向日學習的論點中。例如，見於中國駐日公使楊樞於 1905 年 1 月 9 日有關在日學習法政的奏摺，見《清光緒朝中日交涉史料》卷 68 第 35 頁（總第 1317 頁）；又見於伍廷芳等最卓著的法律改革者於 1905 年 10 月 15 日有關中國法律改革應依據日本樣本的奏摺，見《光緒朝東華錄》第 5 冊第 5431 頁；本書引自 " 導言 " 註 19 島田正郎著作第 25 頁。

164　見《張文襄公全集》卷 203 第 7 頁（第四冊第 569 頁）。譯文參閱汪一駒著《中國的知識分子與西方，1872－1949》第 53 頁。張之洞一部分的話，使人回想到宇都宮太郎於 1897 年的看法，見本書第二章末段引語。

165　不同國家、不同語言的著作，都有節錄《勸學篇》的這段話。日文的有：實藤惠秀著《中國人日本留學史》第 41 頁，及《中國留學生史談》（東京，1981）第 9 頁；小林共明著《中國初期派日留學生》第 7 頁；《東亞同文會史》第 80~81 頁。英文的有：註 152 詹森著第 150 頁；註 164 汪一駒著第 53 頁。中文的有汪向榮著《日本教習》第 41 頁、第 52 頁註 1、第 145 頁；田正平，霍益萍著《遊學日本熱潮與清末教育》第 2 頁。

166 中國對憑本身所具資格的日本缺乏興趣，是近代中國在評價日本古典文獻上落後於西方的重要原因。有關中國對日本文學傾向於"厚今薄古"的透徹研究，見譚汝謙著《中日之間翻譯事業的幾個問題》，載譚著《近代中日文化關係研究》第 171~173 頁。有關日本對中國思想與文學的研究，相反的傾向是"厚古薄今"，見譚著第 172 頁、第 173~179 頁。

167 實藤惠秀《中國留學生史談》第 2~3 頁，第 10~11 頁。又見中村義著《嘉納治五郎與楊度》。

168 實藤惠秀《中國留學生史談》第 11 頁；第三章註 107 黃福慶著第 109~110 頁。1894－1895 年戰爭後，日本兒童在街上嘲弄中國人士，見實藤惠秀《中國人日本留學史》第 218 頁，及實藤在第 211~217 頁的評論。

169 這七個人的概況，見實藤著《中國留學生史談》第 13~20 頁。部分人的在學成績，見蔭山雅博著《晚清期間宏文學院對中國留學生的教育》。

170 見第三章註 89 小林共明著第 2、8 頁。1898 年 8 月 2 日上諭見第三章註 91 朱有瓛主編第二輯上冊第 17 頁；8 月 18 日上諭見《清光緒朝中日交涉史料》卷 52 第 5 頁。

171 見中村義著《成城學校及其中國留學生》，載入《辛亥革命史研究》（東京，未來社，1979）第 251~252 頁。留學生部起於 1898 年，主要為朝鮮學生而設，他們在 1895 年已有入讀成城學校。

172 見上註第 253 頁。

173 見第三章註 89 小林共明著第 9~10 頁。

174 見上註第 8 頁。

175 見第三章註 85 貝斯著第 60~61 頁。

176 見上註第 61 頁。

177 見第三章註 89 小林共明著第 9 頁。

178 宗方小太郎著《宗方小太郎文書：近代中國秘錄》（東京：原書房，1977）第 45~46 頁。

179 見第三章註 89 小林共明著第 10 頁。來自武漢 19 名學生的姓名，原讀學校及籍貫見上註第 53~54 頁，引用於註 172 第 257 頁。

180 見第三章註 89 小林共明著第 10 頁。

181 見上註第 10~11 頁。

182 同上註第 10 頁。

183 近衛篤麿著《近衛篤麿日記》II 第 256~257 頁，又見於第 253~271 頁。及見馬里烏斯・詹森著《近衛篤麿》第 108 頁。

184 詳情見《東亞同文會史》第 265 頁，及《近衛篤麿日記》II 有關章節。

185　容應萸著《吳汝綸之〈東遊叢錄〉：洋務派之教育改革方案》，載平野健一郎編《近代日本與亞洲：文化交流與衝突》第 47 頁。

186　蒲地典子著《中國的改革》第 241 頁。

187　引自第三章註 89，小林共明著第 8~9 頁。

188　1898 年 8 月 18 日給各省督撫的諭旨稱："日本政府允將該國大學堂、中學堂章程酌行變通，俾中國學生易於附學。一切從優相待，以期造就。"見《清光緒朝中日交涉史料》卷 52 第 5 頁（下冊，總第 993 頁）。

189　見實藤惠秀著《中國人日本留學史》第 544 頁附表及第 137~143 頁說明。其數字與黃福慶的估計相近，見《清末留日學生》第 84 頁、第 92 頁註 8。詹森在《日本與中國：從戰爭到和平》一書中，採用了實藤的數字，但認為這些數字是根據"當時很保守的估計"（第 150 頁）。

190　這三組數字是：(1) 李喜所的著作第 126~127 頁，引自他自己 1982 年的研究；(2) 汪向榮的《日本教習》第 54 頁，引自 1936 年上海的研究結果，未加說明；(3) 田正平與霍益萍未發表的卓越著作《遊學日本熱潮與清末教育》第 2 頁。

191　二見剛史與佐藤尚子《(附) 有關中國人日本留學史統計》，這是據日本外務省記錄整理的，可惜只包括 1906－1932 年間的。汪向榮的《日本教習》第 117 頁引用了 1906－1911 年的數字，但認為估計偏低。1987 年，阿部洋重申，"即使在 1905－1906 年的高峰期，人數在 7,000－8,000 之間"。見阿部洋著《向日本貸入：中國第一個現代教育體系》，載露斯・海浩及瑪麗安尼・巴斯蒂特編《中國的教育與工業化的世界：文化轉移的研究》（Ruth Hayhoe and Marianne Bastid, eds., *China's Education and the Industrialized World: Studies in Cultural transfer*〈Armonk, N. Y., 1987〉）第 75 頁。有意義的是，阿部於 1990 年作了修正，把 1906 年高峰期的數字訂定為"超過一萬"，見《中國的近代教育與明治日本》第 70 頁。

192　見註 152 第 151 頁。

193　李喜所著《近代中國的留學生》（北京人民出版社，1987）第 129 頁。

194　見阿部洋著《中國的近代教育與明治日本》第 120 頁。

195　見上註第 120~121 頁，及實藤惠秀著《中國人日本留學史》第 83 頁。

196　見實藤著《中國留學生史談》第 10~13 頁。

197　見《論語・學而第一》。

198　見註 194 第 75~76 頁。

199　同上註第 118~119 頁。

200　同上註第 76~77 頁。

201 同上註第 78~79 頁。

202 分讀不同課程的數百名中國學生的名單，見蔭山雅博著《論宏文學院對中國留學生的教育（二）》(吻沫集 5: 116－189,（1987)）。對留學生教育總的看法，見該文（一）第 134~144 頁，及註 193 第 72 頁。

203 見註 193 第 72 頁。"大本山"為佛教用語，意為"總管寺廟"。

204 第三章註 107 黃福慶著第 124 頁。

205 見上註，及註 194 第 72~73 頁。

206 這些學生的姓名及他們入讀的大學，見第三章註 107 黃福慶著第 125~126 頁；又見註 194 第 62 頁，及實藤惠秀著《中國人日本留學史》第 65~66 頁、第 208~209 頁。

207 見註 194 第 146、179 頁。

208 《東亞同文會史》第 73~74、282、283 頁；《近衛篤麿日記》II 第 455 頁；及大內暢二著《近霞山公與東亞同文書院》，載《支那》25. 2: 144（1934)。1899 年，近衛在他為期七個月成功的世界之行末期，向張之洞提出邀請的。他在 4 月離開東京，11 月 25 日返國，他訪問的地方見詹森著《近衛篤麿》第 115 頁。

209 《東亞同文會史》第 73~81 頁。這是根據記錄的準確總結。

210 見第三章註 107 黃福慶著第 132 頁，又見註 193 第 95 頁。

211 法政大學大學史資料委員會編《法政大學史資料集》第十一集 ——〈法政大學清國留學生法政速成科特集〉，是全面性的、極具價值的歷史文獻，它把學生名冊等大學記錄，以及當年出版物的摘要、傳記概略等都分門別類編入。我十分感謝美國國會圖書館亞洲部中國區的專家 Mi Chu Wiens，把她的這套非賣品的史集借給我。她的祖父居正（1876－1951）就是第四屆畢業生之一。見上註第 152、178 頁。居正任司法院院長長達 16 年，自 1932－1948 年，其傳記見包華德著《中華民國人物傳記辭典》I（Boorman, Howard L., ed., *Biographical Dictionary of Republican China*. New York: Columbia U. Press, 1967－1971）第 469~475 頁。居正的一生是個例子，足以說明在中國結束帝制後，在日本受訓的學生仍持續影響中國的現代體制，儘管日本的侵略迫使許多人掩飾或否認他們與日本的聯繫。

212 見《清光緒朝中日交涉史料》卷 68 第 35 頁（下冊總 1317 頁）。

213 同上註下冊總第 1316 頁；"導言"註 19；島田正郎著《清末中國對近代法共的編纂：東洋法史論集》第 257~258 頁。

214 引文與註 211 同；關於學生人數，見註 210 第 263~264 頁；及註 194 第 71、83、131 頁。

215 有關法政方案在 1904 及 1906 年的教師名單，他們的學位及淵源，他們在法律方面擅長的範圍，以及授課內容，見註 210 第 91 頁及第 114~116 頁，又見註 194 第 82~83 頁。請註意法政課程使用的日本標準語滙，是怎樣由日文直接引入中文的。

216　見註 210 第 148 頁、第 93~94 頁；又見註 194 第 176~178 頁。

217　見註 194 第 83~84 頁。

218　見第三章註 107 黃福慶著第 138~139 頁。黃福慶的統計，超過註 210 的資料，有待調整。

219　見《清光緒朝中日交涉史料》卷 68 第 36 頁（下冊總第 1317 頁）。

220　引自註 213，島田正郎著第 262 頁。

221　見註 194 第 81 頁，註 218 第 134 頁。

222　引自註 194 第 87 頁。

223　同上註第 86 頁。

224　同上註第 88 頁。

225　其中有代表性的八人姓名及其教育職務，見上註第 90、170 頁。

226　其註 210 第 139~140 頁，註 194 第 88~90 頁。

227　引自註 194 第 98~99 頁。日本標準的表述是 "良妻賢母"（ryōsai kenbo）。這一套道德準則，也由推動中國婦女教育的日本人帶到中國。見上註第 189~205 頁。

228　見上註第 100 頁。

229　有關引語，見上註第 101~102 頁。

230　參閱小野和子著《下田歌子與服部宇之吉》，載竹內好與橋川文三編《近代日本與中國》（東京，1974）Ｉ第 202~212 頁；小野和子著《1850－1950 年，革命世紀的中國婦女》，載喬舒亞•A. 福吉爾（Joshua A. Fogel）編（史丹福，1989）第 54~65 頁；實藤惠秀著《中國人留學日本史》第 75~79 頁；註 194 第 102~1 05 頁。第三章註 91 王曉秋著作第 486~491 頁。

231　有關中國學生的反應，見實藤惠秀《中國人日本留學史》第 461~494 頁，中文譯本第 270~289 頁；實藤著《中國留學生史談》第 219~283 頁，及註 210 第 276~311 頁。

232　見註 210 第 277 頁，第 86~87 頁。

233　見註 194 第 117 頁。有關提高中國留日學生質量的辦法及日本迅速的反應，見註 210 第 117~128 頁。

234　見實藤著《中國人日本留學史稿》第 201 頁，及《中國人日本留學史》第 103~110 頁。並參閱第三章註 91 王曉秋著作第 358 頁，十分出色的《1907 年日本各學校中國留日學生在籍人數統計表》。

235 詳見註 194 第 128~130 頁。協議條款和預計中國各省每年開支的冗長報告，見註 211 卷 72 第 21~25 頁（下冊總第 1381~1383 頁）。

236 見註 193 第 143~148 頁。中國留日學生的總體水平低得可憐，見之於學部 1908 年 1 月 3 日奏摺稱："比年以來，臣等詳查，在日本遊學人數雖已逾萬，而習速成者居百分之六十，習普通者百分之三十，中途退學、輾轉無成者居百分之五六，入高等及高等專門者居百分之三四，入大學者僅百分之一而已。"見《清光緒朝中日交涉史料》卷 72 第 21 頁（下冊總 1381 頁）；亦引於註 194 第 119 頁、第三章註 91 王曉秋著第 359 頁。

237 馬里烏斯・詹森寫道："毫無疑問，學生們經受的經驗，遠勝於他們接受的正規教育。"見註 153 第 152 頁。

238 註 194 第 155 頁。

239 以上引語見註 211 第 107、108 頁。

240 引自註 194 第 154 頁。

241 對這個問題的深入研究，見上註第 154~161 頁，及註 153 第 152~156 頁。

242 同上註第 156 頁。

243 摘引自實藤惠秀《中國人留學日本史》中譯本第 107~108 頁。

244 引自註 210 第 6~7 頁。實藤惠秀的《中國人日本留學史》第 172~192 頁，及實藤著《中國留學生史談》第 103~131 頁、第 43~45 頁中，對章著《指南》的引用，處處可見。

245 1898－1911 年留日學界發行刊物表，列舉了刊物名稱、創刊時間、出版地、編輯及發行人與宗旨及內容，見第三章註 91 王曉秋著第 369~373 頁，及註 210 第 188～195 頁。

246 實藤著《中國留學生史談》第 155~186 頁載有全文譯文。

247 田正平、霍益萍者《遊學日本熱潮與清末教育》第 17 頁，對這一要點的論據，見第 17~20 頁。

248 同上註第 20~22 頁。

249 同上註第 24 頁。有關在中國培訓的學生對新中國的貢獻，見桑兵著《1905－1912 年的國內學生群體與中國近代化》，載《近代史研究》1989 年 9 月號，第 55~76 頁。

第五章

250 引自大塚丰著《中國近代高等師範教育的萌芽與服部宇之吉》，載國立教育研究所專刊（1988 年 3 月號）《受僱的日本教習之研究：20 世紀初期從事教育近代化的日本人》第 45~64 頁。

251　例外之一是蘇雲峰對湖北省現代化的研究，蘇在《中國現代化的區域研究：湖北省，1860—1916》（台北中央研究院，近代史研究所，1987）一書第242~256 頁，列舉了許多簽署合約的日本軍事專家的姓名。但即使在這一研究中，亦並未說明日本人存在的意義。

252　見實藤惠秀著《中國人日本留學史稿》第 139~200 頁第六章《（在華）日本教習的時代》。

253　對這方面的學術研究領域，堪稱之為 "受僱研究"。在英語材料中富於指導性的有愛德華・R. 博章普及理查德・魯賓格著的《日本教育的原始資料集》《第五章・外國對明治日本教育的影響》（Chap. 5, "Foreign Influences on Education in Meiji Japan", in Edward R. Beauchamp and Richard Rubinger, *Education in Japan: A Source Book*（New York, 1989）, pp. 57~77）。

254　見加藤祐三著《中國按合約僱請的外國人》，載《有關按合約僱請的外國專家的資料》第 32~43 頁（Katō Yūzō, "Chūgoku ni okeru oyatoi gaikokujin", in *Shiryō oyatoi gaikokujin,* Yunesuko Higashi Ajia Bunka Kenkyu Sentā, comp.〈Tokyo, 1975〉），文中約略涉及晚清時在中國的日本專家問題。南里知樹編著的《中國政府僱用的日本人》則較為深入詳盡，並附有十分寶貴的圖表和註解。

255　有關阿部洋於 1975—1977 年、1977—1979 年、1980—1982 年研究計劃的概況，見阿部洋編《日中教育文化交流與衝突：戰前日本在華的教育事業》（東京，第一書房，1983）每一項研究成果都成為巨著。阿部於 1986—1988 兩年的研究所得，見《按合約受僱的日本教習》（"*Oyatoi Nihonjin kyōshū*", a special issue of *Kokuritsu Kyōiku Kenkyūjo kiyō*〈March 1988〉）。阿部對其研究的重要概括，見 "序言" 註 10 阿部著作。

256　見汪向榮著《日本教習》第 4~5 頁，第 127 頁，第 258~260 頁。

257　見上註第 67~95 頁，資料來源及簡要說明，見該書第 67 頁，第 128~129 頁。該書日文譯本見 Wang Xiang-rong（Ō Kō'ei）, *Shinkoku oyatoi Nihonjin*, Takeuchi Minoru et al., trans.（Tokyo, 1991），可惜日文譯本未能改正原文偶然出現的錯誤。

258　見上註第 66、84 頁。1902 年底，確有日語教習在上海學校任教，見《東亞同文會史》第 358 頁。

259　日本人沒有合約而為中國人僱用的情況，見上註第 96、100~101 頁。

260　估算數字見蔭山雅博著《清末中國教育近代化的過程與日本教習》，載註255 阿部洋編著第 9 頁。

261　南里知樹編《在華日本教習及顧問與在日中國學生（1901—1916）》第 16 頁，表 4。南里對一些年份的估算未得文獻證實。

262　見註 252 第 141 頁，實藤是根據 1909 年 11 月的調查；又見註 260 第 8 頁，蔭山曾於 1987 年 3 月 26 日在東京國立教育研究所和我交換意見，他個人認為 1905—1906 年間的數字可能高達 1,000。我們並未討論 1907 年及 1908 年的情況。

263　費維愷著《20 世紀初外國在華機構》(Albert Feuerwerker, *The Foreign Establishment in China in the Early Twentieth Century*〈Ann Arbor, 1976〉) 第 66~70、77 頁中，就 1905—1915 年間，受外國控制的中國海關、鹽務等領域增加本人問題提出了暗示性的評論。

264　日本帝國主義在中國或可分為：前帝國主義期（至 1894 年）、過渡到帝國主義期（1895—1914 年）、加速帝國主義期（1915—1931 年），及高度帝國主義期（1932—1945 年）。見第三章註 117 作者著第 211 頁。

265　見《清光緒朝東華錄》卷 50 第 12、13 頁，（下冊）第 965、966 頁；六角恒廣著《中國語教育史的研究》（東京，東方書店，1988）第 213、211 頁，引自《對支回顧錄》II 第 513 頁；及第三章註 140 第 2、23 頁。

266　黑龍會編《東亞先覺志士記傳，III》（東京，原書房，1966）第 82 頁。

267　摘引自第三章註 103 細野浩二著第 66 頁。

268　對淨土真宗的本源、發展及教義的卓著研究，見詹姆士‧C. 杜布賓斯著《淨土真宗：中世紀日本的真宗》(James C. Dobbins, *Jōdo Shinshū: Shin Buddhism in Medieval Japan*〈Bloomington: Indians U. Press, 1980〉)。

269　註 267 第 51、66 頁，高西賢正編《東本願寺開教六十年史》（上海：東本願寺上海別院 1937）第 84~89 頁。

270　陳寶琛其後是中國最後一代皇帝的教師和顧問，1912 年後成為清室復闢的著名支持者。

271　中村孝志著《東亞書院與東文學堂：台灣總督府華南教育設施之濫觴》（天理大學學報 124: 1—18〈March 1980〉)。《對支回顧錄》("*Tai-Shi kaikoroku*")。

272　見《對支回顧錄》II，630。中國人對岡田的尊重，見 1899 年 9 月 30 日一位福建官員在東京的言論，載《東亞同文會史》第 283 頁。奇怪的是，在一份 1898 年在華的日本人名單中，在福州東文學堂項內並無岡田的姓名。見上註第 265 頁。

273　見註 271 中村孝志著第 12 頁。

274　同上註及見《東亞同文會史》第 274、291、386 及 417 頁。桑田於 1899 年 6 月被派往福州（見第 274 頁），於 1906 年辭職（見第 417 頁）。不清楚何以說他在 1904 年中已在學校服務六年（見第 386 頁）。《對支回顧錄》II 第 778~779 頁說桑田於 1898—1908 年在該校工作是錯誤的。

275　這種催穀效應的最顯著的例子，是服部宇之吉於 1904 年，從已經讀完京師大學堂師資培訓速成班中挑選的 47 人中，派送 31 人到素負盛名的東京第一高等學校，準備送讀東京帝國大學。見註 250 第 55 頁。

276　見《東亞同文會史》第 282 頁。這兩名畢業生當時年齡分別為 18 及 19 歲，於 20 世紀 30 年代成為傀儡滿洲國政府的高官。見《對支回顧錄》II 第 630 頁。他們抵達日本一事，見本書第四章。

277　見註 271 中村孝志著第 12~13 頁。又見上沼八郎與弘谷多吉夫著《台灣總督府對華南教育對策：福建廣東兩省日籍教員的代謝》，載註 255 阿部洋編著第 266~267 頁；第三章註 272 第 61~64 頁；及《東亞同文會史》第 274、282、283、291 頁。

278　摘引自《對支回顧錄》II 第 779 頁，日期不詳。

279　見《東亞同文會史》第 354 頁；及李國祁著《中國現代化的區域研究：閩浙台地區，1860－1916》（台北中央研究院，近代史研究所，1982）第 513 頁。明顯地由於這一課程，李國祁説全閩師範學堂成立於 1902 年，當年學生有 60 人。《東亞同文會史》（第 331 頁）稱 1901 年中東文學堂入讀學生有 200 人，是明顯錯誤的。

280　見註 271 中村孝志著第 13 頁。

281　有關兩份報告，其一見上註第 13~14 頁；另一份是桑田丰藏 1903 年 11 月 23 日的報告，載《東亞同文會史》第 364 頁。我引用的是後者較低的數字，但仍高於註 279 李國祁著第 513 頁中的數字。

282　《東亞同文會史》第 364 頁。

283　《對支回顧錄》II 第 632-634 頁。據《東亞同文會史》第 417 頁，中西重太郎於 1906 年受命為東亞同文會福州代表，因健康問題未能到職。

284　見註 256 第 91 頁，而且兩人的漢語姓名也有錯誤，包括桑田。

285　有關該校重組後的一些簡況，見《東亞同文會史》第 391、398、402、412、417 頁。又見註 271 中村孝志第 14 頁。

286　同上註。

287　《東亞同文會史》第 364 頁；東亞同文會對此持贊同態度，見第 366 頁。

288　見註 279 李國祁著第 513 頁。

289　李國祁的敍述是真實的，他依據的是陳啟天著《近代中國教育史》（台北，中國書局，1969）。

290　實藤惠秀《中國人日本留學史》第 89 頁，汪向榮《日本教習》第 249~250 頁。

291　同上註第 232、234 - 235 頁。成都這一學校可能是完全由中國人興辦的。

292　見註 271 中村孝志著第 2~12 頁。

293 同上註第 14~15 頁，及註 277 上沼八郎等著第 265 頁。

294 見霍姆斯‧韋爾奇著《中國佛教的復興》(Holms Welch, *The Buddhist Revival in China*〈Cambridge, Mass., 1968〉) 第 163~164 頁。霍姆斯特別提到東本願寺的學校，事實上，把他的看法用以指日本人的普遍動機則更為合適。汪向榮的《日本教習》第 237~238 頁，持有相同的觀點。

295 主要有佐藤三郎於 1970 年對中島極表同情的長篇著作《中島裁之的北京東文學社》，載佐藤的《近代日中交涉史的研究》第 278~337 頁。汪向榮的《日本教習》第 225~257 頁《中島裁之和東文學社》一章，更為簡明透徹。

296 見上註佐藤著第 283~331 頁。

297 同上註佐藤著第 281~282 頁，《日本教習》第 231 頁。

298 本書作者著《前帝國主義期：岸田吟香，謀求中國市場的日本先驅》(Douglas R. Reynolds, "Before Imperialism: Kishida Ginko Pioneers the China Market for Japan", *Proceedings and Papers of the Georgia Association of Historians* 1984, 5: 114－120〈1985〉)；註 296 第 281 頁；及第四章註 154 第 230 頁。1897 年初受日本外務省派到廣東的長谷川雄太郎，於 1888 年起，也曾為岸田在漢口及天津的樂善堂分店工作，見註 266《東亞先覺志士記傳》III 第 82 頁。

299 《東亞同文會史》第 267、270、272~274 頁；及註 295 第 281 頁。

300 《東亞同文會史》第 283 頁。

301 註 295 佐藤三郎著第 283 頁，註 256 第 232~233 頁。

302 註 256 第 234~235 頁。

303 同上註第 235 頁。

304 同上註第 233~234 頁。

305 註 295 佐藤三郎著第 313 頁。

306 註 256 第 250 頁。

307 阿部洋著《清末直隸省之教育改革與渡邊龍聖》，載《受僱的日本教習之研究》第 11~12 頁；註 295 佐藤三郎著第 296~298 頁，第 309 頁；註 256 第 238 頁。其後，袁世凱疏遠了中島，1905 年時甚而拒絕與他見面。見註 295 佐藤三郎著第 326~327 頁。

308 見註 295 佐藤三郎著第 313 頁每月人數變動表，及註 256 第 239 頁。

309 見上註 246 頁。

310 註 295 佐藤三郎著第 313 頁。註 256 第 239 頁中，沒有提及只有兩名學生留到 1906 年。

311 註 256 第 250 頁。

312　引自上註第 246~247 頁。我把 "維新" 或 "*ishin*" 譯為 "modern transformation"，見第一章及第一章註 51。

313　註 256 第 247 頁。

314　註 295 佐藤三郎著第 317、325、330 頁。

315　註 256 第 234~235 頁。

316　有關中島籌措資金的努力及問題，註 256 第 240~245 頁作了精簡的概括；又見於註 295 佐藤三郎著第 289、291 頁，第 295~301 頁。

317　例見註 295 佐藤三郎著第 319~324 頁。

318　中島授課時間表見註 256 第 234 頁，及註 295 佐藤三郎著第 286~287 頁。

319　註 256 第 236~237 頁，第 235 頁。

320　見上註第 237 頁。另有 55 人是去學中文的，學習時間不詳，故該校總計共有 111 名日本年輕人。

321　見上註第 252 頁，及註 295 佐藤三郎著第 310 頁。

322　這些事件及內部問題和暴行，見註 295 佐藤三郎著第 301~312 頁，註 256 第 252~255 頁。

323　註 295 佐藤三郎著第 301 頁。

324　註 256 第 252 頁。

325　註 256 第 237、226、255 頁。

326　引自註 256 第 251 頁，又見註 295 佐藤三郎著第 294 頁。

327　註 256 第 251 頁。

328　中國方面的答覆見《東亞同文會史》第 348~350 頁，第 354 頁。

329　註 295 佐藤三郎著第 332 頁。中島著《東文學社紀要》出版於 1908 年，資料豐富。佐藤三郎和汪向榮的著作全面地整理了該校的歷史，也進一步證實了中島裁之基本上是誠實和品性優良的，他們的著作主要以中島的《紀要》為依據。

330　註 256 第 115 頁，第 129~130 頁。

331　同上註第 158 頁。

332　這是實藤惠秀著《中國人日本留學史》一章的標題，見該書第 139~200 頁。

333　見註 256 第 99 頁；第四章註 195，並據權威性的十卷本《大人名事典》（東京，平凡社，1955）增補。

334　見註 250 第 45~64 頁，第四章註 195 第 155~160 頁，及《大人名事典》"服部宇之吉" 條目。

335　註 256 第 69 頁，及《大人名事典》"岡田朝太郎" 條目。

336 　註 256 第 76 頁，第四章註 195 第 181~183 頁。

337 　蔭山雅博著《江蘇教育改革與藤田丰八》，載《受僱的日本人教習之研究》第 27~43 頁；第四章註 195 第 172~174 頁；《大人名事典》"藤田丰八"條目。

338 　第四章註 195 第 176~180 頁；註 256 第 68、69、99 頁。註 250 第 53 頁，及《大人名事典》"嚴谷孫藏"條目。

339 　二見剛史著《京師法政學堂之日本之教習》，載《受僱的日本人教習之研究》第 80~82 頁；第四章註 297 第 178、179 頁。

340 　註 256 第 69 頁。

341 　同上註第 75 頁；第四章註 195 第 169~172 頁。

342 　註 256 第 73 頁。

343 　同上註第 68 頁。

344 　同上註第 69 頁；二見剛史著《京師法政學堂與松本龜次郎》，載阿部洋編《日中教育文化交流與衝突》第 85~87 頁；尤請參閱楊正光、平野日出雄合著《松本龜次郎傳》（北京：時事出版社，1985）。

345 　註 339 二見剛史著第 82-85 頁，第四章註 195 第 180 頁。

346 　註 256 第 87~88 頁。

347 　同上註第 93 頁。

348 　同上註第 68、69 頁，第四章註 195 第 177、179 頁，註 339 二見剛史著第 79 頁。

349 　見譚汝謙編、實藤惠秀編輯顧問、小川博助編的《中國譯日本書綜合目錄》（香港：中文大學出版社，1980）之有關索引及條目。

350 　吉野作造著《清國在勤之日本人教師》，載《國家學會雜誌》23. 5: 759－794（1909 年 5 月）。

351 　同上註第 773~774 頁；見蔭山雅博著《清末中國教育近代化過程與日本人教習》第 8~9 頁摘要。註 263 費惟愷的著作，對約在 1910－1920 年間在華的外國人及外國機構，資料豐富，對日本尤其着重。然而卻沒有西方人的資料，可與 1900－1910 年間日本教習和中國政府工作的教育顧問相對應的。在第 17 頁表一《（1903－1921 年）在華外國"公司"及長駐人員估計數目表》中，證明 1906 年日本的"公司"及長駐人員（包括在滿洲）的數目超過了其他國。

352 　見註 260 第 9~11 頁一系列的圖表；阿部洋著《向日本貸入：中國第一個現代教育制度》第 69~70 頁。

353 　夏納達牧師著《日本人對中國教育的影響》（Rev. J. Harada, "Japanese Educational Influence in China", *The Chinese Recorder* 36. 1: 356－361〈July 1905〉）。汪向榮引用的數字是"三到五倍"（見《日本教習》第 109、

112 頁）。日本女教習於 1908 年高達 26 人，她們的薪酬僅是最低倍數，見小川嘉子著《清末的近代學堂與日本女子教習：廣東女子師範學堂》，載《受僱的日本人教習之研究》第 109、112~113 頁。

354　註 256 第 109 頁，有關薪酬事例見第 110~113 頁。日本學者大多認為應是 "五至十倍"，見註 250 第 48 頁。

355　見第三章註 91 朱有瓛主編第二輯上冊第 89 頁。原件影印本見多賀秋五郎編《近代中國教育史資料》（東京：日本學術振興會 1972－1976）I. 217。

356　見第三章註 103 細野浩二著第 56~60 頁。

357　註 307 阿部洋著第 10、12、24 頁。

358　同上註第 9、11 頁。

359　同上註第 8 頁，第 14~15 頁。袁世凱野心勃勃的教育計劃，可能是美國教會教育工作者丁家立（Charles D. Tenney, 1857－1930）協助草擬的。丁家立於 1882 年開始在華傳教，1895－1906 年受命為天津北洋大學堂（1895 年成立時稱 "中西學堂"，1903 年改為 "北洋大學堂"）總教習，同時任直隸高、中級學堂監督（1902－1906 年）。1906－1908 年任美國的中國留學生監督。1909－1920 年在美駐華公使館工作，曾擔任秘書、參贊等多項職務。見羅惠民編《莫理循書信集》（Lo Hui-min, ed., *The Correspondence of G. E. Morrison*, I: *1895—1912*〈Cambridge, 1976〉）第 241 頁註 I；又見註 263 第 28~29 頁。

360　見註 307 阿部洋著第 10 頁引自 1902 年 4 月 25 日《教育時論》。

361　引文見上註。

362　見上註第 12、15 頁。這 12 人的姓名、職位、每月薪酬、工作時間及其淵源，見上註第 11 頁圖表。

363　見上註第 12 頁。

364　據日本外務省記錄，1903 年全中國總計共有日本顧問 151 人，僅直隸一省就有 82 人，見第三章註 140 南里知樹編著第 16 頁表 5。1909 年 7 月，全中國共有日本教習 405 人，其中直隸 114 人，見第四章註 195 第 154 頁。

365　見註 307 阿部洋著第 14 頁統計表。

366　有關細則見上註第 15 頁。

367　關本幸太郎有關情況，見上註第 11、20~22、25 頁。

368　見 "導言" 註 3 麥金朗著第 150 頁。

369　見註 307 阿部洋著第 12 頁。

370　見上註第 10 頁，阿部洋節略，作者略作修改。

371　見上註第 20 頁。摘引自關本幸太郎著作。阿部洋稱（見上註第 24 頁註

30），五份合約均見於《關本幸太郎論文集》。湖南衡州中路師範學堂（汪向榮《日本教習》第 168 頁中，稱之為南路師範學堂）1907 年的合約，也説明簽約者對學校監督及教務長負有同樣的責任，除教學外，無權干預其他。見註 260 第 42 頁註 33，只惜蔭山並未説明資料來源。

372　註 250 第 60 頁，摘引自史賓士著《為了改變中國：1620－1960 年在中國的西方顧問》（Jonathan Spence, *To Change China: Western Advisers in China 1920－1960*〈1969; New York, 1980〉）第 292 頁。

373　"雙重講授" 一語，取自汪向榮《日本教習》第 106 頁。

374　引自註 307 阿部洋著第 21 頁，部分譯文見第四章註 154 第 107 頁。

375　授課時間表見註 339 二見剛史著第 76 頁。

376　課程表及有關評述，見上註第 78~79 頁。

377　見註 355 多賀秋五郎編著 I 卷第 605、660 頁。

378　引自註 256 第 106 頁。

379　見註 307 阿部洋著第 18 頁。1992 年與 1904 年日籍職員數目的比較表，見該著第 11、18 頁。

380　弘谷多吉夫著《北京警務學堂與川島浪速》，載《受僱的日本人教習之研究》第 101 頁。註 256 第 118~119 頁，均有提及。

381　全部名單見註 339 二見剛史著第 79 頁。又見《光緒朝東華錄》第四冊，總第 4719 頁。

382　引自瑪麗安尼‧巴斯蒂特著《20 世紀初期中國的教育改革》（Marianne Bastid, *Educational Reform in Early 20th-Century China*, The University of Michigan, 1988. Originally Published in French in 1971）第 139 頁。

383　《對支回顧錄》II 第 273 頁。劉坤一與福島安正會晤是在 1899 年 4 月 9 日。劉關註的並不只是他管轄的地區，反映了他的 "民族眼光"，丹尼爾‧貝斯因此把劉坤一、張之洞及其他晚清期間贊同改革的官員們，稱之為表現 "官僚民主義" 的 "民族官僚"。見第三章註 85 第 3、24、182、218 頁。

384　同上註第 276~277 頁。日本教習的姓名及學生對日本人的看法，見蘇雲峰著《張之洞與湖北教育改革》（台北：中央研究院，近代史研究所，1976）第 99~103 頁。

385　兩人會談內容，見《東亞同文會史》第 199 頁。

386　有關會談情況，見上註第 204~206 頁。

387　有關該校創建及早期情況，見第三章註 117 第 227-233 頁。

388　見阿瑟‧W. 漢梅爾編著《清朝傑出人物（1644－1912）》（Arthur W. Hummel, *Eminent Chinese of the Ch'ing Period*〈1644－1912〉, Washington, D. C.,

1943; Taipei: Ch'eng-wen Publishing Company, 1967）第 523~524 頁，《劉坤一》條目。

389　劉、張會奏與 10 月上諭，本書第三編有詳細介紹。

390　根津一著《中國教育之評議》，載《教育時論》（1901 年 10 月 25 日），引文見註 260 第 24 頁。

391　註 260 第 24 頁中，載有該計劃《兩江學政法案私議》的概要。

392　見上註第 42 頁註 272，本書第七章對《教育世界》作較詳細研究。

393　註 260 第 24 頁。

394　見 1902 年 12 月 20 日東亞同文會秋季大會根津幹事長的報告，載《東亞同文會史》第 354 頁。

395　同上註。

396　威廉・亞耶士著《張之洞與中國教育改革》（William Ayers, *Chang Chihtung and Educational Reform in China*〈Cambridge: Harvard University Press, 1971〉）第 229 頁。

397　見《張文襄公全集》卷 185 第 35 頁（第 4 冊，第 268 頁）；又見註 260 第 25 頁。

398　見《張文襄公全集》卷 58 第 15~18 頁（第一冊，第 1005~1006 頁）；又見註 260 第 24~25 頁。

399　見上註 260 第 25 頁，及《近衛篤麿日記》V，第 303、305 頁。

400　見第三章註 85 第 116~125 頁。有關三江學校早期情況，由於沒有張之洞的記載，差不多全部依靠日本人的資料。

401　"第二高等學校" 及 "第一高等學校"（Daiichi Kōtō Gakkō）的英譯，依照本傑明・C. 杜克編著《現代日本十位偉大的教育家：日本的展望》（Benjamin C. Duke, *Ten Great Educators of Modern Japan: A Japanese Perspective*〈Tokyo: University of Tokyo Press, 1989〉）。

402　《東亞同文書院大學史：創立八十周年紀念志》（滬友會編，東京：滬友會，1982），及《近衛篤麿日記》IV 第 80、185 頁。

403　同上註 V 第 8 頁。協議日期為 1902 年 1 月 7 日。

404　註 402 第 251~252 頁，第 74 頁，第 98~99 頁。

405　菊池發信日期是 1903 年 3 月 5 日，載《近衛篤麿日記》V 第 301 頁。

406　蔭山雅博列舉了菊池承擔的責任，見註 260 第 27 頁，又見註 256 第 166~167 頁。

407　見《教育時論》（1903 年 5 月 15 日）《歡送幾位南京三江師範學堂教習》，摘要載註 260 第 26 頁。

408　見 1903 年 5 月 8 日東亞同文會春季大會根津幹事長的報告，載《東亞同文會史》第 360~361 頁。

409　見 1903 年 12 月 13 日東亞同文會秋季大會根津幹事長的報告，見上註第366 頁。

410　根津一的數字未核實。據阿部洋稱，1903 年 6 月的三江第一班只有 35 名學生接受"再教育"，見第四章註 297 第 212 頁。

411　根津幹事長對 1904 年 7 月 30 日東亞同文會春季大會的報告，載《東亞同文會史》第 386 頁。

412　摘引自註 256 第 135~137 頁。汪向榮的版本中若干漢字有誤，已據註 260蔭山雅博權威性的翻譯改正。由於該校於 1907 年才改名為"兩江"，故文中使用"兩江"的，都改為"三江"。

413　註 256 第 137 頁。着重點為作者所加。

414　三江師範學堂的整套訓練計劃，亞耶士稱之為"張的計劃"，見註 396 第229 頁。在同一頁上，亞耶士稱三江師範學堂的建立，是張"在第二次任職兩江時，張對教育最重要的貢獻"。

415　見《張文襄公全集》卷 185 第 64 頁（第四冊第 268 頁）。

416　日本教習的姓名、月薪、授課科目、在日本的簡歷和合約期限，見註 260第 26 頁附表。經考試挑選的 20 名中國教習的姓名，見註 260 第 44 頁註42。

417　見註 396 第 229 頁。

418　見註 260 第 27~28 頁。

419　一年制速成科的課程表，見上註第 29 頁。

420　兩年制及三年制的第一年課程表，見上註第 30~31 頁。

421　見上註第 34、36 頁，及第 46 頁註 313。

422　同上註第 25 頁，並見《東亞同文會史》第 360 頁。

423　摘引見註 260 第 32~33 頁，第 45 頁註 300 有關菅虎雄與菊池的友誼，見註 260 第 25 頁。

424　同上註第 32 頁。

425　見上註第 45 頁註 52。

426　同上註第 33 頁，《東亞同文會史》第 412 頁，及第四章註 195 第 214 頁。江蘇學務總會，內部組織係"依據日本教育團體"而建，詳見第四章註 195第 127 頁。張謇擔任會長所起的作用，見註 382 第 123~128 頁。

427　見註 260 第 33~34 頁，及第四章註 195 第 215 頁。

428 幹事長的報告，載《東亞同文會史》第 412 頁，及註 260 第 34 頁。

429 見註 260 第 35 頁。同頁有這五人的姓名、授課科目、合同期限、薪金及學歷一覽表。

430 同上註第 35~37 頁。由於安徽已建立本省的師範學堂，因此"兩江"只涉及江蘇和江西兩省。有關"兩江"的教學及 1907 年底入學人數，見第四章註 195 第 216 頁。

431 有關情況及引語，見第四章註 195 第 217 頁，及註 260 第 38 頁，第 47 頁註 73。

432 詳情見第四章註 195 第 216~219 頁；有關船津辰一郎情況，見日本外務省《日本外交文書》第 832~833 頁有關條目。

433 見第四章註 195 第 217~218 頁。

434 他們的姓名、授課科目、所受訓練、月薪及合約期限，見第四章註 195 第 39 頁。

435 見第四章註 195 第 144~145 頁。

436 名單主要依據汪向榮的《日本教習》第 168 頁。奇怪的是汪在書中其他地方提到保定、南京及蘇州的師範學堂，名單上卻未列入。因而我猜疑還有其他學校未入名單的。汪在名單上每所學堂都提及一到兩名日本教習的姓名，我把它刪略了。

437 有關成都的四川大學，見霍華德 •L. 波文編《中華民國人名詞典》(Howard L. Boorman, ed., *Biographical Dictionary of Republican China*, 5 vols. New York: Columbia University Press, 1967－1971) III, 465。

438 見上沼八郎著《內堀維文與山東師範學堂》，載《受僱的日本人教習之研究》第 6573 頁。

439 見註 433 小川嘉子著第 105~114 頁。

440 見註 256 第 98~99 頁。

441 見極為有用的《對明治日本教育的外國影響》一文及索引，載愛德華 •R. 博章普及里察德 • 魯賓格著《日本教育的原始資料集》("Foreign Influence on Education in Meiji Japan", in Edward R. Beauchamp and Richard Rubinger, *Education in Japan: A Source Book*, New York: Garland Publishing, 1989) 第 57~77 頁。

442 早稻田大學教授中島半次郎於 1906－1909 年在北洋師範學堂工作，他在 1909 年 11 月作了一次非官方的調查，發現在中國官立學校工作的 356 名外國教習中，日本人有 311 人，佔 85% 以上。引自實藤惠秀著《中國人日本留學史》第 96 頁，另見第一章註 27 第 51 頁。

443 引自蘭德爾 •E. 斯特羅斯著《棘手的土地：美國農業專家在中國，1898－

1937》(Randall E. Stross, *The Stubborn Earth: American Agriculturalists on Chinese Soil. 1898—1937*, Berkeley: University of California Press, 1986) 第 47 頁，又見註 251 第 419~425 頁。

444　見註 443 斯特羅斯著第 43 頁，第 47~49 頁。"頂撞" 一詞，見第 49 頁。

445　見註 251 第 420 頁。

446　見張力、劉鑑唐著《中國教案史》(四川省社會科學院出版社，1987) 第 20~22 頁，並散見於第 275~648 頁。"基督帝國對中國國家和社會的破壞性影響" 是約瑟夫・埃謝力克的著作——《義和團起義的由來》的主題 (Joseph W. Esherick, *The Origins of the Boxer Uprising.* Berkeley: University of California Press, 1987)。

447　原件複印見註 355 I，第 613 頁。

448　原件複印見上註第 217 頁。

449　見赫德 1902 年 3 月 8 日致金登干的信，載費正清等編《北京總稅務局赫德書信集》(Letter from Hart to J. D. Campbell, dated 8 March 1902, in John K. Fairbank, Katherine Frost Bruner, and Elizabeth MacLeod Matheson, eds., *Letters of Robert Hart, Chinese Maritime Customs, 1868—1907.* 2 vols., Cambridge: The Belknap Press of Harvard University Press, 1975)。

450　丁韙良在同文館及京師大學堂的職銜都是 "總教習"，英語稱之為 "president"(大學校長)，如果不是有意欺騙也是歪曲。張靜廬編的《中國近代出版史料》第二卷(1896—1918) 錯誤地把丁韙良的解僱寫作 1901 年。從 1902 年開始，由於服部宇之吉等人的原因，日本人的影響便在京師大學堂居支配地位。見註 250。

451　引自 "序言" 註 5 卡梅倫著第 69 頁；第四章註 219 第 51 頁，第 70 頁註 39；《光緒朝東華錄》第五冊第 4820 頁。

452　見喻本伐、熊賢君著《中國教育發展史》(武漢：華中師範大學出版社，1991) 第 523 頁。

453　見註 256 第 3、124、125、126、129、138 頁，第 245~257 頁。

第六章

454　朱有瓛編《中國近代學制史料》第一輯上冊(上海新華書店，1983 年) 第 18 頁，並散見於第 1~213 頁；又見黃福慶著《清末留日學生》第 147~149 頁。廣東同文館於 1864 年成立，1897 年開始開設日語教學。

455　載張靜廬編《中國近代出版史料》第 50 頁，摘引於註 454 黃著第 152 頁。

456　見譚汝謙編《中國譯日本書綜合目錄》第 348 頁註 550. 218。

457　同上註第 250 頁註 480. 002，及第 280 頁註 520. 062；譚汝謙著《中日之間譯書事業的過去、現在與未來》第 6 頁註 49；阿部洋著《中國的近代教育與明治日本》第 24 頁。

458　引自島田虔次著《章炳麟：傳統的中國學者與革命家》，收入島田著《中國革命的先驅：章炳麟與儒家學説》(*Pioneer of the Chinese Revolution: Zhang Binglin and Confucianism*, Joshua A. Fogel, tr. Stanford U. Press, 1900) 第 49 頁。

459　引自註 454 黃著第 152~153 頁。

460　引自上註第 153 頁。

461　引自李傑泉著《留日學生與中日科技文化交流》，載中國中日關係史研究會編《日本的中國移民》第 283 頁註 8。1898 年 6 月 1 日的文獻中，提及楊深秀對翻譯工作的貢獻，見第二章 56 第 987 頁。

462　見波文編《中華民國人名詞典》第二卷第 348 頁。

463　有關 "倭" 的來源、含義範圍及學術研究，見《在中國歷朝歷史上的日本：從後漢到明朝》第 4 頁註 2 (Ryusaku Tsunoda and L. Carrington Goodrich, *Japan in the Chinese Dynastic Histories: Later Han Through Ming Dynasties* 〈Sounth Pasadena, Calif., 1951〉)；又見《大漢和辭典》第五冊第 110 頁。有關 "東瀛" 的來源及含義，見上註第 6 冊第 173 頁。以詩的語言 "扶桑" 指日本，見上註第 5 冊第 110 頁。排外的中國人以 "東洋" 指日本（並非表示 "東方"），見上註第 6 冊第 197 頁。

464　引自註 454 黃著第 154~155 頁。1902 年，梁啟超列舉了學習日語較學習西方語言更為有利之處，見註 454 黃著第 155~156 頁。又見梅布爾・李著《梁啟超（1873－1929）與晚清文學革命》(Mabel Lee, "Liang Ch'i-ch'ao 〈1873－1929〉and the Literary Revolution of Late-Ch'ing," in A. R. Davis, ed., *Search for Identity: Modern Literature and the Creative Arts in Asia* 〈Sydney, 1974〉) 第 208 頁。

465　引自註 454 黃著第 109、212 頁。

466　見第六章註 457 譚汝謙著第 56 頁，第 41 頁表 2。

467　同上註第 41、56 頁。

468　對這一問題的有關文獻，見泰凱樂著《東方與東方相遇：中國人對日本明治初期的看法（約 1870－1894 年）》(Carol T. Reynolds, "East Meets East: Chinese Views of Early Meiji Japan 〈ca. 1870－1894〉", Ph. D. Dissertation, Columbia University, 1986)。

469　錢存訓著《西方通過翻譯對中國的衝擊》(Tsuen-hsuin Tsien, "Western Impact on China Through Translation", *Far Eastern Quarterly*, Vol. XIII, No.

3, May 1954）第 315 頁，見註 454 黃著第 183~184 頁。

470 見上註錢著第 319 頁，表中不僅按原書外語分類，且按科目分列（史地、社會科學、自然科學等），該表見註 454 黃著第 184~185 頁。譚汝謙著《近三百年中日譯書事業與文化交流》，對錢所列表格作了極其實用的註解，見該書第 226 頁註 40。

471 這裏所列的每年平均譯數，除了 1938－1945 年戰爭年代外，均為至 1978 年止的歷年平均數：1912－1937 年，平均每年 70. 36 本；1938－1945 年，平均每年 20 本；1946－1978 年，平均每年 90. 50 本。見上註譚著第 41 頁統計表，及第 61 頁譚的評述。譚汝謙在《近三百年中日譯書事業與文化交流》第 218 頁上，重新編排了這一表格，並在第 226 頁上加以說明。1982 年，陳應年在《近代日本思想家著作在清末中國的介紹和傳播》（載北京市中日文化交流史研究會編《中日文化交流史論文集》，北京人民出版社，1982 年）第 268~269 頁中認為，由於合編成冊的沒有分列，實際應超過譚所列的 958 本而達 1,000 本以上。

472 見註 457 譚著第 63 頁。

473 第五章註 337 蔭山雅博著第 43 頁中，蔭山認為，羅振玉得到張之洞的支持才從事這項工作。而在第三章註 85 貝斯著第 46 頁中，則認為是羅振玉的這份雜誌才第一次引起張之洞的注意。

474 第五章註 337 蔭山雅博著第 39 頁註 4，及註 9 II 第 426 頁。

475 註 457 譚汝謙著第 56 頁，第 200 頁註 430、140。

476 第五章註 337 蔭山雅博著第 39~40 頁。

477 第五章註 251 第 421~422 頁。

478 見喬意・邦納著《王國維：一位知識分子的傳記》(Joey Bonner, *Wang Kuo-wei: An Intellectual Biography*, Cambridge, Harvard University Press, 1986)。王國維的日譯中書目，見註 456 第 838 頁。

479 樊炳青、沈紘及薩端的已出版譯書目錄，分別見註 456 第 846、889、896 頁。

480 第五章註 384 蘇雲峰著第 131~133 頁，及第三章註 85 第 46 頁。

481 主要的翻譯社及其出版書籍，見註 454 黃福慶著第 161~187 頁。

482 1898－1911 年發行刊物的刊名、創刊時間、出版地、主要編輯者、備註見第三章註 91 王曉秋著第 369~373 頁。又見上註第 188~195 頁。

483 據《教科書之發刊概況，1868－1918 年》（載張靜廬編《中國近代出版史料》）第 228 頁，在 1903 年時，日本的初、中級學生已有教科書，而"高級專科學校及大學都沒有教科書，完全依靠教習口授及學生筆記"。如果情況真的這樣，這就有助於解釋為甚麼有事業心的學生、學校以至全體教員都參與出版講義錄。例如，京師大學堂的服部宇之吉就出版了他的心理學講稿和參考書，見第五章註 250 第 58 頁。蘇州江蘇師範學堂學生收集到的 16 冊日本教習的講義錄，都是在日本印好的，見《教科書之發刊概況》第 236 頁。東京宏文學院就出版了自己的系列講義錄 21 冊，供中等水平的學生使用，見第四章註 170。

484　汪向榮著《日本教習》第 156、157 頁。

485　實藤惠秀著《現代中國文化的日本化》，載實藤著《日本文化對支那的影響》（東京：螢雪書院，1940 年）第 6 頁。

486　第六章註 457 譚汝謙著第 62 頁。學者傅斯年（1896－1950）於 1919 年斷言，"關於翻譯作品，最好的是從日文翻譯的幾本科學書籍"。見註 461 李傑泉著第 263 頁。

487　實藤惠秀著《中國人日本留學史》第 264~266 頁，註 454 黃著第 170~171 頁。

488　註 454 黃著第 172~173 頁。

489　100 冊譯著的書目及日本作者，見實藤惠秀《中國人日本留學史》第 268~272 頁。《編譯普通教育百科全書》的分類及數目，見註 454 黃著第 172 頁。

490　鍾少華著《清末百科全書初探》，載《香港中文大學中國文化研究所學報》18：139－159（1987 年）。十分感謝作者於 1988 年 10 月中日關係史國際學術討論會在北京召開期間，送我這篇很好的探索性學術文章。

491　見註 461 李傑泉著第 265 頁。

492　見註 490 第 139~140 頁。

493　這是指 1934 年的調查，學者們一再提及的題目是 "教科書之發刊概況"，似乎除此以外，再無其他。例如見實藤惠秀《中國人日本留學史》第 273~275 頁；註 457 譚汝謙著第 61 頁註 51；及林明德著《清末民初日本政制對中國的影響》，載譚汝謙編《中日文化交流》。

494　見註 456 第 860~861 頁，第 62 頁。

495　同上註第 61 頁註 51。

496　《教科書之發刊概況》第 220 頁。

497　同上註第 245 頁；註 9 II 第 14 頁。

498　這一分期見實藤惠秀著《初期的商務印書館》，載實藤著《日本文化對支那的影響》第 241 頁。本人未見過商務原始的正式歷史。

499　同上註第 242~245 頁。

500　有關規定見註 455 張編著 I 第 207~210 頁。

501　見註 498 第 246~247 頁。張靜廬編《中國出版史料補編》（北京，中華書局，1957 年）第 557~564 頁，載《商務印書館編年史》，亦採用同樣説法。

502　註 498 第 248 頁。在註 486 譚著第 60 頁，譚汝謙還提到其他幾家在中國合資經營的出版社。

503　見註 490 第 155 頁。

504　實藤惠秀著《現代中國文化的日本化》第 20~21 頁，對梁啟超的翻譯風格及範例有中肯的評論。

505　見註 471 陳應年著第 269 頁。

506　同上註第 281 頁。這 9 人的姓名及已譯成中文的著作，見第 269~281 頁。

507　見註 456 第 27 頁，馬里烏斯‧詹森的 "前言"。譚汝謙自己在註 457 書中第 37 頁寫道："翻譯（translation）是溝通不同語言文化的重要途徑之一，通過翻譯可將記述於一種語文的知識、學問、思想、感情等，向不懂該種語文的人傳播或複述。翻譯的對象和譯品的數量，往往配合有關的兩種語文的文化背景及其社會需求；做譯事的人，不但兼通兩種語文，而且在一定程度上，又是一種文化上的先知先覺者，故從一國的翻譯史往往可以透視兩個不同語言國家文化的一些層面，而這些層面常常被一般文化史家所忽視。"

508　引自註 454 黃著第 182 頁。

509　在註 485 第 20~34 頁中，實藤惠秀使用 "日本化" 一詞有着多種含義，既指語言方面，也指思想。

510　本傑明‧斯華茨著《尋求富強：嚴復與西方》（Benjamin Schwartz, *In Search of Wealth and Power: Yen Fu and the West*, Cambridge: Harvard University Press, 1964）第 95~96 頁。

511　見註 461 第 268 頁。為了仔細研究，李傑泉從民國期間政府出版的《標準科學詞彙詞典》中，找出 2,677 條中文和日文相同的詞目，見該文第 285 頁註 40。有關物理學和生物學方面外來的詞彙，見高名凱與劉正琰著《現代漢語外來詞研究》（北京，文字改革出版社，1958 年）第 129~132 頁。

512　島田正郎著《清末中國近代法典的編纂：東洋法史論集》第三卷（東京，創文社，1980 年）第 234 頁。共 22 冊的系列論著《法學彙編（京師法律學堂講義）》（北京，1911 年）集中地説明了，中國近代的法律概念和詞彙是如何在日本人幫助下運用的。本書第三編將詳細介紹 4 位講義編撰者及其編撰講義的數目：岡田朝太郎，著 5 冊；松崗義正，著 4 冊；志田鉀太郎，著 4 冊；小河滋次郎，著 1 冊。在上註第 232~234 頁中，島田正郎列表説明了講義的名稱及作者。有關法律詞彙問題，參閱註 485 第 6 頁，及註 542 高名凱及劉正琰著第 139 頁。

513　李又寧著《社會主義傳入中國》（Li Yu-ning, *The Introduction of Socialism into China*, New York: East Asian Institute, University Press, 1959）第 69 頁。註 511 高名凱及劉正埮著所列政治、哲學、經濟及社會方面的詞彙表，提供了確證，並散見於第 114~124 頁。

514　見譚汝謙著《現代漢語的日語外來詞及其搜集和辨認問題》所列哲學詞彙表，載譚著《近代中日文化關係研究》第 333~335 頁。及見註 511 高、劉合著第 119~120 頁。

515　對這場爭辯，譚汝謙作了概括，引證恰如其分，見註 514 譚著第 327~330 頁。

516　譚汝謙和其他學者一樣，認為高名凱及劉正埮的研究既不全面，也不是完全沒有錯誤的，但卻是光輝的構想，為今後研究構建了主要的範疇。譚對今後研究提出了自己的新方法和方向，其中之一是中日語言學家共同研究。見註 514 譚著第 331~345 頁。

517　實藤惠秀著《現代中國文化的日本化》第 28 頁。這一啟發性思想，見實藤著《中國人日本留學史》第 395 頁；註 504 譚汝謙著第 328 頁。

518　郭沫若的話引述於第三章註 91 王曉秋著第 429 頁，又見曹貴民著《中國留日學生與"五四"前的新文化運動》，載《中日關係史研究》2: 38（1983）。

519　有關中國對日本文化的模仿，見《嚴復與梁啟超，新小說的鼓吹者》，載阿黛爾‧里凱特編《中國文學的道路，從孔子到梁啟超》（C. T. Hsia, "Yen Fu and Liang Ch'i-ch'ao as Advocates of New Fiction," in *Chinese Approaches to Literature from Confucius to Liang Ch'i-ch'ao*, Adele Rickett, ed.〈Princeton, 1978〉）；及第三章註 106 陳應年著。有關對日本藝術的模仿，見拉爾夫‧克魯茨爾著《近代中國的藝術與革命：嶺南美術學校，1906－1951》（Ralph Croizier, *Art and Revolution in Modern China: The Lingnan〈Cantonese〉School of Painting, 1906－1951.* Berkeley: University of California Press, 1988）；及徐星平著《弘一大師》（北京，中國青年出版社，1988 年）。有關借用近代日本思想方面，見註 471 陳應年著。"新文化運動"一語，見註 518。"文學革命"一詞，見註 464 梅布爾‧李著。

第三篇

520　見第四章註 159 弗蘭克著第 48 頁。

521　見《光緒朝東華錄》第四卷總第 4601~4602 頁及本書附錄 I。

522　有關事實及關係，見第三章註 122 陸光及閻小波著。

523　見史遠芹、曹貴民及李玲玉著《中國近代政治體制的演變》（北京：中共黨史資料出版社，1990 年），第 77、293 頁；蕭公權著《現代中國與新世界：

維新派和烏托邦主義者康有為》(Hsiao, Kung-chuan, *A Modern China and a New World: K'ang Yu-wei, Reformer and Utopian, 1858—1927*〈Seattle: University of Washington Press, 1975〉) 第 275 頁；及第四章註 158 第 57~58 頁。

524　劉、張三摺全文載《張文襄公全集》(北京，新華書店，1990 年) 卷 52、53、54 (第一冊第 908~952 頁)；《光緒朝東華錄》第四冊總第 4727~4771 頁刊載了三摺全文，並加斷句；又見東亞同文會譯《劉張變法奏議：清國改革上奏》(東京：東亞同文會，1902 年)。在鄧嗣禹、費正清合編《中國對西方的反應：1839—1923 年文獻概覽》(Teng, Ssu-Yu, and John K. Fairbank, *China's Response to the West: A Documentary Survey, 1839—1923. 1954*; Cambridge: Harvard University Press, 1979) 第 197~205 頁，載有這三份奏摺的選譯。註 520 弗蘭克著第 48~52 頁對 7 月 12 日的奏摺有較詳細的討論。

525　所引上諭，見《光緒朝東華錄》第 4 冊總第 4771 頁，及見《張文襄公全集》卷 54 第 35 頁。"藍本"一詞見註 523 史遠芹等著第 77 頁。

526　鄧嗣禹、費正清合著《中國對西方的反應：1839—1923 年文獻研究指南》(Teng, Ssu-yu, and John K. Fairbank, *Research Guide for China's Response to the West: A Documentary Survey, 1839—1923*. Cambridge: Harvard Universiyt Press, 1954) 第 22 頁註 4。

第七章

527　1843 年以來對科舉批判的例子及 1895 年後的建議，見註 520 弗蘭克著第 16~43 頁。

528　見上註第 45~46 頁，及見《清光緒朝中日交涉史料》第 991~995 頁。

529　見第四章註 250 田正平、霍益萍著第 3~4 頁。

530　在 1866、1873、1879、1882、1891 及 1892 年，中國各類報告屢有出現日語的標準用詞"學校"，這些報告見於第三章註 91 朱有瓛主編的《中國近代學制史料》第 1~7 頁。張之洞 1896 年 2 月 17 日的《選派學生出洋肄業摺》，也使用了"學校"一詞 (同時也使用"學堂")，見《張文襄公全集》卷 43 第 10~13 頁。梁啟超於 1896 年 9 月 17、27 日在《時務報》(第 5、6 冊) 發表了《學校總論》。這樣，中國使廣泛認識"學校"一詞，但在 1912 年前並未採用為標準用詞。辛亥革命以後，仍有願意使用"學堂"的。

531　改革上諭中兩次提及"人才"。

532　見《光緒朝東華錄》第四冊第 136 頁，並見本書附錄 I。

533 同樣地，直到 1905 年止，有關教育改革的官方政令及規定的數目，遠遠超過其他，而且一直公開發佈。收集最齊全的是舒新城編《近代中國教育史料》（1898－1928）（上海，1928 年）；舒新城編《中國近代教育史資料》（1852－1922）（北京，人民教育出版社，1962 年）及第五章註 355 多賀秋五郎編《近代中國教育史資料》。

534 嘉納治五郎著《列強的競爭》，載《國士》。引文見中村義著《嘉納治五郎與楊度》第 51 頁。

535 引文見第三章註 103 細野浩二著第 56 頁。三個月後，根津一把這一思想發揮為《清國教育談》，載 1901 年 10 月 25 日《教育時論》。

536 奏摺全稱是《變通政治人才為先遵旨籌議摺》，見《張文襄公全集》卷 59 第 9 頁；參閱註 520 弗蘭克著第 50、52 頁。

537 見《張文襄公全集》卷 52 第 28 頁。

538 該上諭稱：“選派學生……學成領有憑照回華……按其所學，分門考驗。如果學有成效……諮送外務部覆加考驗，據實奏請獎勵……自備旅資出洋遊學者……如果學成得有優等憑照回華，准照派出學生一體考驗獎勵，候旨分別賞給進士、舉人各項出身，以備任用。”見《光緒朝東華錄》第 4 冊總第 4720 頁。

539 第四章註 186 容應萼著第 50~51 頁，第 58~59 頁，第 65 頁；及第五章註 355 多賀編著 I 第 37~39 頁，《章程》影印本見該書第 128~184 頁。

540 見《張文襄公全集》卷 54 第 2~3 頁。（第一冊，第 935~936 頁）

541 註 520 弗蘭克著第 54 頁。有關其後進展的研究，見第 54~59 頁。

542 “新一代”一語見第三章註 134 貝斯著第 120、182 頁；“國家官吏”一詞，見同書第 2、182、216、218 頁；“積極的新中央政府”，見同書第 218 頁。

543 第四章註 342 阿部洋著第 41、62 頁。又見“留日學生等翻譯日本有關學制的書籍（1898－1911 年書目）”，載第三章註 91 朱有瓛編著第二輯上冊第 26~27 頁，及第三章註 91 王曉秋著第 387~397 頁。

544 同上註第 6 頁；及第五章註 384 蘇雲峰著第 174 頁。

545 第四章註 250 第 6、11 頁。

546 在第五章註 353 譚汝謙編著第 290 頁註 520、151；第 287 頁註 520、127 及 291 頁註 520、161，譚汝謙分別列表說明。《教育行政》已收入此編著，《胎內教育》及《教育史》由上海廣智書局出版了單行本。

547 對羅振玉考察團的一般評論，見王曉秋著《“他山之石，可以攻玉”：近代日本遊記研究札記》，編入王著《近代中日啟示錄》（北京出版社，1987）第 231~233 頁。

548 發表觀點的代表性人物有張之洞、袁世凱、岑春煊、陶模、夏偕復，他們的文章題目見第六章註 476 蔭山雅博著第 28 頁。

549　同上註第 27~28 頁；及 "《教育世界》介紹日本教育法規目錄（1901—1903）"，載第三章註 91 朱有瓛編著第二輯上冊第 21~26 頁。

550　有關羅振玉與藤田丰八的親密工作關係和他們就《教育世界》的合作，見註 548。

551　有意義的是，在藤田丰八任職期間，這些譯著都用作蘇州的江蘇兩級師範學堂的教材。見阿部洋著《中國的近代教育與明治日本》第 173~174 頁。

552　見田正平、霍益萍著《遊學日本熱潮與清末教育》第 6 頁；註 548 第 27~32 頁。

553　註 548 第 28~29 頁。

554　這些主要著作的書目見上註第 29 頁。

555　註 552 田、霍合著第 6 頁。

556　同上註第 12 頁。

557　這些看法見上註第 12~13 頁。《初等教育章程》全文，見朱有瓛編《中國近代學制史料》第一輯上冊第 166~177 頁。

558　見註 552 田、霍合著第 11 頁。

559　見註 551 第 43 頁。吳參觀的學校類別和校名，會晤的最重要人士的姓名和會晤日期，見註 539 容著第 53~55 頁。

560　見上註第 56~58 頁。

561　吳的圖表和《奏定學堂章程》比較表，見上註第 66~67 頁。

562　註 552 田、霍合著第 9 頁，列舉了一些人的姓名和他們的情況。

563　全信原文見羅惠民編《莫理循通信集》(Lo Hui-min, ed., *The Correspondence of G. E. Morrison*, Vol. I: *1895—1912.* Cambridge: Cambridge University Press, 1976) 第 225 頁。

564　引自第四章註 195 阿部洋著第 33~35 頁。

565　見第四章註 159 弗蘭克著第 65 頁。

566　見第四章註 192 阿部洋著《向日本貸入》第 62 頁。

567　見註 551 第 35 頁。

568　西方學者中，最極力堅持這一觀點的莫過於約瑟夫・列文森，他乏味的文章強使讀者相信 "體用" 的程式，只不過是 "謬論"（第 60 頁）和 "庸俗化"（第 65 頁）。約瑟夫・R. 列文森著《儒家的中國及其現代的命運：理智的連續性問題》，第四章《體與用——"本體" 與 "作用"》(Chapter 4, "T'i and Yung-'Substance' and 'Function', " of Joseph R. Levenson, *Confucian China and Its Modern Fate: The Problem of Intellectual Continuity*. Berkeley: University of California Press, 1958）第 49~78 頁。

569　馬里烏斯·詹森對後藤新平（1857－1929）於 1900 年 4 月官式考察福建省時言論的評述。見"序言"註 2 詹森著《日本人與孫逸仙》第 100 頁。

570　日本人並沒有説"體用"，但至少有兩種相同的表述："和魂洋才"和"東洋道德，西洋技術"。引自 Teruhisa Horio 著《現代日本的教育思想及思想意識：國家的權威與思想的自由》（Teruhisa Horio, *Educational Thought and Ideology in Modern Japan: State Authority and Intellectual Freedom*, Steven Platzer, ed., and tr.〈Tokyo, 1988〉）第 28 頁。對"東洋道德，西洋技術"的富有洞察力的見解，見閔斗基著《對"中學為體，西學為用"的再評價》（"Chinese 'Principle' and Western 'Utility': A Reassessment," in Min Tu-ki, *National Polity and Local Power*）第 58~64 頁。"中學為體，西學為用"在中國運用的基本資料，喻本伐、熊賢君作了有用的探索，見其《中國教育發展史》（武漢，華中師範大學出版社，1991 年）第 392~394 頁。

571　註 524 鄧與費正清編著第 135 頁。

572　引自上註第 134 頁。

573　仿效單獨處理基督教的事例，見唐納德·堅尼著《日本對歐洲的發現，1720－1830 年》（Donald Keene, *The Japanese Discovery of Europe, 1720－1830*, rev. ed.〈Stanford: Stanford University Press, 1969〉）；及約翰·Z. 包華士著《兩者相遇：西方醫學在日本的興起》（John Z. Bowers, *When The Twain Meet: The Rise of Western Medicine in Japan*〈Baltimore: The Johns Hopkins University Press, 1980〉）。1600 年後，日本對基督教的官方政策，見喬治·埃利森著《神的毀滅：近代日本初期基督教的形象》（George Elison, *Deus Destroyed: The Image of Christianity in Early Mordern Japan*〈Cambridge: Harvard University Press, 1973〉）。

574　該詞語源自 J. A. 霍布森（J. A. Hobson），見第五章註 446 埃謝力克著第 92、93 頁。

575　引自《東亞同文會史》第 204 頁。

576　引自上註第 210 頁。

577　根津一同時信奉禪宗，又是日本滲透中國的積極推動者。本文無法顧及這兩方面，留待日後分析。

578　引自《東亞同文會史》第 326 頁。

579　引自上註第 325~326 頁。

580　此語出自《先進》篇第十一章末，孔子問四名學生的抱負，最後一名學生點（曾皙）在回答時，融合了道家對自然的讚美和儒家對社會和道德的迫切感，说："莫春者，春服既成，冠者五六人，童子六七人，浴乎沂，風乎舞雩，咏而歸。"選擇"咏歸"為校名，是要表示創辦者對中國古代教誨和文化的嚮往。

581 有關宮島大八及其學校的情況，見第五章註 265 六角恒廣著第 204~210 頁。

582 《東亞同文會史》第 74 頁。

583 《光緒朝東華錄》第 4 冊第 4601、4602 頁，又見本書附錄 I。

584 五種欽定學堂章程的全文，分載於第三章註 91 朱有瓛編著第二輯上冊各類學堂欄目內，又見多賀編著 I 第 128~148 頁。

585 每種章程的《全學綱領》，分別見上註朱編著第 559、374、163、157 頁；又見多賀著第 146、157、166、178 頁。

586 有意義的是，1901 年的改革上諭便以"中國"一詞指中國，見本書附錄 I。

587 見第三章註 91 朱有瓛編著第二輯上冊第 753 頁；又見多賀編著 I 第 128 頁。

588 見第六章註 457 譚汝謙著第 63 頁引蔡元培語。

589 "經學科"的內容又差不多全是儒學，見第三章註 91 朱有瓛註第二輯下冊，第 771~776 頁；又見多賀編著 I 第 227~231 頁。

590 有關授課時數，見第五章註 355 多賀編著 I 第 43 頁。

591 見《清光緒緒朝中日交涉史料》卷 70 第 11 頁（下冊總第 1342 頁）。引自第三章註 107 黃福慶著第 3~4 頁（劉廷琛的職銜，黃註第三頁為"署理陝西學政"，而在第 10 頁註 6，則是"署理陝西提學使"。按張德澤編著《清代國家機關考略》〈中國人民大學出版社，1984 年第二次印刷〉第 298 頁，"光緒三十二年〈1906 年〉四月，政務處與學會部奏'遵議裁撤學政，請設直省提學使司'……從此，原設學政者，一律改設提學使司"。劉廷琛是在 1906 年 8 日後才赴日考察，上奏奏摺為 1907 年 1 月，故職銜應為"提學使"——譯者註）。

592 見第五章註 352 阿部著第 65 頁。阿部洋另一相同的説法，見第四章註 195 第 37 頁。吳汝綸在 1902 年訪問期間，與著名哲學家井上哲次郎討論東西文化與日本教育精神有關問題。井上認為，"敝邦教育以融合調和東西洋之思想為目的"，主張"東洋道德，西洋工技，合之始成。賢者當合併東西，陶熔一治"。引自第三章註 91 王曉秋著第 393 頁。

593 見《教科書之發刊概況》第 65 頁。同時，教育部肯定了晚清的學校章程，並正式採用日本詞語的"學校"取代中國的"學堂"。在袁世凱管治的 1913 年和 1915 年，在課程中部分恢復了儒學和中國經典（第 246、248 頁），1916 年袁死後才取消（第 249 頁）。

594 這一論點的展開，見卡洛爾・格勒克著《日本的現代神話：明治晚期的意識形態》（Carol Gluck, *Japan's Modern Myths: Ideology in the Meiji Period*

〈Princeton: Princeton University Press, 1985〉）。

595　見《張文襄公全集》卷 57 第 14 頁。

596　見第三章註 91 朱有瓛編著第二輯上冊第 104 頁。

597　英譯《敕語》全文見註 594 第 121 頁，書中對《敕語》進行了廣泛的討論。對 19 世紀 70 年代，特別是 80 年代，日本從自由主義的實驗轉向中央集權的保守主義的討論，見第 102~127 頁。

598　有關中國人運用日本的《教育敕語》，作為教育及其他文化上的保守指導方針，見第四章註 195 第 37~38 頁阿部洋簡要的評述。

599　詳見第四章註 159 弗蘭克著第 59~71 頁。廢除科舉的上諭，見《光緒朝東華錄》第五冊總第 5392 頁。

600　引自第五章註 307 阿部洋著第 17 頁。

601　據郭廷以著《自強運動：尋求西方的技術》，載費正清編《劍橋中國史》第 10 卷：晚清史，1800－1911 上冊（Ting-yee Kuo, "Self-Strengthening: The Pursuit of Western Technology", in Fairbank, John K., ed., *The Cambridge History of China*, Vol. 10: *Late Ch'ing*, *1800—1911*, Part 1. Cambridge: Cambridge University Press, 1978）第 527、532、537 頁。

602　幹事長向東亞同文會 1905 年 12 月 23 日會員大會的報告，載《東亞同文會史》第 403 頁。

603　參閱第五章註 355 多賀秋五郎編著附文件表，多賀將有關文體按日期編排，並加簡短説明。

604　見第四章註 195 第 44~45 頁，第五章註 352 阿部洋著第 65~66 頁。

605　見第六章註 493 林明德著第 211 頁。林明德的“日本化”一詞，僅指中國新學校所用教科書的內容。我擴展為指整個教育系統。

606　同上註第 213 頁。1922 年的階段性，見朱有瓛主編的《中國近代學制史料》説明，稱“本書所選資料的年限，係從 1862 年京師同文館成立起，到 1922 年壬戌學制公佈止。”

第八章

607　見第五章註 384 蘇雲峰著第 115~116 頁。

608　見張寶樹著《蔣介石與日本（上）》，載《亞太展望》（台北，1986 年 10 月）。

609　唐納德·S. 賽頓著《各省黷武主義和中國人的民國：雲南軍，1905－1925》（Donald S. Sutton, *Provincial Militarism and the Chinese Republic: The Yunnan Army, 1905－1925*, Ann Arbor: The University of Michigan Press, 1980）。在 1903－1905 年間，40 名雲南中國人被派送日本接受軍事教育，

其中 30 人是 1904 年一年內派出的。書中（第 14 頁）列舉了他們中大多數人的職業。

610 歐內斯特・楊著《民國初期日本人對中國領袖的幫助》，載入江昭編《在政治及文化交流中的中日文著》(Ernest P. Young, "Chinese Leaders and Japanese Aid in the Early Republic", in Akira Iriye, de., *The Chinese and the Japanese: Essays in Political and Cultural Interactions* 〈Princeton: Princeton University Press, 1980〉) 第 133~134 頁，對此有簡短而頗饒興趣的討論。

611 在中國的日本軍事顧問，他們分屬不同的方面，而且在努力為推進他們中國領袖的事業時彼此競爭。其政策上的結果是使日本的處境陷入僵局。這是專家北岡伸一在《中國軍隊中的專家》書中的觀點。(Kitaoka Shin'ichi, "China Experts in the Army", in Peter Duus, Ramon H. Myers, and Mark R. Peattie, eds., *The Japanese Informal Empire in China, 1895－1937*, Princeton: Princeton University Press 1989), pp. 360, 366~367。

612 見《張文襄公全集》卷 41 第 8~9 頁，又見第三章註 87 鮑威爾著第 67 頁。有關建立在中國新的軍事學校受訓的新型軍隊及建立的背景，見同書第 51~89 頁。

613 見黃福慶著《清末留日學生》第 33~34 頁，第 136~138 頁。

614 見第三章註 91 朱編著第 152 頁，又見"序言"註 5 Cameron 著第 89 頁，及第三章註 87 鮑威爾著第 133~134 頁。到 1903 年 12 月，在袁世凱要求下，成立了全國練兵處，才改變了軍事現代化的分散政策，至少在紙面上如此。見"導言"註 19 麥金朗著第 73 頁，及第三章註 87 鮑威爾著第 166~169 頁。

615 對成城學校作最詳細的學術探討，見中村孝志著《成城學校與中國留學生》。

616 有關士官學校，見田久川著《日本陸軍士官學校與該校中國留學生》，載東北地區中日關係史研究會編《中日關係史論叢》第 205~214 頁，及小林共明著《日俄戰爭期間日本陸軍士官學校與中國留學生》(Hitori Kara 6: 62－75, Nov. 1985)。

617 見註 613 第 36~37 頁，第 42 頁。1900－1903 年每年畢業人數，見同書第 36 頁表 1。同書第 42 頁列有極其有用的統計表，表中分列官費及自費學生，及學生的來源。

618 對振武學校權威性的研究，是小林共明著《振武學校與留日清國陸軍學生》，載辛亥革命研究會編《中國近現代史論集：菊池貴晴先生追悼論集》(東京：汲古書院，1985 年)。

619 入學人數據註 613 第 39 頁。畢業生 647 人，係據註 616 第 214 頁田久川所列的更為詳細的統計表，少於黃福慶所列 673 人。

620 見第三章註 86 鮑威爾著第 291 頁。

621 第四章註 194 李喜所著第 205 頁。蔡鍔畢業時，於同班騎兵科名列第三。見註 609 第 81 頁。

622 第四章註 194 李喜所著第 205~206 頁。

623 見第五章註 437I，第 313 頁。這饒有意味的説法並無其他資料佐證。蔣入讀及畢業於士官學校的實際日期，比波文説的早一年。

624 見註 613 第 41~43 頁。

625 《清光緒朝中日交涉史料》卷 68 第 8~9 頁。引自註 613 第 34~35 頁。

626 引自鮑世修著《日本對中國晚清軍隊改革的影響》（1988 年 10 月 25－28 日於北京召開的中日關係史國際學術討論會上提交的論文）。

627 有關大原武慶，見第五章註 266 III，第 140~141 頁。

628 他們的姓名、授課科目、軍階、月薪及受聘日期，見第五章註 251 第 248~249 頁，蘇雲峰的主要資料之一是日本外務省外交史料館統計，該統計全文見第三章註 140 南里知樹編著附錄 I，第 25~28 頁。但蘇的資料參照了中國記錄。

629 見第五章註 251 第 249 頁的數字。

630 同上註第 240~256 頁中，處處可見有關論述。

631 見上註第 249~250 頁。在武漢及其他各地軍事設施工作的東亞同文書院畢業生的名單，見《東亞同文書院大學史》第 410 頁。但在蘇雲峰的名單上，僅有其中一人。

632 見第三章註 87 鮑威爾著第 191 頁對各種西方報道的綜述。

633 同上註第 191 頁，由於第五章註 251 蘇雲峰著第 248~250 頁有關 1906 年的名單上並無德國人，故不知道兩名德國人情況。

634 關於鑄方的正式職務，合約期限及薪金，按第五章註 251 第 249 頁的記載。

635 1898－1912 年間，湖北省成立的軍事學校及成立日期，見上註第 251 頁附表。

636 《清光緒朝中日交涉史料》卷 68 第 10 頁（下冊總第 1304 頁）。

637 分見第三章註 87 鮑威爾著第 162、165 頁。

638 見《張文襄公全集》卷 54 第 9 頁，該建議並未實行；又見第三章註 87 鮑威爾著第 132 頁。

639 見"導言"註 19 麥克金朗著第 135 頁，又見第 97 頁。

640 引自上註第 94 頁。這 55 人實際已入讀成城學校，見註 613 第 42 頁表 3。

641 見第三章註 140 南里知樹編著附錄 I 第 16~17 頁。

642 見"序言"註 5 卡梅倫著第 90 頁。

643　見第三章註 140 南里知樹編著附錄 I 第 16~19 頁。

644　《對支回顧錄》II，第 943~944 頁。

645　見第三章註 140 南里知樹編著附錄 I 第 12~16 頁。

646　見第三章註 87 鮑威爾著第 162 頁。有關各點，見同書第 152、158、160 頁，第 161~162 頁。

647　見"序言"註 5 伯魯納特與哈格爾史特朗著第 293 頁，第 293~294 頁及"前言"。

648　見註 626 第 2 頁，該論文長僅 8 頁。

649　第三章註 87 鮑威爾著第 172 頁。

650　同上註第 172 頁。

651　見註 626 第 2 頁。

652　同上註第 2~3 頁。

653　同上註第 5 頁。

654　同上註第 5~6 頁。

655　同上註第 6~7 頁。

656　同上註第 7 頁，及見第六章註 511 高名凱、劉正琰著第 130 頁軍事外來語簡表。在這簡表及伯魯納特與哈格爾史特朗的著作中，都沒有"師"和"旅"，建議對此兩詞需作進一步研究。

第九章

657　王家儉著《清末民初我國警察制度現代化的歷程，1901—1916》（國立台灣師範大學歷史學報 10: 307—308, 1982 年 6 月），我蒙蘇雲峰惠贈一冊。

658　黃遵憲建立的系統，見上註第 308~309 頁。

659　同上註第 308 頁。

660　第三章註 85 貝斯著第 77 頁、113 頁。

661　註 657 第 324 頁。

662　同上註第 308 頁。

663　王振坤與張穎著《日特禍華史：日本帝國主義侵華謀略諜報活動史實》第一卷（北京群眾出版社，1987 年）第 190~191 頁；第五章註 380 弘谷多吉夫著第 95、101 頁。

664　見第五章註 437 波文編著 I 第 35~36 頁"張謇"條目。

665　第五章註 382 第 26~28 頁；藤岡喜久男著《張謇與辛亥革命》（東京，1985 年）第 195~199 頁。

666　註 657 第 310~311 頁。

667　見《張文襄公全集》卷 53 第 13 頁，又見註 657 第 309 頁。

668　註 657 第 312、353 頁。

669　大衛・斯特朗德著《北京的黃包車：20 世紀 20 年代的市民和政治》（Berkeley，1989）第 70~72 頁。

670　"導言" 註 19 麥克金朗著第 156 頁。

671　註 657 第 353 頁，可惜（也令人奇怪）的是，王對這些問題只是一帶而過。

672　註 657 第 330 頁。這裏王的說法有誤，因為這警察學校於 1904 年底至 1909 年停辦了，據 D. 埃莉諾・韋斯特尼的權威性著作《模仿與創新：西方組織模式時明治日本的轉移》（D. Eleanor Westney, *Imitation and Innovation: The Transfer of Western Organizational Patterns to Meiji Japan*, Cambridge: Harvard University Press, 1987）。

673　註 657 第 311~312 頁。

674　註 657 第 325 頁（江蘇）第 327 頁（福建），第 329 頁（安徽），第 344 頁（廣西）、第 333 頁（四川）。

675　黃福慶著《清末留日學生》第 124 頁。

676　註 657 第 323 頁（江蘇），第 331 頁（湖北），第 332 頁（湖南），第 333 頁（四川）。

677　有關這一要點，見註 663 王振坤及張穎著第 191 頁。

678　見上註第 93、103 頁。

679　見上註第 93~94 頁。川島在華經歷中引人注目的一段，詳見同書第 187~189 頁。

680　第五章註 380 弘谷多吉夫著第 94、103 頁。

681　第五章註 349 譚汝謙編著第 422 頁（No.590.040）

682　第五章註 380 弘谷多吉夫著第 94 頁。

683　同上註第 94~95 頁。

684　同上註第 95 頁。

685　同上註第 95 頁，第 93~94 頁，第 103 頁；又見註 663 王振坤、張穎著第 191~194 頁。

686　見 "導言" 註 19 麥克金朗著第 38 頁附地圖。

687　這些日期見上註第 36、40 頁。

688　第五章註 380 弘谷多吉夫著第 95 頁。

689　上註第 95 頁中，弘谷多吉夫稱這些警察學校為警務學堂；在第六章註 40

第 204 頁中，林明德也稱保定警校為警務學堂；在註 657 第 321 頁中，王家儉則把保定及天津的警校稱為巡警學堂，稱北洋警校為北洋高等巡警學堂。本書依據王説。有關趙秉鈞，見《民國人物大辭典》（石家莊，河北人民出版社，1991 年）第 1316 頁。

690 見第三章註 140 南里知樹編附錄 I 第 12~15 頁。

691 "導言"註 19 麥克金朗著第 160 頁。

692 註 657 第 311、312 頁。

693 註 657 第 313 頁。

694 註 657 第 345 頁。

695 "序言"註 5 卡梅倫著第 63 頁。

696 "導言"註 19 麥克金朗著第 160、154 頁。

697 註 657 第 312 頁。

698 註 657 312~315 頁。有關缺乏一致性，見第 317 頁，第 345~346 頁。。

699 王在討論直隸警察改革的實質時，只用了 2/3 頁的篇幅（第 321~322 頁），卻用一頁以上探討安徽（第 329~330 頁），湖南（第 331~332 頁），山西（第 334~335 頁）和奉天（第 337~338 頁），而這些地方的實際成就是遠不及直隸的。麥克金朗則在《警務改革》標題下（第 155~163 頁），用可能得到的一切有用資料，認真地分析了直隸的情況。

700 對川島浪速，王只是約略提及，見上註第 311、318 頁。

701 D. 埃莉諾・韋斯特尼著《日本明治年代對西方組織的模仿：巴黎地區警察與警視廳的案例》（D. Eleanor Westney, "The Emulation of Western Organizations in Meiji Japan: The Case of the Paris Prefecture of Police and the Keishi-chō", *The Journal of Japanese Studies* 8. 2: 308〈Summer 1982〉）。

702 韋斯特尼在《模仿與創新》書中用以作為副題，見第 24 頁，亦見於書中各處。

703 同上註第 37~40 頁，第 40~44 頁。

704 分別見上註第 44~74 頁及第 74~92 頁。

705 註 657 第 318 頁。

706 引自第五章註 380 弘谷多吉夫著第 98 頁。

707 見上註第 101 頁。

708 弘谷多吉夫運用了各方面的材料，包括畢業生合照，估算 1901－1906 年間在北洋警務學堂的日本教習平均每年為 "12.3 人"，中國教習 7－8 人，而不是 3－4 人。見上註第 96~98 頁。

709 見上註第 99~100 頁。

710 見上註第 97、 101 頁。

711 有關日期見上註第 96 頁，及註 657 第 350 頁。

712 據註 657 第 330 頁。

713 註 657 第 318 頁。

714 註 657 第 351 頁。

715 見《張文襄公全集》卷 53 第 17 頁。亦引用於第六章註 512 島田正郎著第 133 頁。島田在學術上一般非常謹慎細緻，但卻把這一奏摺的日期誤寫為 1901 年 10 月 2 日。

716 見《張文襄公文集》卷 53 第 13 頁。

717 英譯本見 "序言" 註 5 梅佐著附錄 1 第 127~136 頁。

718 註 657 第 308~309 頁。

719 引自第六章註 512 島田正郎著第 135 頁。

720 同上註第 133~134 頁，及序言註 5 梅佐著第 132 頁。

721 載 "序言" 註 5 梅佐著第 137~152 頁。刑部按皇帝命令，就有關奏摺內容提出報告，趙的奏摺被引用為報告的一部分。

722 見第六章註 512 島田正郎著第 134 頁。

723 見 "序言" 註 5 梅佐著第 22、 122 頁。趙對流放的意見及一些處置詳情，見梅佐著第 22~24 頁，第 141、 150 頁。又見第六章註 512 島田正郎第 134 頁。

724 見 "序言" 註 3 麥克金朗著第 160 頁。

725 見《民國人物大辭典》第 1316 頁。

726 引自第六章註 512 島田正郎著第 140 頁。

727 見第六章註 493 林明德著第 204 頁；及第三章註 112 附錄 1，第 16 頁。

728 同上註

729 第六章註 512 島田正郎著第 143 頁。

730 見《光緒朝東華錄》第五冊總第 5412~5413 頁。上註第 151 頁有簡略日文譯文。

731 第六章註 512 島田正郎著第 151~152 頁。

732 《簡明人名辭典：日本》（東京，三省堂，1976 年）第 247 頁。奇怪的是，島田正郎並無提及小河到外國留學，只說他在 1895－1899 年間相繼參加了五次世界監獄會議。《大人名事典》在小河條目內，既未提到他出國，更未提及參加會議事。

733 譯著書名，翻譯者及出版商，見第五章註 349 譚汝謙編著第 394、 395 頁

（Nos. 570. 277 及 570. 280）。

734　據第三章註 140 南里知樹編著附錄 I，第 8、10 頁，稱小河的合約期為一年半；但據第六章註 59 島田正郎著第 158 頁，小河抵達北京是 1908 年 5 月 13 日，於 1910 年返日本。這樣小河在中國為時兩年，這正是標準合約的期限。

735　第三章註 140 南里知樹編著附錄 I 第 10 頁。

736　見沈家本 1907 年 5 月 11 日奏摺，載第六章註 512 島田正郎著第 155~156 頁。

737　同上註第 153、17 頁，尤應參照 219ff。法律學堂研究監獄，這是沈家本的另一構思，見其 1907 年 12 月 30 日奏摺，載上註第 156 頁。

738　部分引自第六章註 512 島田正郎著第 155、159 頁。

739　同上註第 155 頁。

740　引自上註第 162 頁。

741　同上註第 163 頁。

742　這一要點見上註第 163 頁，第 164~165 頁，第 165 頁註 4。

743　同上註第 159 頁，及第六章註 493 林明德著第 204 頁。

744　第六章註 512 島田正郎著第 159 頁，引自中國官方文件。

745　引自上註第 159~160 頁。

746　列表見上註第 160 頁註 3。

747　同上註第 161 頁註 7。

748　見第六章註 493 林明德著第 205 頁。

第十章

749　市古宙三著《1901 至 1911 年政治和制度改革》，載費正清、劉廣京編：《劍橋中國史》第 11 卷《晚清史，1800－1911》下冊第 413 頁。

750　見《張文襄公全集》卷 54 第 18 頁（第一冊第 943 頁），及第七章註 524 鄧嗣禹與費正清編著第 203 頁。

751　引自第六章註 493 林明德著第 200 頁，林奏摺於 1902 年寫成。邀請日本刑法及民法兩名日本學者的意見，是劉坤一、張之洞和袁世凱於 1902 年 4 月或 5 月間共同提出的。見 "序言" 註 5 梅佐著第 10 頁。

752　見《光緒朝東華錄》第五冊，總第 4864 頁；又見 "序言" 註 5 梅佐著第 10~11 頁；有關日期見郭廷以編著《近代中國史事日志》下冊第 1162 頁。

753　1902 年 3 月 11 日上諭，載《光緒朝東華錄》第五冊總第 4833 頁；又見 "序言"註 5 梅佐著第 9~11 頁。有關修訂法律館模糊不清的淵源及前身名稱的問題，見第六章註 512 島田正郎著第 13~18 頁、第 18 頁註 2 及同書"修訂法律館"條目下眾多的參考材料。

754 見"序言"註 5 梅佐著第 33、101 頁，及見渡邊惇著《清末袁世凱與北洋新政：北洋派的形成》。蒲地典子等著《1953 年以來日本對近代中國的研究：19 及 20 世紀歷史及社會科學研究的人物指南》第 223 頁中肯地認為，渡邊惇創新的著作，用材料表明了袁世凱培養並擢用全國的人才，及大量使用了日本顧問的先進方法。

755 第五章註 357 波文編著 III 第 454 頁。

756 同上註 III 第 96 頁。

757 同上註 III 第 95~96 頁，及《民國人物大辭典》第 431 頁。

758 見《清季外交史料》，王彥威纂輯、王亮編（1932，北京：書目文獻出版社，1987）卷 162 第 26 頁（第三冊，總第 2611 頁）。英譯文見"序言"註 5 梅佐著第 11 頁。

759 "序言"註 5 梅佐著第 11 頁，及第六章註 493 林明德著第 199 頁。"通過法律改革收回法權"是作者自己的話。

760 見中國立法院民法編纂委員會編英文版《中華民國民法》（1930 年，上海）第 11~12 頁，傅秉常寫的"導言"。

761 《大人名事典》"岡田朝太郎"條目。

762 分別於 1905 年及 1906 年出版，見第五章註 349 譚汝謙編著第 407、408 頁（Nos. 580.084，580.085，及 580.094，580.095）。

763 汪向榮著《日本教習》第 69 頁。

764 第三章註 140 南里知樹編著附錄 I 第 8 頁。

765 第六章註 493 林明德著第 200 頁。

766 奏報譯文見"序言"註 5 梅佐著第 190~198 頁。有關岡田參考資料見同書第 190 頁；岡田草案的原則見同書第 66~78 頁。

767 詳見"序言"註 5 梅佐著第 79~100 頁。1907 年 7 月 11 日禮學館的建立，原 p190 用梅恩伯格的話說，是"研究人民舊的和現代的習俗，從中選擇最好的供皇帝決定"，以為立憲政府奠定一定基礎。見羅伯特·梅恩伯格著《中國立憲政府的出現（1905－1908）：慈禧太后認可的概念》第 62 頁（Norbert Meienberger, *The Emergence of Constitutional government in China〈1905－1908〉: The Concept Sanctioned by the Empress Dowager Tz'u-hsi*〈Bern, 1980〉）。對禮學館較詳細論述，見"序言"註 5 伯魯納特與哈格爾史特朗著第 129~130 頁。

768 見序言註 5 梅佐著第 95 頁。

769　第六章註 493 林明德著第 202 頁。有關岡田插手草擬中國新法院編制法、刑事訴訟法、違警罰法及對岡田刑法的幾點爭論見同書第 200~202 頁，及註 749 第 408~409 頁。

770　第三章註 140 南里知樹編著附錄 I 第 8 頁。

771　"導言"註 28 第 9 頁；1912 年後曾草擬新法典，見"導言"第 12 頁。直至 1929 年，中國政府及法庭仍主要參照岡的法典，見第六章註 493 林明德著第 203 頁，及註 454 第 40 頁。

772　第三章註 140 南里知樹編著附錄 I 第 10 頁。

773　同上註，及《大人名事典》"志田鉀太郎"條目。

774　有關這三本譯著，見第五章註 349 譚汝謙編著第 413、414 頁（Nos. 580. 145，580. 149 及 580. 160）。

775　第六章註 493 林明德著第 203 頁，及註 749 第 409~410 頁。

776　有關行政改革，見註 749 第 389~396 頁。

777　第六章註 493 林明德著第 203 頁。

778　同上註第 204 頁。

779　這條例的英文譯文，載治外法權委員會編譯的《中華民國司法行政之法律、法令、法規及法則》（北京，1929 年）第 343~345 頁。1914 年的 13 條法規，增加為 44 條，於 1923 年 3 月 30 日公佈，譯文見同書第 346~357 頁。

780　註 767 梅恩伯格著第 11 頁。

781　同上註，又見第 82 頁。

782　梅恩伯格創造性地運用有關資料編成《清政府內的改革派和反對派（1905－1908 年）》，列表說明對憲政改革的各種態度。載上註第 95~100 頁，第 59 頁。

783　同上註第 12 頁。

784　見第六章註 493 林明德著第 192、194 頁。

785　張謇的敍述，簡見王曉秋著《他山之石，可以攻玉》第 235~237 頁。

786　見第九章註 665 藤岡喜久男著第 199~202 頁；及閔斗基著《晚清期間的省議會》，載閔著《國家政體與地方勢力：中國皇朝晚期的改革》第 140 頁。

787　同上註閔著第 140 頁，第五章註 357 波文編著 III 第 169~170 頁。

788　第九章註 665 藤岡喜久男著第 202 頁；註 694 閔斗基著第 140 頁。

789　見《清光緒朝中日交涉史料》卷 68 第 34 頁（下冊，總第 1316 頁）。關於楊樞多次在駐日使團工作，見 Chow Jen-hua, *China and Japan: The History of Chinese Diplomatic Missions in Japan 1877－1911*（Singapore:

Chopmen Enterprises, 1975），pp. 96 and 235。

790　註 749 第 388 頁。

791　有關地方自治政府及各種類型議會的重要爭論，見閔斗基著《清代政治封建主義的理論》，載閔著《國家政治形態與地方勢力》第七章第 89~136 頁；有關 1898 年改革期間的爭論，見第 122~136 頁。概括性的討論，見註 675 梅恩伯格著第 22~25 頁。

792　見《光緒朝東華錄》第五冊總第 5364 頁，及註 786 閔斗基著第 141 頁。

793　各類人物的姓名見張朋園著《立憲派與辛亥革命》（台北：中央研究院近代史研究所，1969 年）第 3~4 頁；註 675 梅恩伯格著第 22、96、97 頁；第九章註 665 藤岡喜久男著第 195~230 頁。

794　見第九章註 665 藤岡喜久男著第 202~203 頁，註 786 閔斗基著第 144、153 頁，"序言"註 5 伯魯納特及哈格爾史特朗著第 46~47 頁，註 791 閔斗基著第 192、194 頁。由於閔斗基説的日期偶有錯誤，故此處從藤岡喜久男説。

795　見註 767 梅恩伯格著第 29 頁。

796　對考察團的報告和建議，見上註第 20~38 頁。慈禧接見他們的次數及他們的奏摺，見註 786 閔斗基著第 147~148 頁。有關考察政治大臣的職位，見第九章註 665 藤岡喜久男著第 204 頁。

797　見郭廷以編著《近代中國史事日志》下冊，第 1258~1259 頁；又見註 786 閔斗基著第 148~149 頁，第 252 頁註 43。註 767 梅恩伯格著第 39~47 頁有更詳細的討論。

798　註 786 閔斗基著第 149 頁。

799　見註 767 梅恩伯格著第 56~61 頁。

800　詳情及對此分析，見上註第 48~55 頁；又見郭廷以編著《近代中國史事日誌》下冊第 1262~1263 頁。

801　同上註郭廷以編著第 57 頁註 8。

802　第六章註 493 林明德著第 193 頁。

803　同上註。

804　同上註第 194 頁。

805　同上註第 195 頁，及見《光緒朝東華錄》第五卷總第 5979 頁。

806　這極其有用的比較表載第六章註 493 林明德著第 195~196 頁。

807　見上註第 194 頁。

808　詳見註 767 梅恩伯格著第 76~82 頁。

809　同上註第 13 頁。

810　同上註第 13、14 頁（該章標題）及第 18 頁。閔斗基在《晚清期間的省諮議局》第 177 頁中，特別提及 1908 年 8 月後全中國建立的省諮議局，堅持認為這一創舉仍 "在中國歷史傳統的範疇中"。

811　同上註第 75 頁。

812　見註 749 第 413 頁。

結束語

813　見喬舒亞・A. 福吉爾（Joshua A. Fogel）為島田虔次者《中國革命的先驅：章炳麟與儒家學說》所寫 "導言" 上中肯的評論（第 11~14 頁）。

814　佐佐木正哉著《近代中國對外部世界的認識和憲政思想的發展》（Masaya Sasaki, "Knowledge of the Outside World in Modern China and the Development of Constitutional Thought", *Memoirs of the Research Department of the Toyo Bunko* 44: 38—39, 45—47〈1986〉），對這問題有精彩的闡述。

815　對日本文學的模仿，見 C. T. Hsia 著《新小說鼓吹者嚴復與梁啟超》（C. T. Hsia, "Yen Fu and Liang Ch'i-ch'ao as Advocates of New Fiction", in Adele Austin Rickett, ed., *Chinese Approaches to Literature from Confucius to Liang Ch'i-ch'ao,* pp. 221~257, Princeton: Princeton University Press, 1978），及第三章註 106 陳應年著。對日本藝術的模仿，見第六章註 519 克魯茨爾著，及第六章註 519 徐星平著。對現代日本思想的模仿，見第六章註 471 陳應年著。"新文化運動" 一語，是第六章註 518 曹貴民著的標題。"文學革命" 一語，是第六章註 464 梅布爾・李書中的標題。

816　見第六章註 464 梅布爾・李著第 204 頁。

817　參閱約瑟夫・菲史密斯著《中國共和主義的黨派，國家及地方名流：上海商人的組織及政治活動，1890—1930 年》（Joseph Fewsmith, *Party, State, and Local Elites in Republican China: Merchant Organizations and Politics in Shanghai, 1890—1930*, Honolulu: University of Hawaii Press, 1985）第 33~36 頁。這研究只是開始，期望中的研究現正在中日兩國進行着。

818　有關自治攻府運動，見約翰・H. 芬卓爾著《中國的民主：地方和省的自治政府運動及全國政治活動，1905—1914 年》（John H. Fincher. *Chinese Democracy: The Self-Government Movement in Local, Provincial and National Politics, 1905—1914*, New York: St. Martin's press, 1981），及 "導言" 註 19 羅傑・湯普森著。

819　例如第六章註 514 譚汝謙著第 344 頁中，號召中日合作，以確定漢語中現代日語外來語的範圍。

820　橫山英著《20 世紀初期的地方政治近代化札記》，載橫山英編《中國的近代化與地方政治》（東京：Keisō shobō, 1985）第 i~iii 頁，第 1~27 頁。

821　瑪莉・巴克斯・蘭京著《傑出人士的行動主義與中國的政治改革：浙江省，1865－1911 年》（Mary B. Rankin, *Elite Activism and Political Transformation in China: Zhejiang Province, 1895－1911*. Stanford: Stanford University Press, 1986）。

822　杜贊琦著《文化，權力與國家：華北的農村，1900－1942 年》（Prasenjit Duara, *Culture, Power, and the State: Rural North China, 1900－1942*. Stanford: Stanford University press, 1988）。

823　例如張朋園著《省議會：政治參與的出現，1909－1914 年》，載《中國歷史研究》1984 年春季號第 3~28 頁；及張朋圓著《晚清立憲主義的概念與實踐》，載《中國歷史研究》1989 年秋季號第 3~22 頁。

824　分別參閱閔斗基著《清代封建主義的理論》及《晚清的省議會》，載閔著《國家政治形態與地方勢力》第 89~136 頁，第 137~139 頁。以相同概念，分析延續至 19 世紀 30 年代的相同問題，見菲利普・A. 庫恩著《民國時期的地方自治政府：控制權，自治權與靈活性的問題》（Philip A. Kuhn, "Local Self-Government Under the Republic: Problems of Control, Autonomy, and Mobilization", in Frederic Wakeman, Jr. and Carolyn Grant, eds., *Conflict and Control in Late Imperial China*〈Berkeley: University of California Press, 1975〉）第 257~298 頁。

825　見註 813 第 9 頁。

826　引自第三章註 91 王曉秋著第 321 頁。

827　就如德克・博特對第一代皇朝成就的評價那樣，"使人驚奇的是，（秦朝）雖則短暫，卻成功地為政治後繼者留傳了國家官僚系統，經漢代加以完善及鞏固，在公元 220 年漢朝崩潰後，再經不斷地修改，又繼續繁榮了 1,700 多年……無論對秦朝的成就讚賞否，它在數量和質量上對中國面貌改變之大，堪稱之為'革命'……這是中國古代真正的革命。自然，中國到了這個世紀才有名符其實的革命的"。（Derk Bodde, "The State and Empire of Ch'in," in Denis Twitchett and Michael Loewe, eds., *The Cambridge History of China*, I: *The Ch'in and Han Empires*, 221 B. C. –A. D. 220〈Cambridge: Cambridge University Press, 1986〉）第 90 頁。

附錄 I

828　由於一般多用具有朝代性的詞語表述中國，如"我朝"（本論僅出現一次），或"清國"（表述對外關係時用），或古語詞"天下"（本諭兩次使用），在這新政改革上諭中三次以政治上中性的"中國"以指稱中國，是具有意義的。（譯者按：在這上諭中三次使用"中國"一詞，均為與"外國"前後相對。如："……取外國之長……去中國之短"；"……渾融中外之跡。中國之弱……"；"……西人富強之始基。中國不此之務……"。"天下"與"國家"本為同義，行文時為了變文避複而替用，如"誤國家者在一私字，禍天下者在一例字"。諭中的"我朝"，是指"入關以後"一段，其下又歷數雍正、乾隆、嘉慶、道光，是不可能用"中國"以代的。）

829　上諭首段引用的"損益"一詞為關詞語，原出《論語》，是針對那些反對對清朝法律和體制作任何調整的極端保守主義分子的。（譯者註："損益"一詞，見《論語‧為政第二》，"子曰：'殷因於夏禮，所損益可知也；周因於殷禮，所損益可知也。'"）

830　"物窮則變"引自《易經》的"窮"和"變"，已見於上諭首段，末段又再引用，顯見首尾呼應。關鍵詞語"窮"、"變"和"損益"的重複引用，是要表示容易過敏的改革事宜本是遵循聖賢古訓的。（譯者按："窮"、"變"，見《易經繫辭‧下傳》"易窮則變，變則通，通則久"。）

譯後記

　　十分感謝袁偉時教授的信任和具體幫助，使我能在退休後的老朽之年，仍能做點自己喜歡、也自以為有益的事，他的信任其實是極具冒險精神的。感謝作者任達教授反覆細心校改譯稿，甚而增刪原著。感謝袁征教授多次為我借閱參考資料；小友黃穎紅同學為我就一些拼音日文翻譯問題向廣州外語學院的教授們請教，他們並不認識我，卻仍以誨人不倦的精神，盡量為我解答。袁教授告訴我，在本書排印前，近代史研究所雷頤教授又重新校改了譯稿。因此，這本書不是我一個人譯的，主要工作也不是我做的。

　　總覺得歷史非常重要，尤其是近代史，竊以為不了解近代史，便無從深刻了解今天的態勢。但數十年匆匆而過，竟未能對近代史增多一點確切的認識，未能擺脫一些因循的見解，也未能解開眾多迷惑的疑團。從任達教授的著作中，看到從未有人提過的觀點，讀到前所未見的史料，也觸發我思索一些從未想過的問題，於是不揣自陋，斗膽應承了這書的翻譯工作。書中的若干觀點，我有不同意見，也曾就此與作者討論以至爭辯。但翻譯的責任只是盡可能讓讀者如實地讀到作者說的一切，如何評價，讀者自會衡量。選擇這本書的讀者，肯定不是人云亦云之輩的。

李仲賢

參考書目

Abe Hiroshi 阿部洋. "Giwadan baishōkin ni yoru Amerika no tai-Ka bunka jigyō" 義和団賠償金によるアメリカの対華文化事業（American Cultural Activities in China Utilizing Boxer Indemnity Funds）. In Abe Hiroshi, ed. *Bei-Chū kyōiku kōryū no kiseki: Kokusai bunka kyōryoku no rekishiteki kyōkun* 米中教育交流の軌跡：国際文化協力の歴史的教訓（U.S.-China Educational Exchange: Historical Lessons in International Cultural Cooperation）, pp. 155~205, Tokyo: Kazankai, 1985.

阿部洋：《美國運用庚子貼款的對華文化事業》，載阿部洋編：《美中教育交流的軌跡：國際文化合作的歷史教訓》。

——. "Borrowing from Japan: China's First Modern Educational System." In Hayhoe and Bastid, eds., pp. 57~80.

阿部洋：《向日本貸入：中國第一個現代教育體系》。載露斯・海浩及瑪麗安尼・尼斯蒂特編著。

——. "Shinmatsu Chokurei shō no kyōiku kaikaku to Watanabe Ryūsei" 清末直隷省の教育改革と渡辺龍聖（Late-Qing Educational Reforms in Zhili Province and Watanabe Ryūsei）. In *Oyatoi Nihonjin kyōshū no kenkyū*, pp. 7~25.

阿部洋：《清末直隸省的教育改革與渡邊龍聖》，載《受僱的日本教習之研究》。

——. *Chūgoku no kindai kyōiku to Meiji Nihon* 中国の近代教育と明治日本（Chinese Modern Education and Meiji Japan）. Tokyo: Fukumura Shuppan, 1990.

阿部洋：《中國的近代教育與明治日本》。

——, ed. *Nit-Chū kyōiku bunka kōryū to masatsu: Senzen Nihon no zai-Ka kyōiku jigyō* 日中教育文化交流と摩擦：戦前日本の在華教育事業（Japanese-Chinese Educational and Cultural Exchange and Conflict: Japanese Educational Activities in Prewar China）. Tokyo: Daiichi Shobō, 1983.

阿部洋編：《日中教育文化交流與衝突：戰前日本在華的教育事業》。

——, ed., *Meiji kōki kyōiku zasshi ni mirareru Chūgoku・Kankoku kyōiku bunka kankei kiji mokuroku* 明治後期教育雑誌にみられる中国・韓国教育文化関係記事目録（Index to Articles Related to Chinese and Korean Education and Culture, As Seen in Late Meiji Educational Journals）. Tokyo: Ryūkei Shosha, 1989.

阿部洋編：《明治後期教育雜誌刊載有關中國・韓國教育文化關係文章索引》。

Ayers, William. *Chang Chih-tung and Educational Reform in China.* Cambridge: Harvard University Press, 1971.

亞耶士，威廉：《張之洞與中國教育改革》。

Bao Shixiu 鮑世修：日本對中國晚清軍隊改革的影響（1988 年 10 月 25 至 28 日北京召開的中日關係史國際學術討論會上提交論文）。 Japanese Influences on Late-Qing Military Reforms. Unpublished paper presented at the International Symposium on the History of Sino-Japanese Relations, Beijing, 25~28 October 1988.

Bastid, Marianne. *Educational Reform in Early 20th-Century China*, Paul J. Bailey, tr. Ann Arhor: Centre for Chinese Studies, The University of Michigan, 1988. Originally published in French in 1971.

巴斯蒂特，瑪麗安尼：《20 世紀初期中國的教育改革》。

Bays, Daniel H. "Chang Chih-tung after the '100 Days': 1898~1900 as a Transitional Period for Reform Constituencies." In Cohen and Schrecker, eds., pp. 317~325.

貝斯，丹尼爾・H：《百日維新後的張之洞：改革者轉變期的 1898~1900 年》，載科恩與施卓格編：《中國 19 世紀的改革》。

———, *China Enters the Twentieth Century: Chang Chih-tung and the Issues of a New Age, 1895~1909*. Ann Arbor: The University of Michigan Press, 1978.

貝斯，丹尼爾・H：《中國進入 20 世紀：張之洞與新時期的爭執問題》。

Beauchamp, Edward R., and Richard Rubinger. *Education in Japan: A Source Book*. New York: Garland Publishing, 1989.

博章普，愛德華・R 及理查德・魯賓格：《日本教育的原始資料集》。

北京市中日文化交流史研究會編：《中日文化交流史論文集》（北京：人民出版社，1982 年）。

Bland, J. O. P., and E. Backhouse. *China under the Empress Dowager: Being the History of the Life and Times of Tzu Hsi, Compiled from State Papers and the Private Diary of the Comptroller of Her Household*. Philadelphia: J. B. Lippincott Company, 1910.

布蘭特，J. O. P. 與 E・貝侯斯：《慈禧家長統治下的中國：慈禧年代的生活史實，國家文件及私人日記彙編》。

244

Bonner, Joey. *Wang Kuo-wei: An Intellectual Biography*. Cambridge: Harvard University Press, 1986.

邦納，喬意：《王國維，一位知識分子的傳記》。

Boorman, Howard L., ed. *Biographical Dictionary of Republican China*. 5 vols. New York: Columbia University Press, 1967~1971.

波文，霍華德 • L 編：《中華民國人名辭典》。

Borthwick, Sally. *Education and Social Change in China: The Beginnings of the Modern Era*. Stanford: Hoover Institution Press, Stanford University, 1983.

波夫域，莎莉：《中國教育和社會的變化：現代紀元的開端》。

Brunnert, H. S., and V. V. Hagelstrom. *Present Day Political Organization of China*, rev. by N. Th. Kolessoff, tr. A. Beltchenko and E. E. Moran. Shanghai, 1912. Taipei: Ch'eng Wen Publishing Company, 1971.

伯魯納特，H. S. 與 V. V. 哈格爾史特朗：《中國目前的政治組織》。

Burks, Ardath W., ed. *The Modernizers: Overseas Students, Foreign Employees, and Meiji Japan*. Boulder, Colo.: Westview Press, Inc., 1985.

柏克斯，阿達夫 • W. 編：《明治日本的維新者：外國留學生，受僱的外國人員》。

Cameron, Meribeth E. *The Reform Movement in China 1898~1912*, Stanford: Stanford University Press, 1931.

卡梅倫，梅里貝斯 • E.：《中國的改革運動，1898~1912 年》。

Cao Guimin 曹貴民：《中國留日學生與 " 五四 " 前的新文化運動》（Japan-Trained Students and China's Pre- "May Fourth" New Culture Movement），中日關係史研究，1983 年第 2 期，第 32~40 頁。

Chang, Hao. "Intellectual Change and the Reform Movement, 1890~8." In Fairbank and Liu, eds., pp. 274~338.

張灝：《思想的變化和維新運動，1890~8 年》，載費正清等編：《劍橋中國史，晚清史》。

Chang Pao-shu (Zhang Baoshu) 張寶樹．"Shō Kaiseki [Jiang Jieshi] sensei to Nihon (jō)" 蔣介石と日本（上）（Chiang Kai-shek and Japan, Part I），*A-Tai tenbō* 亞太展望 3.10: 21~41（October 1986）.

張寶樹：《蔣介石與日本（上）》。

Chang P'eng-yuan (Zhang Pengyuan) 張朋園：《立憲派與辛亥革命》（"Constitutionalists and the Revolution of 1911 in China"）（台北：中央研究院近代史研究所，1969 年）。

Chen Yingnian 陳應年：《近代日本思想家著作在清末中國的介紹和傳播》，北京市中日文化交流史研究會編，第 262~282 頁。

陳應年：《梁啟超與日本政治小説在中國的傳播及評價》（Liang Qichao and the Japanese Political Novel's Dissemination to China, Spread and Appraisal"），載《中日文化與交流 I》，第 110~129 頁（1984 年）。

China, The Commission on Extraterritoriality. *Laws, Ordinances, Regulations and Rules Relating to the Judicial Administration of the Republic of China*, The Commission on Extraterritoriality, tr. Beijing: The Commission on Extraterritoriality, 1923.

中國治外法權委員會編譯：《中華民國之法律、法令、法規及法則》（北京，1923 年）。

China, Legislative Yuan, Civil Codification Commission. *The Civil Code of the Republic of China*. Shanghai: Kelly and Walsh, 1930.

中國立法院民法編纂委員會：《中華民國民法》（上海，1930 年）。

Chung, Sue Fawn. "The Image of the Empress Dowager Tz'u-hsi." In Cohen and Schrecker, eds., pp. 101~110.

蘇仿春：《慈禧太后的形象》，載科恩及施卓格編：《中國 19 世紀的改革》。

Cohen, Paul A. "Christian Missions and Their Impact to 1900." In Fairbank, ed., pp. 543~590.

科恩，保羅：《1900 年以前的基督教傳教活動及其影響》，載費正清編：《劍橋中國史 —— 晚清史》。

Cohen, Paul A. and John E. Schrecker, eds. *Reform in Nineteenth-Century China*. Cambridge: East Asian Research Center, Harvard University, 1976.

科恩，保羅與約翰 •E• 施卓格編：《中國 19 世紀的改革》。

Croizier, Ralph. *Art and Revolution in Modern China: The Lingnan (Cantonese) School of Painting, 1906~1951*. Berkeley: University of California Press, 1988.

克魯茨爾，拉爾夫：《近代中國藝術與革命：嶺南美術學校，1906~1951 年》。

Dai jinmei jiten 大人名事典（Great Biographical Dictionary）. 10 vols. Tokyo: Heibonsha, 1955.

東北地區中日關係史研究會編：《中日關係史論叢》第一輯（瀋陽：遼寧人民出版社，1982 年）。

—— :《中日關係史論集》第二輯（長春：吉林人民出版社，1984 年）。

—— :《中日關係史論文集》第三輯（哈爾濱：黑龍江人民出版社，1984 年）。

東北地區中日關係史研究會與齊齊哈爾師範學院學報編輯部合編：《中日關係史論集（上、下）》第四輯（齊齊哈爾師範學院學報，1985 年增刊）

—— ：《中日關係史論集》第五輯（齊齊哈爾師範學院學報，1986 年增刊）

東北地區中日關係史研究會與社會科學戰線編輯部合編：《中日關係史論集》第六輯（社會科學戰線，1989 年增刊）.

Duara, Prasenjit. *Culture, Power, and the State: Rural North China, 1900~1942*. Stanford: Stanford University Press, 1988.

杜亞拉，普拉顯吉：《文化，權力及國家：華北的農村，1900~1942 年》。

Duus, Peter, Ramon H. Myers, and Mark R. Peattie, eds. *The Japanese Informal Empire in China, 1895~1937*. Princeton: Princeton University Press, 1989.

鄧斯，彼德，雷蒙 •H• 邁耶斯，及馬克 •R• 皮蒂編：《非正式的日本帝國在中國，1895~1937 年》。

Esherick, Joseph W. *The Origins of the Boxer Uprising*. Berkeley: University of California Press, 1987.

埃謝力克，約瑟夫 •W：《義和團起義的由來》。

Fairbank, John K., Edwin O. Reischauer, and Albert M. Craig. *East Asia: The Modern Transformation*. Boston: Houghton Mifflin Company, 1965.

費正清，埃德溫 •O• 萊斯曹爾，及阿爾伯特 •M• 克雷格合編：《東亞：現代的變革》。

Fairbank, John K., ed. *The Cambridge History of China,* vol. 10: *Late Ch'ing, 1800~1911, Part 1*. Cambridge: Cambridge University Press, 1978.

Fairbank, John K., and Kwang-ching Liu, eds. *The Cambridge History of China,* vol. 11: *Late Ch'ing, 1800~1911, Part 2*. Cambridge: Cambridge University Press, 1980.

費正清、劉廣京合編：《劍橋中國晚清史》（中譯本由中國社會科學出版社出版，1985 年）。

Fairbank, Katherine Frost Bruner, and Elizabeth MacLeod Matheson, eds. *The I. G. in Peking: Letters of Robert Hart, Chinese Maritime Customs, 1868~1907*. 2 vols. Cambridge: The Belknap Press of Harvard University Press, 1975.

費正清、凱瑟琳 • 弗羅思特 • 布羅恩納、伊麗莎白 • 麥克勞德 • 馬迪森合編：《北京總稅務司赫德書信集，1868~1907 年》。

Feuerwerker, Albert. *The Foreign Establishment in China in the Early Twentieth Century*. Ann Arbor: Center for Chinese Studies, The University of Michigan, 1976.

費維愷：《20 世紀初外國在華機構》。

Fewsmith, Joseph. *Party, State, and Local Elites in Republican China: Merchant Organizations and Politics in Shanghai, 1890~1930.* Honolulu: University of Hawaii Press, 1985.

菲史密斯，約瑟夫：《中國共和主義的黨派，國家及地方名流：上海商人的組織及政治活動，1890~1930 年》。

Fincher, John H. *Chinese Democracy: The Self-Government Movement in Local, Provincial and National Politics, 1905~1914.* New York: St. Martin's Press, 1981.

芬卓爾，約翰‧H：《中國的民主：地方和省的自治政府運動及全國政治活動，1905~1914 年》。

Fogel, Joshua A. "On Japanese Expression for 'China'," *Sino-Japanese Studies* 2. 1: 5~16（December 1989）.

福吉爾，喬舒亞‧A：《中國應用的日本詞語》。

Franke, Wolfgang. *The Reform and Abolition of the Traditional Chinese Examination System.* Cambridge: Center for East Asian Studies, Harvard University, 1960.

弗蘭克，沃爾夫岡：《中國傳統科舉制度的改革與廢除》。

Fujioka Kikuo 藤岡喜久男 . *Chō Ken to shin'gai kakumei* 張謇と辛亥革命（Zhang Jian and the 1911 Revolution）. Sapporo: Hokkaidō Daigaku Tosho Kankōkai, 1985.

藤岡喜久男：《張謇與辛亥革命》。

Futami Takeshi 二見剛史 . "Kyōshi Hōsei Gakudō to Matsumoto Kamejirō" 京師法政学堂と松本亀次郎（The Beijing College of Law and Administration and Matsumoto Kamejirō）. In Abe Hiroshi, ed., *Nit-Chū kyōiku bunka kōryū to masatsu*, pp. 75~97.

二見剛史：《京師法政學堂與松本龜次郎》。

———, "Kyōshi Hōsei Gakudō no Nihonjin kyōshū" 京師法政学堂の日本人教習（Japanese Teachers at the Beijing College of Law and Administration）. In *Oyatoi Nihonjin kyōshū no kenkyū*, pp. 75~89.

二見剛史：《京師法政學堂的日本人教習》。

Futami Takeshi, and Satō Hisako 佐藤尚子 . "（Fu）Chūgokujin Nihon ryūgaku shi kankei tōkei"（付）中国人日本留学史関係統計（[App.] Statistics Relating to the History of Chinese Students in Japan）, *Kokuritsu Kyōiku Kenkyūjo kiyō* 94: 99~118（March 1978）.

二見剛史與佐藤尚子：《(附錄) 中國人日本留學史關係統計》。

高名凱、劉正琰：《現代漢語外來詞研究》(北京：文字改革出版社，1958 年)。

Gluck, Carol. *Japan's Modern Myths: Ideology in the Late Meiji Period*. Princeton: Princeton University Press, 1985.

格勒克，卡洛爾：《日本的現代神話：明治晚期的意識形態》。

關捷、徐迎前：《論中日甲午戰爭的張之洞》，載《中日關係史論集》(第二輯)。

郭廷以編著：《近代中國史事日誌》台北，1963 (北京：中華書局，1987 年)。

Harada, Rev. J. "Japanese Educational Influence in China." *The Chinese Recorder* 36. 1: 356~361 (July 1905).

夏納達牧師：《日本人對中國教育的影響》。

Harrell, Paula Sigrid. "The Years of the Young Radicals: The Chinese Students in Japan, 1900~1905." Ph. D. Dissertation, Columbia University, New York, 1970.

哈萊爾，波拉・西格麗德：《年青激進分子的年代：日本的中國留學生，1900~1905 年》。

Hayhoe, Ruth, and Marianne Bastid, eds. *China's Education and the Industrialized World: Studies in Cultural Transfer*. Armonk, N. Y.: M. E. Sharpe, 1987.

海浩，露斯，與巴斯蒂特，瑪麗安尼：《中國的教育與工業化的世界：文化轉移的研究》。

Hirano, Ken'ichirō (Hirano Ken'ichirō 平野健一郎). "Arao Sei and the Process of the Establishment of the Tōa Dōbun Kai: An Early Advocacy of the Promotion of Sino-Japanese Trade." Research paper for Seminar in Modern Japanese History (History 285), Regional Studies-East Asia, Harvard University, 1964.

平野健一郎：《荒尾精與東亞同文會的成立過程：促進中日貿易的早期倡導》。

——, ed., *Kindai Nihon to Ajia: Bunka no kōryū to masatsu* 近代日本とアジア：文化の交流と摩擦 (Modern Japan and Asia: Cultural Exchange and Cultural Conflict). Tokyo: Tōkyō Daigaku Shuppankai, 1984.

平野健一郎編：《近代日本與亞洲：文化交流與衝突》。

Hirotani Takio 弘谷多喜夫. "Pekin Keimu Gakudō to Kawashima Naniwa" 北京警務学堂と川島浪速 (The Beijing Police Academy and Kawashima Naniwa). In *Oyatoi Nihonjin Kyōshū no kenkyū*, pp. 91~103.

弘谷多喜夫：《北京警務學堂與川島浪速》。

Horio, Teruhisa. *Educational Thought and Ideology in Modern Japan: State Authority and Intellectual Freedom*. Steven Platzer, ed. and tr. Tokyo: University of Tokyo Press, 1988.

Horio, Teruhisa：《現代日本的教育思想及思想意識：國家的權威與知識分子的自由》。

Hōsei Daigaku Daigaku Shi Shiryō Iinkai 法政大学大学史資料委員会（Committee on Materials Relating to the History of Hōsei University）. *Hōsei Daigaku shi shiryō shū*, dai jū'ichi shū: *Hōsei Daigaku Shinkoku ryūgakusei Hōsei Sokusei Ka toku shū* 法政大学史資料集、第十一集、法政大学清国留学生法政速成科特集（Materials Relating to the History of Hōsei University, vol. 11: The Hōsei University Accelerated Program in Law and Administration for Chinese Students in the Late-Qing Period, Special Collection）. Tokyo: Hōsei Daigaku, 1988.

Hosono Kōji 細野浩二 . "Shinmatsu Chūgoku ni okeru 'Tōbun Gakudō' to sono shūhen: Meijimatsu Nihon no kyōikuken shūdatsu no ronri o meguru sobyō" 清末中国における「東文学堂」とその周辺：明治末日本の教育権収奪の論理をめぐる素描（"Japanese Schools" in Late-Qing China and Their Environment: A Sketch of Late-Meiji Japanese Arguments To Usurp Educational Rights in China"）. In Abe Hiroshi, ed., *Nit-Chū kyōiku bunka kōryū to masatsu*, pp. 49~74.

細野浩二：《清末中國之東文學堂及其環境：明治末期日本對奪取中國教育權的爭論概略》。

候宜傑：《袁世凱評傳》（鄭州：河南教育出版社，1986 年）。

Howard, Richard C. "Japan's Role in the Reform Program of K'ang Yu-wei." In *K'ang Yu-wei: A Biography and a Symposium*, Jung-pang Lo, ed., pp. 280~312. Tucson: The University of Arizona Press, 1967.

霍華德，理查 •C：《日本在康有為改革綱要中的作用》。

Hsia, C. T. "Yen Fu and Liang Ch'i-ch'ao as Advocates of New Fiction." In Adele Austin Rickett, ed., *Chinese Approaches to Literature from Confucius to Liang Ch'i-ch'ao*, pp. 221~257, Princeton: Princeton University Press, 1978.

Hsia, C. T.：《新小説鼓吹者：嚴復與梁啟超》。

Hsiao, Kung-chuan. *A Modern China and a New World: K'ang Yu-wei, Reformer and Utopian, 1858~1927*. Seattle: University of Washington Press, 1975.

蕭公權：《現代中國與新世界：維新派和烏托邦主義者康有為》。

Hsu, Immanuel C. Y. "Late Ch'ing Foreign Relations, 1866~1905." In Fairbank and Liu, eds., pp. 70~141.

徐中約：《晚清的對外關係》。

Huang Fu-ch'ing 黃福慶. *Chinese Students in Japan in the Late Ch'ing Period*, Katherine P. K. Whitaker, tr. Tokyo: The Centre for East Asian Cultural Studies, 1982.

黃福慶：《清末留日學生》（台北：中央研究院近代史研究所，1975 年）。

Huang Fu-ch'ing. *Japanese Social and Cultural Enterprises in China*, 1898~1945. Taipei: Zhongyang Yanjiu Yuan, Jindai Shi Yanjiu Suo, 1982.

黃福慶：《近代日本在華文化及社會事業之研究》。

Hummel, Arthur W., ed. *Eminent Chinese of the Ch'ing Period (1644~1912)*, Washington, D. C., 1943; Taipei: Ch'eng-wen Publishing Company, 1967.

漢梅爾，阿瑟編著：《清朝傑出人物（1644~1912 年）》。

Hunt, Michael H. "The American Remission of the Boxer Indemnity: A Reappraisal." *The Journal of Asian Studies* 31. 3: 539~559（May 1972）.

亨特，邁克爾‧H：《美國減免庚子賠款的再評價》。

Ichiko, Chuzo（Ichiko Chūzō 市古宙三）. "Political and Institutional Reform, 1901~1911." In Fairbank and Liu, eds., pp. 375~415.

市古宙三：《1901~1911 年的政治和制度改革》。

Iriye, Akira 入江昭, ed. *The Chinese and the Japanese: Essays in Political and Cultural Interactions*. Princeton: Princeton University Press, 1980.

入江昭編：《在政治及文化交流中的中日文著》。

Jansen, Marius B. *The Japanese and Sun Yat-sen*. Cambridge: Harvard University Press, 1954.

——. *Japan and China: From War to Peace, 1894~1972*. Chicago: Rand McNally, 1975.

——. "Japan and the Chinese Revolution of 1911." In Fairbank and Liu, eds., pp. 339~374.

——. "Konoe Atsumaro." In Iriye, ed., pp. 107~123.

詹森，馬里烏斯‧B：《日本人與孫逸仙》。

—— :《日本和中國：從戰爭到和平，1894~1972 年》。

—— :《日本與中國的辛亥革命》。

—— :《近衛篤麿》。

Japan, Gaimushō 外務省. *Nihon gaikō bunsho* 日本外交文書（Documents

on Japanese Foreign Policy）. Tokyo: Gaimushō, 1936.

———. *Nihon gaikōshi jiten* 日 本 外 交 史 辞 典（Dictionary of Japanese Diplomatic History）. Tokyo: Ōkurashō Insatsukyoku, 1979.

———. Gaikō Shiryōkan 外交史料館（Foreign Ministry Archives）. Carefully catalogued holdings, including "Zai honpō Shinkoku ryūgakusei kankei zakken" 在本邦清国留学生関係雑件（Miscellaneous Documents Relating to Chinese Students in Japan）.

《教科書之發刊概況，1868~1918 年》（1934 年），收入張靜廬編：《中國近代出版史料》，I，第 219~253 頁。

Kageyama Masahiro 蔭山雅博. "Kōbun Gakuin ni okeru Chūgokujin ryūga-kusei kyōiku: Shin makki ryū-Nichi kyōiku no ittan" 宏文学院における中国人留学生教育：清末期留日教育の一端（The Education of Chinese Students at Kōbun Gakuin: One Part of Late-Qing Education in Japan）. *Nihon no kyoiku shigaku* 23: 58~79（1980）.

———. "Kōbun Gakuin ni okeru Shinmatsu Chūgokujin ryūgakusei no kyōiku ni tsuite [1]" 宏文学院における清末中国人留学生の教育について（The Education of Chinese Students at Kōbun Gakuin during the Late-Qing Period" [part 1]）. *Kumatsu shū* 句沫集 2: 132~154（July 1980）.

———. "Shinmatsu ni okeru kyōiku kindaika katei to Nihonjin kyōshū" 清末における教育近代化過程と日本人教習（Japanese Teachers and the Process of Educational Modernization in Late-Qing China）. In Abe Hiroshi, ed., *Nit-Chū kyōiku bunka kōryū to masatsu*, pp. 5~47.

———. "Kōbun Gakuin ni okeru Chūgokujin ryūgakusei kyōiku ni tsuite（2）" 宏文学院における中国人留学生教育について（2）（On the Education of Chinese Students at Kōbun Gakuin" [part 2]）. *Kumatsu shū* 5: 116~189（March 1987）.

———. "Kōso kyōiku kaikaku to Fujita Toyobachi" 江蘇教育改革と藤田豊八（Jiangsu Educational Reforms and Fujita Toyobachi）. In *Oyatai Nihonjin kyōshu no kenkyū*, pp. 27~43.

蔭山雅博：《宏文學院對中國留學生的教育：清末留日教育之一端》。

——：《晚清期間宏文學院對中國留學生的教育》。

——：《清末中國教育近代化的過程與日本教習》。

——：《論宏文學院對中國留學生的教育》。

——：《江蘇教育改革與藤田豐八》。

Kamachi, Noriko 蒲地典子. *Reform in China: Huang Tsun-hsien and the Japanese Model*. Cambridge: Harvard University Press, 1981.

蒲地典子:《中國的改革:黃遵憲與日本模式》。

Kamachi, Noriko, John K. Fairbank, and Chūzō Ichiko. *Japanese Studies of Modern China Since 1953: A Bibliographical Guide to Historical and Social Science Research on the Nineteenth and Twentieth Centuries.* Cambridge: East Asian Research Center, Harvard University, 1975.

蒲地典子、費正清等:《1953 年以來日本對近代中國的研究:19 與 20 世紀歷史和社會科學研究人名手冊》。

Kanzaki Kiyoshi 神崎清. "Hoku-Shi ni okeru Nihongo no bunkateki seiryoku (jō)" 北支に於ける日本語の文化的勢力(上)(Cultural Influences of the Japanese Language in North China" [Pt. I]). *Shina* 支那("The China Review")27. 8: 46~69(1 August 1936).

神崎清:《日語對華北文化的影響(上)》。

Katō Yūzō 加藤祐三. "Chūgoku ni okeru oyatoi gaikokujin" 中国における雇い外国人(Foreign Contract Specialists in China). In *Shiryō oyatoi gaiko-kujin* 資料御雇外国人(Materials Relating to Foreign Contract Specialists), Yunesuko Higashi Ajia Bunka Kenkyū Sentā, comp., pp. 32~43. Tokyo: Shōngakukan, 1975.

———. "*Tō-A jiron*"(*East Asia Review*). In Kojima Reiitsu 小島麗逸, ed. *Senzen no Chūgoku jironshi kenkyū* 戦前の中国時論誌研究(Studies in Prewar Japanese Journals of Opinion on China), pp. 3~22. Tokyo: Ajia Keizai Kenkyūjo, 1978.

加藤祐三:《中國按合約僱請的外國人》。

—— :《"東亞時論"》。

Kawamura Kazuo 河村一夫. *Kindai Nit-Chū kankei shi no shomondai* 近代日中関係史の諸問題(Problems in Modern Japan-China Relations). Tokyo: Nansōsha, 1983.

河村一夫:《近代日中關係史中的問題》。

Keene, Donald. "The Sino-Japanese War of 1894~95 and Its Cultural Effects in Japan." In Donald H. Shively, ed., *Tradition and Modernization in Japanese Culture*, pp. 121~175. Princeton: Princeton University Press, 1971.

堅尼,唐納德:《1894~95 年中日戰爭及對日本文化的影響》。

Kent, Percy Horace. *The Passing of the Manchus.* London: Edward Arnold, 1912.

肯特,珀西・霍勒斯:《滿洲的消逝》。

Kimiya Yasuhiko(Mugong Taiyan)木宮泰彥. *Ri-Zhong wenhua jiaoliu shi* 日中文化交流史（The History of Japan-China Cultural Interactions）, Hu Xinian 胡錫年 , tr. Beijing: Shangwu Yinshu Guan, 1980. Originally published in Japanese as *Nik-Ka bunka kōryū shi* 日華文化交流史（The History of Japan-China Cultural Interactions）. Tokyo: Toyama Bō, 1955.

木宮泰彥：《日中文化交流史》（胡錫年譯本，北京：商務印書館，1980 年）。

Kitaoka Shin'ichi 北岡伸一 . "China Experts in the Army." In Duus, Myers, and Peattie, eds., pp. 330~368.

北岡伸一：《中國軍隊中的專家》。

Kobayashi Kazumi 小林一美 . *Giwadan sensō to Meiji kokka* 義和団戦争と明治国家（The Boxer War and the Meiji State）. Tokyo: Kyūko Shoin, 1986.

小林一美：《義和團戰爭與明治國家》。

Kobayashi Tomoaki 小 林 共 明 . "Shoki no Chūgoku tai-Nichi ryūgakusei haken ni tsuite: Bojutsu seihenki o chūshin to shite" 初期の中国対日留学生派遣について：戊戌政変期を中心として（"On the Early Dispatch of the Students from China to Japan"）, *Shin'gai Kakumei kenkyū* 辛亥革命研究 4: 1~16（May 1984）.

—— . "Rikugun Shikan Gakkō to Chūgokujin ryūgakusei: Nichi-Ro sensō ki o chūshin to shite" 陸軍士官学校と中国人留学生：日露戦争期を中心として（Japan's Military Academy and Its Chinese Students, Emphasizing the Russo-Japanese War Period）, *Hitori kara* ひとりから 6: 62~75（November 1985）.

—— . "Shinbu Gakko to ryū-Nichi Shinkoku rikugun gakusei" 振武学校と留日清国陸軍学生（Japan's Shinbu Gakkō and Its Chinese Military Students）. In Shin'gai Kakumei Kenkyūkai, comp., pp. 277~309.

小林共明：《中國早期派日留學生》。

—— ：《日俄戰爭期間日本陸軍士官學校與中國留學生》。

—— ：《振武學校與留日清國陸軍學生》。

Kojima Shōtarō 小島昌太郎 . *Shina saikin daiji nenpyō* 支那最近大事年表（A Chronology of Major Events in Modern China [1840~1941]）. Tokyo: Yūhi-kaku, 1942.

小島昌太郎：《近代中國大事年表（1840~1941 年）》。

Kokuryūkai 黑竜會 , comp. *Tō-A senkaku shishi kiden* 東亜先覚志士記伝（Biographical Notes on Pioneer Patriots of East Asia）. 1933~1936, 3 vols. Tokyo: Hara Shobō, 1966.

黑龍會編：《東亞先覺志士記傳》。

Konoe Atsumaro 近衛篤麿 . *Konoe Atsumaro nikki* 近衛篤麿日記（The

Konoe Atsumaro Diaries), Konoe Atsumaro Nikki Kankōkai, comp. 5 vols. Tokyo: Kajima Kenkyūjo Shuppankai, 1968~1969.

—— . *Konoe Atsumaro nikki*(*fuzoku bunsho*)近衛篤麿日記〔付屬文書〕(The Konoe Atsumaro Diaries [Supplemental Documents]), Konoe Atsumaro Nikki Kankōkai, comp. Tokyo: Kajima Kenkyūjo Shuppankai, 1969.

近衛篤麿:《近衛篤麿日記》。

—— :《近衛篤麿日記(附錄文書)》。

Kuhn, Thomas S. *The Structure of Scientific Revolutions*. 2nd ed. Chicago: The University of Chicago Press, 1970.

孔恩,湯瑪斯:《科學革命的結構》。

Kuo, Ting-yee. "Self-Strengthening: The Pursuit of Western Technology." In Fairbank, ed., pp. 491~542.

郭廷以:《自強運動:尋求西方的技術》,載費正清編:《劍橋中國晚清史》。

Kwong, Luke S. K. *A Mosaic of the Hundred Days: Personalities, Politics, and Ideas of 1898*. Cambridge: Council on East Asian Studies, Harvard University, 1984.

陸光:《百日維新的交織圖:1898 年的人物、政治及觀念》。

Lee, Mabel. "Liang Ch'i-ch'ao(1873~1929)and the Literary Revolution of Late-Ch'ing." In A. R. Davis, ed. *Search for Identity: Modern Literature and the Creative Arts in Asia*, pp. 203~224. Sydney: Angus and Robertson, 1974.

李,梅布爾:《梁啟超(1873~1929 年)與晚清文學革命》。

Legge, James. *The Chinese Classics*, vol. 1: *Confucian Analects, The Great Learning, and The Doctrine of the Mean*. Oxford: The Clarendon Press, 1883.

李雅各:《李雅各英譯七經》。

Levenson, Joseph R. *Confucian China and Its Modern Fate: The Problem of Intellectual Continuity*. Berkeley: University of California Press, 1958.

列文森,約瑟夫:《儒家的中國及其現代的命運:理智的連續性問題》。

Lewis, Charlton M. *Prologue to the Chinese Revolution: The Transformation of Ideas and Institutions in Hunan Province, 1891~1907*. Cambridge: Harvard University Press, 1967.

—— . "The Hunanese Elite and the Reform Movement, 1895~1898." *The Journal of Asian Studies* 29. 1: 35~42(November 1969).

劉易斯:《辛亥革命的前奏:湖南的思想與制度的變化》。

—— :《湖南名流與維新運動,1895~1898 年》。

李廣健：《清末留日學生對中國近代教育的貢獻：以胡元炎為例》，載《中日關係史論集》（第 5 輯），第 141~146 頁。

李傑泉：《留日學生與中日科技文化交流》，載《日本的中國移民》，第 262~288 頁。

李國祁：《中國現代化的區域研究：閩浙台地區，1860~1916 年》（台北：中央研究院近代史研究所，1982 年）。

李喜所：《近代中國的留學生》（北京：人民出版社，1987 年）。

Li Yu-ning. *The Introduction of Socialism into China*. New York: East Asian Institute, Columbia University Press, 1971.

李又寧：《社會主義傳入中國》。

Liang Ch'i-ch'ao（Liang Qichao）梁啟超. *Intellectual Trends in the Ch'ing Period*, trans. with introduction and notes by Immanuel C. Y. Hsu. Cambridge: Harvard University Press, 1959.

梁啟超：《清代學術概論》（徐中約英譯並註釋）。

林明德：《清末民初日本政制對中國的影響》，載譚汝謙編：《中日文化交流》，第 187~213 頁。

Liu Tianchun 劉天春. "Sino-Japanese Studies: Three Problem Areas." Douglas R. Reynolds, tr. *Sino-Japanese Studies* 2. 2: 57~71（May 1990）.

劉天春：《中日研究的三個誤區》。

劉學照、方大倫：《清末民初中國人對日觀的演變》，載《近代史研究》，1989 年 11 月號，第 124~143 頁。

Lo Hui-min, ed. *The Correspondence of G. E. Morrison*, vol. 1: *1895~1912*. Cambridge: Cambridge University Press, 1976.

羅惠民：《莫理循通信集》。

閭小波：《論"百日維新"前的變法及其歷史地位》，載《學術學刊》1993 年第 3 期，第 55~60 頁。

馬勇：《清政府對百日維新的檢討與反省：1898~1901》，載《人文雜誌》1993 年第 1 期，第 94~100 頁。

MacKinnon, Stephen R. *Power and Politics in Late Imperial China: Yuan Shi-kai in Beijing and Tianjin, 1901~1908*. Berkeley: University of California Press, 1980.

麥克金朗，史提芬•R：《中國最後王朝的權力與政治：袁世凱在北京與天津》。

Meienberger, Norbert. *The Emergence of Constitutional Government in China（1905~1908）: The Concept Sanctioned by the Empress Dowager Tz'u-*

hsi. Bern: Peter Lang, 1980.

梅恩伯格，羅伯特：《中國立憲政府的出現（1905~1918 年）：慈禧太后認可的概念》。

Meijer, Marinus Johan. *The Introduction of Modern Criminal Law in China*, Batavia: De Unie, 1950.

梅佐，馬里烏斯‧祖翰：《中國對現代刑法的引進》。

Min Tu-ki 閔斗基. *National Polity and Local Power: The Transformation of Late Imperial China*, Philip A. Kuhn and Timothy Brook, eds. Cambridge: Council on East Asian Studies, Harvard University, 1989.

——. "Chinese 'Principle' and Western 'Utility': A Reassessment." In Min Tu-ki, *National Polity and Local Power*, pp. 51~88.

——. "The Late-Ch'ing Provincial Assembly." In Min Tu-ki, *National Polity and Local Power*, pp. 137~179.

閔斗基：《國家政治形態與地方勢力：中國王朝晚期的改革》。

—— :《對 "中學為體，西學為用" 的再評價》。

—— :《晚清期間的省議會》，載閔斗基著：《國家政治形態與地方勢力》。

Morohashi Tetsuji 諸橋轍次. *Dai Kan-Wa jiten* 大漢和辞典（Great Chinese-Japanese Dictionary）. 13 vols. Tokyo: Shukushaban, 1955~1960.

Munakata Kotarō 宗方小太郎. *Munakata Kotarō bunsho: Kindai Chūgoku hiroku* 宗方小太郎文書：近代中国秘録（The Writings of Munakata Kotarō: Secret Reports on Modern China）. Tokyo: Hara Shobō, 1977.

Mutsu Munemitsu 陸奧宗光. *Kenkenroku: A Diplomatic Record of the Sino-Japanese War*, 1894~95, Gorder Mark Berger, ed. and tr. 1895; Tokyo: University of Tokyo Press, 1982.

陸奧宗光：《Kenkenroku：1894~95 年中日戰爭的外交紀錄》。

Nagai Michio 永井道雄 and Miguel Urrutia, eds. *Meiji Ishin: Restoration and Revolution*. Tokyo: The United Nations University, 1985.

永井道雄與 Miguel Urrutia 編：《明治維新：復闢與革命》。

Najita Tetsuo 奈地田哲夫. "Conceptual Consciousness in the Meiji Ishin." In Nagai and Urrutia, eds., pp. 83~102.

奈地田哲夫：《明治維新時的概念意識》。

Nakamura Tadashi 中村義. *Shin'gai kakumei shi kenkyū* 辛亥革命史研究（"A Study of The 1911 Revolution In China"）. Tokyo: Miraisha, 1979.

——. "Kanō Jigorō to Yō Do" 嘉納治五郎與と楊度（Kanō Jigorō and Yang

Du"）. *Shin'gai Kakumei kenkyū* 5: 41~58（October 1985）.

―――. "Seijō Gakkō to Chūgokujin ryūgakusei" 成城学校と中国人留学生（Japna's Seijō Gakkō and Its Chinese Students）. In Shin'gai Kakumei Kenkyūkai, comp., pp. 251~275.

Nakamura Takashi 中村孝志 . "Tō-A Shoin to Tōbun Gakudō: Taiwan Sōtokufu Kanan kyōiku shisetsu no ranshō" 東亜書院と東文学堂：台湾総督府華南教育施設の濫觴（Dongya Shuyuan and Dongwen Xuetang: The Origins of Educational Facilities in South China under the [Japanese] Governor-General of Taiwan）. *Tenri Daigaku gakuhō* 124: 1~18（March 1980）.

Nanri Tomoki 南里知樹，comp. *Chūgoku seifu koyō no Nihonjin: Nihonjin komon jinmeihyō to kaisetsu* 中国政府雇用の日本人：日本人顧問人名表と解説（Japanese in Chinese Government Service: With Name Lists and Explanatory Notes Relating to Japanese Advisers）. In the series *Nit-Chū mondai jūyō kankei shiryōshū*, daisankan: *Kindai Nit-Chū kankei shiryō, dainishū* 日中問題重要関係資料集（第三巻）：近代日中関史料（第二集）（Important Materials Relating to Japan-China Questions, vol. 3: Historical Materials Relating to Japan-China Relations, Part 2）. Tokyo: Ryūkei Shosha 龍溪書舍，1976.

Nish, Ian H. *The Anglo-Japanese Alliance: The Diplomacy of Two Island Empires, 1894~1907*. London: The Athlone Press, University of London, 1966.

尼什，伊恩：《1894~1907 年的英日同盟》。

Ogawa Yoshiko 小川嘉子 . "Shinmatsu no kindai gakudō to Nihon joshi kyōshū: Kanton Joshi Shihan Gakudō o chūshin ni" 清末の近代学堂と日本女子教習：広東女子師範学堂を中心に（Late-Qing Modern Schools and Japanese Women Teachers: Chiefly the Guangdong Female Normal School）. In *Oyatoi Nihonjin kyōshū no kenkyū*, pp. 105~114.

小川嘉子：《清末的近代學堂與日本女子教習：廣東女子師範學堂》。

Ōmori Chikako 大森史子 . "Tō-A Dōbunkai to Tō-A Dōbun Shoin: Sono seiritsu jijō, seikaku, oyobi katsudō" 東亜同文会と東亜同文書院：その成立事情，性格および活動（Tō-A Dōbunkai and Tō-A Dōbun Shoin: Their Founding Circumstances, Character, and Activities）. *Ajia keizai* 19. 6: 76~92（June 1978）.

大森史子：《東亞同文會與東亞同文書院：成立的環境、性質及活動》。

Ono Kazuko 小野和子 . "Shimoda Utako to Hattori Unokichi" 下田歌子と服部宇之吉（Shimoda Utako and Hattori Unokichi）. In Takeuchi Yoshimi and Hashikawa Bunzō, eds., 1, 201~221.

―――. *Chinese Women in a Century of Revolution, 1850~1950*, Joshua A.

Fogel, ed. Stanford: Stanford University Press, 1989.

小野和子:《1850~1950 年革命世紀的中國婦女》。

Ōtsuka Yutaka 大塚豊. "Chūgoku kindai kōtō shihan kyōiku no hōga to Hattori Unokichi" 中国近代高等師範教育の萌芽と服部宇之吉(The Sprouts of Modern Higher Normal Education in China and Hattori Unokichi). In *Oyatoi Nihonjin kyōshū no kenkyū*, pp. 45~64.

Oyatoi Nihonjin kyōshū no kenkyū: Ajia no kyōiku kindaika to Nihonjin お雇い日本人教習の研究:アジアの教育近代化と日本人("Studies on Japanese Educators in Modern Asia: Their Activities in Educational Reform in the Early Twentieth Century"). Special issue of *Kokuritsu Kyōiku Kenkyūjo kiyō* 国立教育研究所紀要("Bulletin of The National Institute for Educational Research"), 115 (March 1988).

國立教育研究所專刊(1988 年 3 月號)《受僱的日本教習之研究:20 世紀初期從事教育近代化的日本人》。

Parker, A. P. "A New Japanese Invasion of China." *The Chinese Recorder* 32. 7: 356~359(July 1901).

潘慎文:《日本對中國的新侵略》。

Peng Tse-chou(Peng Zezhou; Hō Takushū)彭澤周. *Chūgoku no kindaika to Meiji Ishin* 中国の近代化と明治維新(China's Modernization and Japan's Meiji Ishin). Kyoto: Dobosha, 1976.

Powell, Ralph L. *The Rise of Chinese Military Power, 1895~1912*. Princeton: Princeton University Press, 1955.

鮑威爾,拉爾夫:《1895~1912 年中國軍事力量的興起》。

喬志強:《辛亥革命前的十年》(太原:山西人民出版社,1987 年)。

《清光緒朝中日交涉史料》(台北:文海出版社,1963 年)。

Rankin, Mary Backus. *Elite Activism and Political Transformation in China: Zhejiang Province, 1865~1911*. Stanford: Stanford University Press, 1986.

蘭京,瑪莉・巴克斯:《傑出人士的行動主義與中國的政治改革:浙江省,1865~1911 年》。

Reynolds, Carol T. "East Meets East: Chinese Views of Early Meiji Japan [ca. 1870~1894]." Ph. D. Dissertation, Columbia University, 1986.

泰凱樂:《東方與東方相遇:中國人對日本明治初期的看法(約 1870~1894 年)》。

Reynolds, Douglas R. "Before Imperialism: Kishida Ginkō Pioneers the

China Market for Japan," *Proceedings and Papers of the Georgia Association of Historians 1984.* 5: 114~120（1985）.

——. "Chinese Area Studies in Prewar China: Japan's Tōa Dōbun Shoin in Shanghai, 1900~1945." *The Journal of Asian Studies* 45. 5: 945~970（November 1986）.

——. "A Golden Decade Forgotten: Japan-China Relations, 1898~1907," *The Transactions of the Asiatic Society of Japan*, fourth series 2: 93~153（1987）.

——. "Training Young China Hands: Tōa Dōbun Shoin and Its Precursors, 1886~1945." In Duus, Myers, and Peattie, eds., pp. 210~271.

任達：《帝國主義期前：岸田吟香，謀求中國市場的日本先驅》。

——：《戰前中國的地區研究：日本在上海的同文書院，1900~1945 年》。

——：《日中關係史中被忘卻的黃金十年：1898~1907 年》。

——：《訓練年青的中國通》。

Richard, Timothy. "China and the West," *Living Age*, 248（1906）.

李提摩太：《中國與西方》。

Rinbara Fumiko 林原文子. "Shinmatsu, minkan kigyō no bokkō to jitsugyō shinsei ni tsuite" 清末、民間企業の勃興と実業新政について（The Sudden Rise of Private Enterprise in the Late Qing and Xinzheng Reforms Related to Industry"）, *Chikaki ni arite*（"Being Nearby – Discussions on Modern China"）. 14: 38~52（November 1988）.

林原文子：《清末民間企業的勃興與有關實業的新政改革》。

Rokkaku Tsunehiro 六角恒広. *Chūgokugo kyōiku shi no kenkyū [1871~1945]* 中国語教育史の研究（Studies in the History of Spoken-Chinese Language Education [1871~1945]）. Tokyo: Tōhō Shoten, 1988.

Roosevelt, Theodore. "The Awakening of China," *The Outlook*（New York）90. 13: 665~667（29 November 1908）.

羅斯福，西奧多：《中國的覺醒》。

Sakeda Masatoshi 酒田正敏. *Kindai Nihon ni okeru taigaikō undō no kenkyū* 近代日本における対外硬運動の研究（Studies of Movements for a Hardline Foreign Policy in Early Modern Japan [ca. 1888~1905]）. Tokyo: Tōkyō Daigaku Shuppankai, 1978.

酒田正敏：《近代日本早期對外政策強硬路線的研究》。

Sanetō Keishū 実藤恵秀. *Chūgokujin Nihon ryūgaku shikō* 中国人日本留学史稿（Draft History of Chinese Students in Japan）. Tokyo: Nik-Ka Gakkai, 1939.

——. *Nippon bunka no Shina e no eikyō* 日本文化の支那への影響 (Japanese Cultural Influences on [Modern] China). Tokyo: Keisetsu Shoin, 1940.

——. "Gendai Chūgoku bunka no Nipponka" 現代中国文化の日本化 (The Japanization of Modern Chinese Culture). In Sanetō Keishū, *Nippon bunka no Shina e no eikyō*, pp. 3~39.

——. "Shoiki no Shōmu Inshokan" 初期の商務印書館 (The Early Years of the Commercial Press). In Sanetō Keishū, *Nippon bunka no Shina e no eikyō*, pp. 214~248.

——. *Meiji Nis-Shi bunka kōshō* 明治日支文化交渉 (Cultural Exchange between Japan and China in the Meiji Period). Tokyo: Kōfukan, 1943.

——. *Chūgokujin Nihon ryūgaku shi; zōho* 中国人日本留学史・増補 (History of Chinese students in Japan, enlarged ed.). Tokyo: Kuroshio Shuppan, 1970.

——. *Chūgoku ryūgakusei shidan* 中国留学生史談 (Discourses on the History of Chinese Students in Japan). Tokyo: Daiichi Shobō, 1981.

——. (Shiteng Huixiu). *Zhongguo ren liuxue Riben shi* 中国人留学日本史 (History of Chinese Students in Japan).

[中譯本譯者譚汝謙、林啟彥（香港中文大學出版社，1982 年）。]

桑兵：《1905~1912 年的國內學生羣體與中國近代化》，載《近代史研究》，1989 年 9 月號，第 55~76 頁。

Sasaki, Masaya (Sasaki Masaya 佐々木正哉). "Knowledge of the Outside World in Modern China and the Development of Constitutional Thought," *Memoirs of the Research Department of the Toyo Bunko* 44: 27~56 (1986).

佐佐木正哉：《近代中國對外部世界的認識和憲政思想的發展》。

Sasaki, Yō (Sasaki Yō, 佐々木揚). "The International Environment at the Time of the Sino-Japanese War (1894~95): Anglo-Russian Far Eastern Policy and the Beginning of the Sino-Japanese War," *Memoirs of the Research Department of the Toyo Bunko* 42: 1~74 (1984).

佐佐木揚：《1894~1895 年中日戰爭時的國際環境：英、俄遠東政策及中日戰爭的開端》。

Satō Saburō 佐藤三郎. "Nakajima Saishi no Pekin Tōbun Gakusha ni tsuite" 中島裁之の北京東文学社について (Nakajima Saishi's Dongwen Academy in Beijing [1901~1906]"). 1970. Reprinted in Satō Saburō, Kindai, *Nit-Chū kōshō shi*, pp. 278~337.

——. *Kindai Nit-Chū kōshō shi no kenkyū* 近代日中交渉史の研究 (Studies of Interactions between Modern Japan and China). Tokyo: Yoshikawa

Kōbunkan, 1984.

佐藤三郎：《中島裁之的北京東文學社（1901~1906 年）》。

── :《近代日中交涉史的研究》。

Schwartz, Benjamin. *In Search of Wealth and Power: Yen Fu and the West*. Cambridge: Harvard University Press, 1964.

斯華特茨：《尋求富強：嚴復與西方》。

Scott, Paul D. *Japan-China: Arao Sei and the Paradox of Cooperation*. Osaka: The Intercultural Research Institute, Kansai University of Foreign Studies, 1988.

司各特，保羅：《日本─中國：荒尾精與合作的悖論》。

史遠芹、曹貴民、李玲玉：《中國近代政治體制的演變》（北京：中共黨史資料出版社，1990 年）。

Shimada Kenji 島田虔次 . *Pioneer of the Chinese Revolution: Zhang Binglin and Confucianism*. Stanford: Stanford University Press, 1990.

島田虔次：《中國革命的先驅：章炳麟與儒家學說》。

Shimada Masao 島田正郎 . *Shinmatsu ni okeru kindai teki hōten no hensan: Tōyō hō shi ronshū, dai san* 清末における近代的法典の編纂：東洋法史論集第三（The Compilation of Modern Legal Codes in Late-Qing China: Collected Essays on Oriental Law, No. 3）. Tokyo: Sōbunsha, 1980.

島田正郎：《清末中國近代法典的編纂：東洋法史論集》第三卷。

Shin'gai Kakumei Kenkyūkai 辛亥革命研究会 , comp. *Chūgoku kin-gendai shi ronshū: Kikuchi Takaharu sensei tsuitō ronshū* 中國近現代史論集：菊池貴晴先生追悼論集（Essays on Modern Chinese History in Memory of Professor Kikuchi Takaharu）. Tokyo: Kyūko Shoin, 1985.

舒新城：《近代中國教育史料》（上海，1928 年）。

── :《中國近代教育史資料》（北京：人民教育出版社，1962 年）。

Spence, Jonathan. *To Change China: Western Advisers in China, 1620~1960*. 1969; New York: Penguin Books, 1980.

斯賓士，約尼頓：《改變中國：1620~1960 年在中國的西方顧問》。

Strand, David. *Rickshaw, Beijing: City People and Politics in the 1920s*. Berkeley: University of California Press, 1989.

斯特朗德，大衛：《北京的黃包車：20 世紀 20 年代的市民和政治》。

Stross, Randall E. *The Stubborn Earth: American Agriculturalists on Chinese Soil, 1898~1937*. Berkeley: University of California Press, 1986.

斯特羅斯，蘭德爾：《棘手的土地：美國農業專家在中國，1808~1937 年》。

蘇雲峰：《外國專家學者在湖北（1890~1911 年)》，載《中華文化復興月刊》，1975 年 4 月 1 日。

—— ：《張之洞與湖北教育改革》（台北：中央研究院近代史研究所，1976年)。

—— ：《中國現代化的區域研究：湖北省，1860~1916 年》（台北：中央研究院近代史研究所，1987 年)。

孫應祥、皮後鋒：《論維新運動的上、下限》，載《南京大學學報：哲學、人文、社會科學》，1993 年第 3 期，第 95~104 頁。

Sutton, Donald S. *Provincial Militarism and the Chinese Republic: The Yunnan Army, 1905~1925*. Ann Arbor: The University of Michigan Press, 1980.

塞頓，唐納德：《各省黷武主義和中國人的民國：雲南軍，1905~1925 年》。

Suzuki Masasetsu 鈴木正節. *Hakubunkan "Taiyō" no kenkyū* 博文館 "太陽" の研究（Studies of Taiyō ["The Sun"] Published by Hakubunkan [1895~1928]). In *Chūgoku kankei shinbun zasshi kaidai III* 中国関係新聞雑誌解題 III（Annotated Studies of Newspapers and Magazines Relating to China, III). Tokyo: Ajia Keizai Kenkyūjo, 1979.

Taga Akigorō 多賀秋五郎. *Kindai Chūgoku kyōiku shi shiryō [1902~1960]* 近代中国教育史資料（Source Materials on the History of Education in Modern China [1902~1960]). 5 vols. Tokyo: Nihon Gakujutsu Shinkō-kai, 1972~1976.

Takanishi Kenshō 高西賢正, comp. *Higashi Honganji Shanhai kaikyō rokujūnen shi* 東本願寺上海開教六十年史（Sixty Years of the Higashi Honganji in Shanghai). Shanghai: Higashi Honganji Shanghai Betsuin, 1937.

Takeuchi Yoshimi 竹內好 and Hashikawa Bunzō 橋川文三, eds. *Kindai Nihon to Chūgoku* 近代日本と中国（Modern Japan and China). 2 vols. Tokyo: Asahi Shinbunsha, 1974.

Tam, Yue-him（Tan Ruqian), ed. *Sino-Japanese Cultural Interchange*, vol. 3: *The Economic and Intellectual Aspects*. Hong Kong: Institute of Chinese Studies, The Chinese University of Hong Kong, 1985.

譚汝謙：《中日文化交流》第三卷：《經濟與知識分子概況》（香港：香港中文大學中文研究院，1985 年)。

—— ：《近代中日文化關係研究》（香港：香港日本研究所，1988 年)。

—— ：《現代漢語的日語外來詞及其搜集和辨認問題》，載《近代中日文化關係研究》，第 327~349 頁。

—— ：《中日之間翻譯事業的幾個問題》，載《中日關係史論文集》第四輯，I，第 168~184 頁，又載譚汝謙著：《近代中日文化關係研究》，第 165~181 頁。

—— :《中日之間譯書事業的過去、現在與未來》，為譚汝謙等編著：《中國譯日本書綜合目錄》一書的 "導言"。

譚汝謙、實藤惠秀、小川博合編：《中國譯日本書綜合目錄》（香港：香港中文大學出版社，1980 年）。

Teng, Ssu-yu, and John K. Fairbank. *China's Response to the West: A Documentary Survey, 1839~1923*. 1954; Cambridge: Harvard University Press, 1979.

—— . *Research Guide for China's Response to the West: A Documentary Survey, 1839~1923*. Cambridge: Harvard University Press, 1954.

鄧嗣禹、費正清：《中國對西方的反應：1839~1923 年文獻概覽》。

—— :《中國對西方的反應：1839~1923 年文獻研究指南》。

Thompson, Roger. "Visions of the Future, Realities of the Day: Local Administrative Reform, Electoral Politics, and Traditional Chinese Society on the Eve of the 1911 Revolution." Ph. D. dissertation, Yale University, New Haven, 1985.

—— . "Statecraft and Self-Government: Competing Visions of Community and State in Late Imperial China," *Modern China* 14. 2: 188~211（April 1988）.

湯普森，羅傑：《未來的幻想，當時的現實：地方行政改革，選舉的策略，及 1911 年革命前夕的中國傳統社會》。

—— :《管理能力與自治政府：中國末代王朝國家和社會競爭的夢幻》。

田久川：《日本陸軍士官學校與該校中國留學生》，載東北地區中日關係史研究會編：《中日關係史論叢》，第 205~214 頁。

田正平、霍益萍：《遊學日本熱潮與清末教育》，1988 年 10 月 25~28 日在北京召開的中日關係史國際學術討論會上提交論文。

Tō-A Dōbunkai 東亜同文会 , comp. *Tai-Shi kaikoroku* 対支回顧録（Memoirs Concerning China）. 2 vols. 1936; Tokyo: Hara Shobō, 1968.

Tō-A Dōbunkai shi 東亜同文会史（A History of Tō-A Dōbunkai）, Tō-A Bunka Kenkyūjo 東亜文化研究所 , comp. Tokyo: Kazankai, 1988.

Tō-A Dōbun Shoin Daigaku shi: Sōritsu hachijū shūnen kinen shi 東亜同文書院大学史：創立八十周年記念誌（History of Tō-A Dōbun Shoin University: Commemorating Its Eightieth Anniversary）, Koyūkai 滬友会 , comp. Tokyo: Koyūkai, 1982.

Tsien, Tsuen-hsiun（Qian Cunxun 錢存訓）. "Western Impact on China Through Translation," *Far Eastern Quarterly* 13. 3: 305~327（May 1954）.

264

錢存訓：《西方通過翻譯對中國的衝擊》。

Tsou, Mingteh（Zou Mingde 鄒明德）. "From Missionary to Reform Advocate: Gilbert Reid and the Reform Movement in Late Qing." Unpublished paper presented at the Symposium of the History of Christianity in China Project, The University of Kansas, Lawrence, 18~23, June 1988.

鄒明德：《從傳教士到改革鼓吹者：李佳白與晚清改革運動》。

Tsunoda, Ryūsaku 角田柳作 , and L. Carrington Goodrich. *Japan in Chinese Dynastic Histories: Later Han through Ming Dynasties*. South Pasadena, Calif.: P. D. and Iona Perkins, 1951.

角田柳作、L・卡靈頓・古德里奇：《中國王朝史上的日本：從後漢到明朝》。

Uenuma Hachirō 上沼八郎 . "Uchibori Korefumi to Santō Shihan Gakudō" 內堀維文と山東師範学堂（Uchibori Korefumi and Shandong Normal School）. In *Oyatoi Nihonjin kyōshū no kenkyū*, pp. 65~73.

Uenuma Hachirō, and Hirotani Takio 弘谷多喜夫 . "Taiwan Sōtokufu no Kanan kyōiku taisaku ni tsuite: Fukken・Kanton ryō shō ni okeru sekimin kyōiku no seisui" 台湾総督府の華南教育対策について：福建・広東両省における籍民教育の精粋（Educational Measures of the Taiwan Colonial Government in South China: The Vicissitudes of Educating "Japanese Citizens" in the Provinces of Fujian and Guangdong）. In Abe Hiroshi, ed., *Nit-Chū kyōiku bunka kōryū to masatsu*, pp. 259~308.

上沼八郎：《內堀維文與山東師範學堂》。

上沼八郎與弘谷多喜夫：《台灣總督府對華南教育政策：福建廣東兩省日籍教員的代謝》。

王家儉：《清末民初我國警察制度現代化的歷程，1901~1916 年》，載《台灣師範大學歷史學報》，1982 年 6 月，第 301~366 頁。

Wang, Feng-Gang（Wang Fenggang 王風崗）. *Japanese Influence on Educational Reform in China, from 1895~1911*. Peiping: Authers（sic）Book Store, 1933.

王風崗：《日本對中國教育改革的影響，1895~1911 年》。

汪向榮：《日本教習》，北京：三聯書店，1988 年。其日譯本為：

Shinkoku oyatoi Nihonjin 清国お雇り日本人（Japanese Teachers and Advisers in Late-Qing China）. Trans. into Japanese of *Riben jiaoxi*, by Takeuchi Minoru 竹內実 and others. Tokyo: Asahi Shinbunsha, 1991.

王曉秋：《近代中日啟示錄》，北京：北京出版社，1987 年。

—— ：《近代中日文化交流史》，北京：中華書局，1992 年。

—— ：《"他山之石，可以攻玉"：近代日本遊記研究札記》，載《近代中日啟示錄》，第 225~241 頁。

Wang, Y. C. *Chinese Intellectuals and the West, 1872~1949*. Chapel Hill: The University of North Carolina Press, 1966.

汪一駒：《中國的知識分子與西方：1872~1949 年》。

王芸生：《六十年來中國與日本》，北京：三聯書店，1980~1982 年。

王振坤、張穎：《日特禍華史：日本帝國主義侵華謀略諜報活動史實》第一卷，北京：羣眾出版社，1987 年。

Watanabe Atsushi 渡辺惇 . "Shinmatsu En Seigai to Hokuyō shinsei: Hokuyō ha no keisei o megutte" 清末袁世凱と北洋新政：北洋派の形成をめぐつて（Yuan Shikai and Xinzheng Reforms in Beiyang during the Late Qing: The Formation of the Beiyang Clique）. *Rekishi kyōiku* 16. 1~2: 135~148（January-February 1968）.

渡邊惇：《清末袁世凱與北洋新政：北洋派的形成》。

Watanabe Ryūsaku 渡辺龍策 . *Kindai Nit-Chū minshū koryū gaishi* 近代日中民衆交流外史（Modern Japanese and Chinese Interactions: An Unauthorized History）. Tokyo: Yūsankaku Shuppan, 1981.

Welch, Holmes. *The Buddhist Revival in China*. Cambridge: Harvard University Press, 1968.

韋爾奇，霍姆斯：《中國佛教的復興》。

Westney, D. Eleanor. "The Emulation of Western Organizations in Meiji Japan: The Case of the Paris Prefecture of Police and the Keishi-chō," *The Journal of Japanese Studies* 8. 2: 307~342（Summer 1982）.

—— . *Imitation and Innovation: The Transfer of Western Organizational Patterns to Meiji Japan*. Cambridge: Harvard University Press, 1987.

韋斯特尼，埃莉諾：《日本明治年代對西方組織的模仿：巴黎地區與警視廳的案例》。

—— :《模仿與創新：西方組織模式對明治日本的轉移》。

Wright, Mary Clabaugh, ed. *China in Revolution: The First Phase, 1900~1913*. New Haven: Yale University Press, 1968.

萊特，瑪莉・克拉寶格：《中國革命的第一階段，1900~1913 年》。

武漢大學經濟學系編：《舊中國漢冶萍公司與日本關係史料選輯》（上海：上海人民出版社，1985 年）。

謝俊美：《戊戌政變時期日本營救中國維新派的活動》，載《日本的中國移民》，第 194~203 頁。

徐星平：《弘一大師》（北京：中國青年出版社，1988 年）。

楊天石、王學莊編：《拒俄運動，1901~1905 年》（北京：中國社會科學出版社，1979 年）。

楊正光、平野日出雄：《松本龜次郎傳》（北京：時事出版社，1985 年）。

Yokoyama Suguru 橫山英. "Nijūsseiki shoki no chihō sciji kindaika ni tsuite no oboegaki" 二〇世紀初期の地方政治近代化についての覚書（Notes on Local Political Modernization in the Early Twentieth Century）. In Yokoyama Suguru, ed., *Chūgoku no kindaika to chihō seiji* 中国の近代化と地方政治（Modernization and Local Politics in China）, pp. 1~27. Tokyo: Keisō Shobō, 1985.

橫山英：《20 世紀初期的地方政治近代化札記》，載橫山英編：《中國的近代化與地方政治》。

Yoshino Sakuzō 吉野作造. "Shinkoku zaikin no Nihonjin kyōshi" 清国在勤の日本人教師（Japanese Teachers Employed in China）. *Kokka Gakkai zasshi* 国家学会雑誌 23. 5: 769~794（May 1909）.

吉野作造：《清國僱用的日本教習》，載《國家學會雜誌》1909 年 5 月號。

Young, Ernest P. "A Study of Groups and Personalities in Japan Influencing the Events Leading to the Sino-Japanese War（1894~1895），" *Papers on Japan*（East Asian Research Center, Harvard University）2: 229~275（August 1963）.

———. "Chinese Leaders and Japanese Aid in the Early Republic." In Iriye, ed., pp. 124~139.

楊，歐內斯特：《導致 1894~1895 年中日戰爭若干事件的日本組織和個人之研究》。

——：《民國初期日本人對中國領袖的幫助》。

Young, Marilyn Blatt. *The Rhetoric of Empire: American China Policy, 1895~1901*. Cambridge: Harvard University Press, 1968.

楊，瑪莉蓮・布列特：《帝國的花言巧語：1895~1901 年美國對華政策》。

Yung Ying-yue（Rong Yingyue）容應萸. "Go Jorin to *Tōyū sōroku:* Aru 'yōmuha' no kyōiku kaikaku an" 吳汝綸と "東遊叢錄"：ある "洋務派" の教育改革方案（Wu Rulun and *Collected Records of Travels East*: The Educational Reform Proposals of a *yangwu* Reformer）. In Hirano Ken'ichirō, ed., pp. 45~71.

容應萸：《吳汝綸之〈東遊叢錄〉：洋務派之教育改革方案》，載平野健一郎編：《近代日本與亞洲：文化交流與衝突》。

張靜廬編：《中國近代出版史料》（上海：羣聯出版社，1953~1954 年）。

——：《中國出版史料補編》（北京：中華書局，1957 年）。

張力、劉鑒唐：《中國教案史》（成都：四川省社會科學院出版社，1987 年）。

張枬、王忍之編：《辛亥革命前十年間時論選集》（北京：三聯書店，1960~1977 年）。

Zhang Zhenkun 張振鵾 . "Kindai Nihon no tai-Chū kankei no tokuchō 近代日本の対中関係の特徴（Special Characteristics of Modern Japan's Relations with China）. In *Nit-Chū sensō to Nit-Chū kankei: Rokōkyō jiken 50 shūnen Nit-Chū gakujutsu tōronkai kiroku* 日本戦争と日中関係：蘆溝橋事件 50 周年日中学術討論会紀録（The Sino-Japanese War and Japan-China Relations: Papers of the Japanese-Chinese Symposium on the Fiftieth Anniversary of the Lugouqiao Incident）, Inoue Kiyoshi 井上清 and Etō Shinkichi 衛藤瀋吉 , eds., pp. 137~159. Tokyo: Hara Shobō, 1988.

張振鵾：《近代日本對華關係的特徵》，載井上清、衛藤瀋吉編：《日本戰爭與日本關係：蘆溝橋事件 50 周年日中學術討論會記錄》。

張之洞：《勸學篇》。

──：《張文襄公全集》。

鍾少華：《清末百科全書初探》，載《香港中文大學中國文化研究所學報》18: 139~159 ，1987 年。

中國中日關係史研究會編：《從徐福到黃遵憲》（北京：時事出版社，1985 年）。

──：《日本的中國移民》，《中日關係史論文集》第二卷（北京：三聯書店，1987 年）。

東北地區中日關係史研究會《中日關係史研究》編輯組編：《中日關係史研究》。

中國中日關係史研究會與北京市社會科學院合編：《中日文化與交流》。

朱壽朋編：《光緒朝東華錄》，上海，1909（北京：中華書局，1958 年）。

朱有瓛編：《中國近代學制史料》第一輯上、下冊，第二輯上冊（上海：新華書店，1983 年，1987 年）。